과학

선생님이 **강력 추**천하는

개념 PLUS

단원평가

4·2

3~4학년군

교육의 길잡이·학생의 동반자

(주)교학사

KB085592

개념 + 단원평가 와 내 교과서 비교하기

단원 찾는 방법

- 내 교과서 출판사명을 확인하고 공부할 범위의 페이지를 확인하세요.
- 다음 표에서 내 교과서의 공부할 페이지와 개념+단원평가 과학 페이지를 비교하면 됩니다.
  예를 들어 천재 교과서 34~57쪽이면 개념+단원평가 36~65쪽을 공부하시면 됩니다.

Search
단원찾기

단원	개념+ 단원평가	천재 교과서	아이스크림 미디어	지학사	비상 교과서	금성 출판사	동아 출판	김영사	미래엔
식물의 생활	8~35	12~33	8~31	8~31	10~33	8~31	8~29	8~29	7~34
물의 상태 변화	36~65←	34~57	32~55	32~53	34~55	32~51	30~53	30~53	35~54
그림자와 거울	66~97	58~81	56~81	54~75	56~79	52~73	54~77	54~77	55~78
화산과 지진	98~129	82~107	82~107	76~97	80~105	74~97	78~101	78~101	79~102
물의 여행	130~145	108~125	108~125	98~115	106~123	98~115	102~119	102~119	103~120

여러분의 꿈을 응원합니다!!!

민들레에게는
하얀 씨앗을 더 멀리 퍼뜨리고 싶은 꿈이 있고,

연어에게는
고향으로 돌아가 알알이 붉은 알을 낳고 싶은 꿈이 있습니다.

여러분도 가지각색의 아름다운 꿈을 가지고 있지요?
꿈을 향한 마음으로
좋은 결과를 위해 힘껏 달려 보아요.

여러분의 아름답고 소중한 꿈을 응원합니다.

구성과 특징

특별 부록

교과서 종합평가

과학 8종 검정 교과서를 완벽 분석한 종합평가를 단원별로 구성하였습니다.

1. 교과서 핵심 요점

교과서 내용을 이해하기
쉽도록 사진 자료와 함께
꾸몄습니다.

2. 개념을 확인해요

교과서 개념과 관련된 주
요 내용을 간단한 문제를
통하여 확인할 수 있습니
다.

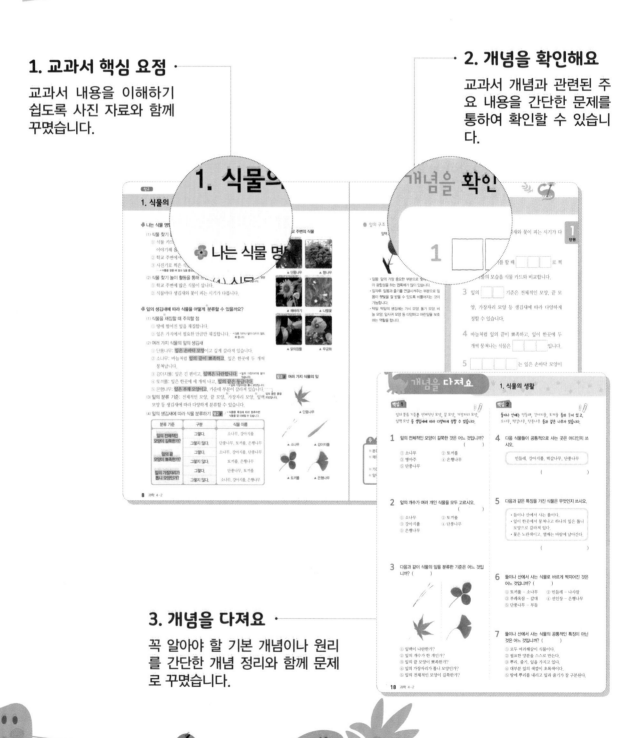

3. 개념을 다져요

꼭 알아야 할 기본 개념이나 원리
를 간단한 개념 정리와 함께 문제
로 꾸몄습니다.

4. 단원 평가 연습 도전 기출 실전

여러 가지 유형의 문제를 단원별로 구성하고, 연습, 도전, 기출, 실전으로 난이도를 구분하여 학습 목표를 이룰 수 있도록 하였습니다.

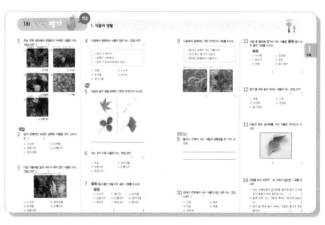

5. 탐구 서술형 평가

서술형 평가에 대비할 수 있도록 다양한 문제로 구성하였습니다.

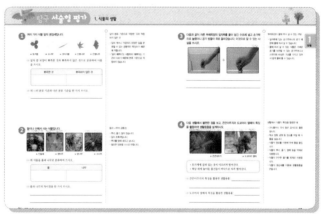

6. 100점 예상문제

핵심만 콕콕 짚어 단원별과 전체 범위로 구분하여 구성하였습니다.

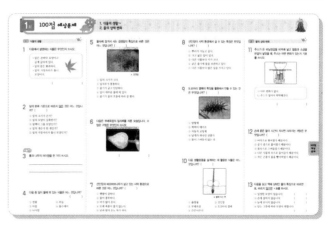

정답과 풀이

별책 부록

스스로 학습할 수 있도록 문제마다 자세한 풀이를 넣었으며 '더 알아볼까요' 코너를 두어 문제를 정확하고 쉽게 이해할 수 있도록 하였습니다.

 # 이 책의 특징

- 단원 요점을 꼼꼼하게 정리하였습니다.
- 여러 유형의 평가 문제를 통하여 쉽게 학습 목표를 이룰 수 있습니다.
- 권말 부록(100점 예상문제)으로 학교 시험에 완벽하게 대비할 수 있습니다.
- 검정 교과서를 완벽 분석한 종합평가를 구성하였습니다.

차례

✿ 요점 정리 + 단원평가 ·············· 8

✿ 100점 예상문제 ·················· 150

✿ 정답과 풀이

4·2

3~4학년군

요점 정리
+ 단원 평가

과학 4-2

3~4
학년군

1. 식물의 생활 ⸺⸺⸺⸺⸺⸺⸺ 8

2. 물의 상태 변화 ⸺⸺⸺⸺⸺ 36

3. 그림자와 거울 ⸺⸺⸺⸺⸺ 66

4. 화산과 지진 ⸺⸺⸺⸺⸺⸺ 98

5. 물의 여행 ⸺⸺⸺⸺⸺⸺⸺ 130

1. 식물의 생활

🌸 나는 식물 명탐정!

(1) 식물 찾기 놀이 하기 [탐구1]

① 식물 카드를 살펴보고 찾을 식물이 학교 주변 어디에 있을지 이야기해 봅니다.

② 학교 주변에서 식물 카드의 식물을 찾아 사진을 찍어 봅니다.

③ 사진기로 찍은 식물의 모습을 식물 카드와 비교해 봅니다.
　└→ 식물을 찾을 때 꽃과 잎을 중심으로 자세히 관찰합니다.

(2) 식물 찾기 놀이 활동을 통해 느낀 점 →우리 주변에 사는 식물에 흥미가 생겼고, 생명
　　　　　　　　　　　　　　　　　을 가진 식물을 소중히 여겨야겠습니다.

① 학교 주변에 많은 식물이 삽니다.

② 식물마다 생김새와 꽃이 피는 시기가 다릅니다.

🌸 잎의 생김새에 따라 식물을 어떻게 분류할 수 있을까요?

(1) 식물을 채집할 때 주의할 점

① 땅에 떨어진 잎을 채집합니다.

② 잎은 가지에서 필요한 만큼만 채집합니다. →다른 가지나 잎이 다치지 않도
　　　　　　　　　　　　　　　　　　　록 합니다.

(2) 여러 가지 식물의 잎의 생김새

① 단풍나무: 잎은 손바닥 모양이고 깊게 갈라져 있습니다.

② 소나무: 바늘처럼 잎의 끝이 뾰족하고, 잎은 한곳에 두 개씩 뭉쳐납니다.

③ 강아지풀: 잎은 긴 편이고, 잎맥은 나란합니다. →잎의 가장자리에 털이
　　　　　　　　　　　　　　　　　　　　　　있습니다.

④ 토끼풀: 잎은 한곳에 세 개씩 나고, 잎의 끝은 둥급니다.
　　　　　　　　　　　　　　　　└→ 잎의 가장자리는 톱니 모양입니다.

⑤ 은행나무: 잎은 부채 모양이고, 가운데 부분이 갈라져 있습니다. ┐
　　　　　　　　　　　　　　　　　　　　　　　　　잎의 끝은 물결
(3) 잎의 분류 기준: 전체적인 모양, 끝 모양, 가장자리 모양, 잎맥 모양입니다.
모양 등 생김새에 따라 다양하게 분류할 수 있습니다.

(4) 잎의 생김새에 따라 식물 분류하기 [탐구2] →식물을 특징에 따라 분류하면
　　　　　　　　　　　　　　　　　　　　식물을 잘 이해할 수 있습니다.

분류 기준	구분	식물 이름
잎의 전체적인 모양이 길쭉한가?	그렇다.	소나무, 강아지풀
	그렇지 않다.	단풍나무, 토끼풀, 은행나무
잎의 끝 모양이 뾰족한가?	그렇다.	소나무, 강아지풀, 단풍나무
	그렇지 않다.	토끼풀, 은행나무
잎의 가장자리가 톱니 모양인가?	그렇다.	단풍나무, 토끼풀
	그렇지 않다.	소나무, 강아지풀, 은행나무

[탐구1] 학교 주변의 식물

▲ 단풍나무

▲ 향나무

▲ 해바라기

▲ 나팔꽃

▲ 닭의장풀

▲ 무궁화

[탐구2] 여러 가지 식물의 잎

▲ 단풍나무

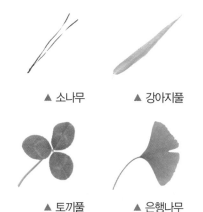

▲ 소나무　　▲ 강아지풀

▲ 토끼풀　　▲ 은행나무

잎의 구조

잎맥

잎몸

잎자루

- **잎몸**: 잎의 가장 중요한 부분으로 빛에너지를 받아 광합성을 하는 엽록체가 많이 있습니다.
- **잎자루**: 잎몸과 줄기를 연결시켜주는 부분으로 잎몸이 햇빛을 잘 받을 수 있도록 비틀어지는 것이 가능합니다.
- **턱잎**: 턱잎의 생김새는 가시 모양, 돌기 모양, 비늘 모양, 잎사귀 모양 등 다양하고 어린잎을 보호하는 역할을 합니다.

개념을 확인해요

1 ☐☐ 마다 생김새와 꽃이 피는 시기가 다릅니다.

2 식물 찾기 놀이를 할 때 ☐☐☐로 찍은 식물의 모습을 식물 카드와 비교합니다.

3 잎의 ☐☐ 기준은 전체적인 모양, 끝 모양, 가장자리 모양 등 생김새에 따라 다양하게 정할 수 있습니다.

4 바늘처럼 잎의 끝이 뾰족하고, 잎이 한곳에 두 개씩 뭉쳐나는 식물은 ☐☐☐입니다.

5 ☐☐☐☐는 잎은 손바닥 모양이고 깊게 갈라져 있으며, 잎의 끝은 뾰족하고 잎의 가장자리가 톱니 모양입니다.

6 소나무와 토끼풀 중 잎의 전체적인 모양이 ☐☐☐는 길쭉하고, ☐☐☐은 길쭉하지 않습니다.

7 단풍나무와 은행나무 중 잎의 가장자리가 ☐☐☐는 톱니 모양이고, ☐☐는 톱니 모양이 아닙니다.

1. 식물의 생활

🌸 들이나 산에는 어떤 식물이 살까요?

(1) 들이나 산에서 사는 식물 조사하기 탐구 1

▲ 민들레

▲ 토끼풀

▲ 명아주

▲ 떡갈나무   ▲ 소나무   ▲ 밤나무

(2) 들이나 산에서 사는 식물을 풀과 나무로 분류하기 탐구 2

① 풀: 민들레, 명아주, 강아지풀, 토끼풀 등이 있습니다.

② 나무: 소나무, 단풍나무, 떡갈나무, 밤나무 등이 있습니다.

(3) 풀과 나무의 공통점과 차이점

구분	풀	나무
모습		
공통점	• 대부분 땅에 뿌리를 내리며, 줄기와 잎이 잘 구분된다. • 잎의 색깔이 대부분 초록색이다. • 필요한 양분을 스스로 만든다. └─ 모두 뿌리, 줄기, 잎이 있다.	
차이점	• 대부분 한해살이 식물이다. • 나무에 비해 키가 작다. • 줄기가 나무에 비해 가늘다. • 대부분 겨울철에 줄기를 볼 수 없다. └─ 풀은 나무와 달리 줄기가 부피 생장을 하지 않으며, 겨울이 되면 줄기 부분이 말라 없어집니다.	• 모두 여러해살이 식물이다. └─ 수십 년에서 수백 년 동안 계속 자랍니다. • 풀에 비해 키가 크다. • 줄기가 풀에 비해 굵고 단단하다. • 해마다 조금씩 자란다. • 겨울철에 줄기를 볼 수 있다.

탐구 1 들이나 산에서 사는 식물의 특징 예

① 풀
• 민들레: 잎이 한곳에서 뭉쳐나고 하나의 잎은 톱니 모양으로 갈라져 있으며, 열매는 바람에 날아갑니다.
• 명아주: 민들레보다 키가 크고, 잎의 가장자리는 톱니 모양이며 잎은 삼각형 모양입니다.
• 강아지풀: 잎은 20cm 정도이며 세로로 긴 줄무늬가 있고, 가장자리에는 털이 있습니다.

② 나무
• 떡갈나무: 키가 크고 줄기는 회갈색이며, 잎은 전체적으로 끝이 더 넓은 달걀 모양입니다.
• 소나무: 키가 크고 솔방울이 달려 있으며, 줄기는 굵고 거칩니다.
• 밤나무: 꽃은 6월에 피고 9~10월에 열매를 맺으며, 잎은 어긋나고 긴 타원형으로 끝이 뾰족합니다.

탐구 2 풀과 나무가 사는 환경

① 풀이 많이 자라는 들의 환경
• 햇볕이 잘 듭니다.
• 평평한 평야가 많습니다.
• 논이나 밭으로 사용되기도 합니다.

② 나무가 크게 자라는 산의 환경
• 햇빛이 잘 비치는 곳과 그늘진 곳이 있습니다.
• 나무가 많은 숲속은 그늘져 있습니다.
• 경사가 심하여 논이나 밭을 만들어 농사를 짓기 어렵습니다.

한해살이풀과 여러해살이풀

- **한해살이풀**: 일년 이내에 씨를 뿌려서 싹이 나서 자라 꽃이 피고 열매를 맺으며 시들어 죽는 풀입니다.
- **여러해살이풀**: 겨울에는 땅 위의 부분이 죽어도 봄이 되면 다시 새싹이 돋아나는 풀입니다.

▲ 옥수수(한해살이풀)

▲ 비비추(여러해살이풀)

나무의 나이테: 줄기가 가는 풀은 나이테가 없고, 줄기가 굵은 나무는 나이테가 있습니다.

용어풀이

- ✵ **양분** 영양이 되는 부분
- ✵ **한해살이 식물** 봄에 싹이 터서 그해 가을에 열매를 맺고 죽는 식물
- ✵ **여러해살이 식물** 꽃 피고 열매 맺는 과정을 되풀이하는 식물
- ✵ **나이테** 나무의 줄기나 가지 따위를 가로로 자른 면에 나타나는 둥근 테

개념을 확인해요

1 들이나 산에서 사는 식물은 대부분 땅에 □□ 를 내리며, 줄기와 잎이 잘 구분됩니다.

2 토끼풀, 민들레, 강아지풀, 명아주 등은 들이나 산에서 사는 □ 입니다.

3 소나무, 단풍나무, 떡갈나무, 밤나무 등은 들이나 산에서 사는 □□ 입니다.

4 □ 은 대부분 한해살이 식물이고, □ □ 는 모두 여러해살이 식물입니다.

5 풀과 나무 모두 □□ , □□ , □ 이 있습니다.

6 풀과 나무는 필요한 □□ 을 스스로 만듭니다.

7 □□ 는 줄기가 굵고 해마다 조금씩 자랍니다.

8 풀과 나무 중 □ 은 대부분 겨울철에 줄기를 볼 수 없습니다.

1. 식물의 생활

❀ **강이나 연못에는 어떤 식물이 살까요?**

(1) 강이나 연못에서 사는 식물의 특징

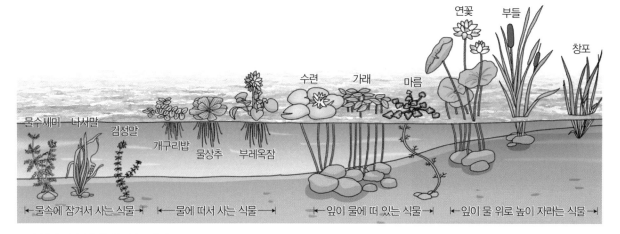

① 물속에 잠겨서 사는 식물: 줄기가 물의 흐름에 따라 잘 휩니다. **예** 물수세미, 나사말, 검정말 등 →잎이 좁고 긴 모양입니다.

② 물에 떠서 사는 식물: 수염처럼 생긴 뿌리가 물속으로 뻗어 있습니다. **예** 개구리밥, 물상추, 부레옥잠 등

③ 잎이 물에 떠 있는 식물: 잎과 꽃이 물 위에 떠 있고, 뿌리는 물속의 땅에 있습니다. **예** 수련, 가래, 마름 등

④ 잎이 물 위로 높이 자라는 식물: 잎이 물 위로 높이 자라며, 뿌리는 물속이나 물가의 땅에 있습니다.
┌ 부레옥잠과 같이 물에 떠서 사는 식물은 잎에 공기 **예** 연꽃, 부들, 창포 등
└ 주머니가 있거나 잎이 넓어서 물에 뜰 수 있습니다.

(2) 부레옥잠의 특징

① 물에 떠 있습니다.

② 전체적인 색깔은 초록색이고, 잎이 매끈하며 광택이 납니다.

③ 잎이 둥글고 잎자루가 볼록하게 부풀어 있는 모양입니다.

④ 뿌리는 수염처럼 생겼습니다.

탐구 1 부레옥잠의 잎자루를 칼로 잘라 관찰하기

공기구멍이 줄줄이 연결 되어 있습니다.

▲ 잎자루를 세로로 자른 모습

(3) 자른 부레옥잠의 잎자루를 물이 담긴 수조에 넣고 손가락으로 누를 때 나타나는 현상 **탐구 1**

① 물속에서 잎자루를 누르면 공기방울이 위로 올라가고, 누른 손을 떼면 잎자루가 다시 부풀어 오릅니다.

② 자른 부레옥잠의 잎자루를 물속에서 눌러 보고 알 수 있는 사실: 잎자루는 많은 공기를 저장하고 있습니다. →잎자루의 많은 구멍이 공기주머니입니다.

③ 부레옥잠이 물에 떠서 살 수 있는 까닭: 잎자루에 있는 공기주머니의 공기 때문입니다.

▲ 부레옥잠의 잎자루를 물속에서 누르는 모습

둥근 공기 구멍이 가득 차 있습니다.

▲ 잎자루를 가로로 자른 모습

적응

- 식물의 생김새와 생활 방식은 그 식물이 사는 곳의 환경에 따라 다릅니다.
- 생물이 오랜 기간에 걸쳐 주변 환경에 적합하게 변화되어 가는 것입니다.
- 부레옥잠도 물이 많은 주변 환경에 적응한 것입니다.

식물이 강이나 연못의 환경에 적응한 예

- 나사말: 잎이 좁고 긴 모양이어서 물 흐름에 영향을 덜 받습니다.
- 개구리밥: 잎이 넓어서 물에 떠서 살기에 적합합니다.
- 수련: 잎은 넓고 갈라져 있어서 물 위에 떠 있기 적합합니다.
- 물상추, 부레옥잠: 뿌리가 수염처럼 생겨서 물에 떠서 살기에 적합합니다.
- 갈대: 줄기가 단단하여 잎이 물 위로 높이 자라는 데 적합합니다.
- 줄: 뿌리는 물속이나 물가의 땅에 있고 줄기가 단단하여 잎이 물 위로 높이 자라는 데 적합합니다.

용어 풀이

- **광택** 물체의 표면에서 반짝거리는 것
- **잎자루** 잎몸을 줄기나 가지에 붙게 하는 꼭지 부분
- **적합** 조건에 꼭 알맞은 것

개념을 확인해요

1 물수세미, 나사말, 검정말은 □□에 잠겨서 사는 식물입니다.

2 부레옥잠, 개구리밥, 물상추 등의 식물은 물에 떠서 살고, 수염처럼 생긴 □□가 물속으로 뻗어 있습니다.

3 수련, 가래, 마름 등은 □과 □이 물 위에 떠 있고, 뿌리는 물속의 땅에 있습니다.

4 연꽃, 부들, 창포 등은 □이 물 위로 높이 자라는 식물입니다.

5 자른 부레옥잠의 잎자루를 물이 담긴 수조에 넣고 손가락으로 누르면 잎자루는 많은 □ □를 저장하고 있다는 것을 알 수 있습니다.

6 부레옥잠이 물 위에 떠서 살 수 있는 까닭은 잎자루에 □□□□□가 있기 때문입니다.

7 생물이 오랜 기간에 걸쳐 주변 환경에 적합하게 변화되어 가는 것을 □□이라고 합니다.

8 부레옥잠은 □이 많은 주변 환경에 적응한 것입니다.

1. 식물의 생활

🌸 사막에는 어떤 식물이 살까요?

┌─ 식물의 생김새와 생활 방식은 사막의 환경에 적응한 것입니다.

(1) 사막에서 사는 식물: 용설란, 선인장, 바오바브나무, 회전초 등과 같은 여러 가지 식물이 살고 있습니다. 탐구1

▲ 기둥선인장

▲ 금호선인장

▲ 용설란
크고 두꺼운 잎에 물을 저장합니다.

(2) 선인장의 생김새

① 다른 식물에서 볼 수 있는 잎이 없고, 가시가 있습니다.

② 가시는 바늘과 같이 뾰족합니다.

③ 줄기는 굵고 통통하며, 초록색입니다.

(3) 선인장의 줄기를 가로로 잘라서 관찰하기

① 관찰 방법: 선인장의 줄기를 가로로 잘라서 관찰하고, 줄기의 자른 면에 화장지를 붙여 봅니다.

▲ 선인장 줄기를 가로로 자른 모습

▲ 선인장 줄기를 자른 면에 화장지를 붙여 본 모습

② 관찰 결과

• 줄기를 자른 면이 미끄럽고 축축합니다.

• 줄기를 자른 면에 화장지를 붙여 보면 물기가 묻어 나옵니다.

(4) 사막에서 사는 식물의 특징 탐구2

① 선인장이 사막에서 살 수 있는 까닭

• 줄기가 굵어 물을 저장할 수 있기 때문에 건조한 날씨에도 살 수 있습니다.

• 가시가 있어 물을 필요로 하는 다른 동물이 공격하는 것을 피할 수 있고 물의 증발을 막을 수 있습니다.

② 바오바브나무가 사막 환경에 적응한 특징: 키가 크고 줄기가 굵어서 물을 많이 저장할 수 있습니다.

탐구1 **사막의 환경**

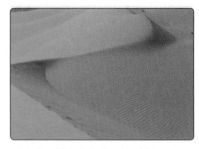

• 낮에는 햇볕이 강해서 뜨겁습니다.

• 모래로 이루어져 있고, 모래 폭풍이 많이 붑니다.

• 비가 적게 오고 건조하여 물이 부족합니다.

• 낮과 밤의 온도 차가 큽니다.

• 오아시스가 있습니다.

탐구2 **사막 환경에 적응한 바오바브나무**

▲ 바오바브나무

● 이외의 사막에 사는 식물

▲ 메스키트나무

▲ 회전초

개념을 확인해요

1 선인장, 용설란, 바오바브나무와 같은 여러 가지 식물은 ☐☐ 에 살고 있습니다.

2 선인장은 잎이 없고 ☐☐ 가 있습니다.

3 선인장의 ☐☐ 는 굵고 통통하며 초록색입니다.

4 선인장의 줄기를 자른 면에 화장지를 붙여 보면 ☐☐ 가 묻어 나옵니다.

5 선인장은 줄기가 굵어서 ☐ 을 저장하기에 좋습니다.

6 선인장은 ☐☐ 가 있어 물이 필요한 다른 동물이 공격하는 것을 피할 수 있습니다.

7 ☐☐☐☐ 나무는 키가 크고 줄기가 굵어서 물을 많이 저장할 수 있기 때문에 ☐☐ 에서 살 수 있습니다.

8 사막에서 사는 식물은 ☐☐ 한 환경에 잘 견딜 수 있는 생활 방식이 있습니다.

1. 식물의 생활

🌸 **우리 생활에서 식물의 특징을 어떻게 활용할까요?**

(1) 도꼬마리 열매와 찍찍이 테이프의 특징

구분	도꼬마리 열매	찍찍이 테이프
모습		
특징	• 털로 짠 옷에 잘 붙는다. • 열매의 가시를 확대해서 보면 갈고리처럼 끝이 굽어져 있다.	• 한번 붙으면 잘 떨어지지 않는다. • 거친 부분을 확대해서 보면 갈고리 모양의 플라스틱을 볼 수 있다.
공통점	끝이 갈고리 모양이어서 동물의 털이나 옷 등에 쉽게 붙을 수 있다.	

(2) 우리 생활에서 식물의 특징을 활용한 다른 예 탐구 1

찍찍이 테이프는 끈 대신에 신발이 벗겨지지 않게 합니다.

▲ 도꼬마리 열매의 생김새를 활용한 신발

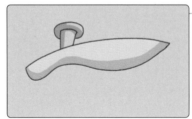

▲ 단풍나무 열매의 생김새를 활용한 날개가 하나인 선풍기

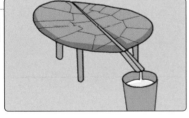

물이 부족한 지역에서 활용한 장치입니다.

▲ 느릅나무 잎의 생김새를 활용한 빗물을 모으는 장치

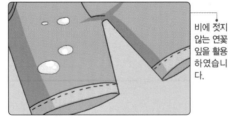

비에 젖지 않는 연꽃잎을 활용하였습니다.

▲ 연꽃잎의 특징을 활용한 물이 스며들지 않는 옷

🌸 **식물의 특징을 활용한 생활용품 설계하기** 예 탐구 2

① 부레옥잠의 잎자루에 공기주머니가 있어서 물에 떠서 사는 특징을 활용하여 **붓이 물에 떠 있게 합니다.**

② 끈끈이주걱의 특징을 활용하여 **옷걸이에서 옷이 떨어지지 않게 합니다.** ──▶공기 정화 식물의 특징을 활용하여 미세 먼지를 막는 마스크를 만듭니다.

탐구 1 우리 생활에서 식물의 특징을 활용한 다른 예

• 단풍나무 열매의 생김새를 활용해 드론의 날개를 만들었습니다.
• 생이가래가 물에 뜨는 원리를 이용해 배의 연료를 절약할 수 있는 코팅제를 개발하였습니다.
• 허브를 활용하여 방향제와 해충 퇴치제를 만들었습니다.
• 식물의 꽃이나 잎을 활용해 옷을 염색합니다.
• 여러 가지 식물을 활용해 음식이나 약을 만듭니다.
• 연꽃잎에 작고 둥근 돌기가 많이 나 있는 특징을 활용해 물이 스며들지 않는 옷감, 자동차나 유리 코팅제 등을 만들었습니다.

탐구 2 식물의 특징을 활용한 생활용품

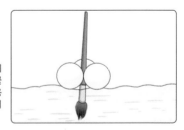

▲ 부레옥잠의 특징을 활용한 물에 뜨는 붓

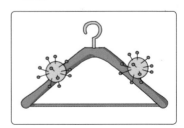

▲ 끈끈이 주걱의 특징을 활용한 옷걸이

생활 속 식물의 이용

솔방울의 특징을 잘 활용한 옷

- 솔방울은 젖은 상태에서는 오므라들고, 건조한 상태에서는 벌어지는 특징이 있습니다.
- 솔방울의 특징을 활용해 빗물이 스며드는 것은 막아 주고, 몸의 열이 잘 배출되는 옷을 만들었습니다.

개념을 확인해요

1 도꼬마리 열매의 가시와 찍찍이 테이프의 끝부분을 확대해서 보면 ☐☐☐ 모양입니다.

2 도꼬마리 열매와 찍찍이 테이프는 ☐☐ ☐ 모양을 가지고 있어 동물의 털이나 옷에 잘 붙습니다.

3 ☐☐☐☐ 열매의 생김새를 활용한 찍찍이 테이프는 끈을 대신해 신발이 벗겨지지 않게 하는 데 사용됩니다.

4 ☐☐ 잎의 특징을 활용해 물이 스며들지 않는 옷을 만듭니다.

5 ☐☐☐☐ 열매의 생김새를 활용해 날개가 하나인 선풍기를 만듭니다.

6 ☐ 이 부족한 지역에서는 느릅나무 잎의 생김새를 활용해 빗물을 모으는 장치를 만듭니다.

7 부레옥잠 ☐☐☐ 의 특징을 활용하여 붓을 물에 뜰 수 있게 만들었습니다.

핵심 1

잎의 분류 기준은 전체적인 모양, 끝 모양, 가장자리 모양, 잎맥 모양 등 생김새에 따라 다양하게 정할 수 있습니다.

1 잎의 전체적인 모양이 길쭉한 것은 어느 것입니까?
( )

① 소나무　　　② 토끼풀
③ 명아주　　　④ 은행나무
⑤ 단풍나무

2 잎의 개수가 여러 개인 식물을 모두 고르시오.
( )

① 소나무　　　② 토끼풀
③ 강아지풀　　④ 단풍나무
⑤ 은행나무

3 다음과 같이 식물의 잎을 분류한 기준은 어느 것입니까? ( )

① 잎맥이 나란한가?
② 잎의 개수가 한 개인가?
③ 잎의 끝 모양이 뾰족한가?
④ 잎의 가장자리가 톱니 모양인가?
⑤ 잎의 전체적인 모양이 길쭉한가?

핵심 2

들이나 산에는 민들레, 강아지풀, 토끼풀 등의 풀이 있고, 소나무, 떡갈나무, 단풍나무 등과 같은 나무가 있습니다.

4 다음 식물들이 공통적으로 사는 곳은 어디인지 쓰시오.

> 민들레, 강아지풀, 떡갈나무, 단풍나무

( )

5 다음과 같은 특징을 가진 식물은 무엇인지 쓰시오.

> • 들이나 산에서 사는 풀이다.
> • 잎이 한곳에서 뭉쳐나고 하나의 잎은 톱니 모양으로 갈라져 있다.
> • 꽃은 노란색이고, 열매는 바람에 날아간다.

( )

6 들이나 산에서 사는 식물로 바르게 짝지어진 것은 어느 것입니까? ( )

① 토끼풀 – 소나무　　② 민들레 – 나사말
③ 부레옥잠 – 갈대　　④ 선인장 – 은행나무
⑤ 단풍나무 – 부들

7 들이나 산에서 사는 식물의 공통적인 특징이 <u>아닌</u> 것은 어느 것입니까? ( )

① 모두 여러해살이 식물이다.
② 필요한 양분을 스스로 만든다.
③ 뿌리, 줄기, 잎을 가지고 있다.
④ 대부분 잎의 색깔이 초록색이다.
⑤ 땅에 뿌리를 내리고 잎과 줄기가 잘 구분된다.

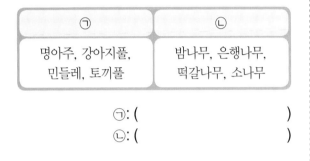

핵심 3

들이나 산에서 사는 식물은 크게 풀과 나무로 구분할 수 있습니다. 풀은 대부분 한해살이 식물이지만, 나무는 모두 여러해살이 식물입니다.

8 다음과 같이 여러 가지 식물을 풀과 나무로 분류하였습니다. ㉠과 ㉡에 알맞은 말을 쓰시오.

㉠	㉡
명아주, 강아지풀, 민들레, 토끼풀	밤나무, 은행나무, 떡갈나무, 소나무

㉠: ( )

㉡: ( )

9 한해살이 식물은 어느 것입니까? ( )

① 명아주
② 소나무
③ 느티나무
④ 은행나무
⑤ 떡갈나무

10 풀과 나무의 공통점을 한 가지 쓰시오.

_____

11 풀과 나무의 차이점으로 바른 것은 어느 것입니까?
( )

① 잎의 색깔이 다르다.
② 풀이 나무보다 키가 크다.
③ 풀은 대부분 여러해살이 식물이다.
④ 나무는 풀보다 줄기가 굵고 키가 크다.
⑤ 나무는 뿌리, 줄기, 잎이 있고, 풀은 줄기가 없다.

핵심 4

강이나 연못에는 물속에 잠겨서 사는 식물, 물에 떠서 사는 식물, 잎이 물에 떠 있는 식물, 잎이 물 위로 높이 자라는 식물이 있습니다.

1 단원

12 물에 떠서 사는 식물은 어느 것입니까?
( )

① 연꽃
② 부들
③ 창포
④ 검정말
⑤ 개구리밥

13 물속에 잠겨서 사는 식물과 물에 떠서 사는 식물이 바르게 짝지어진 것은 어느 것입니까? ( )

① 나사말 – 검정말
② 나사말 – 물수세미
③ 검정말 – 물수세미
④ 검정말 – 부레옥잠
⑤ 물상추 – 부레옥잠

14 물속에 잠겨서 사는 식물의 특징은 어느 것입니까?
( )

① 잎자루가 통통하다.
② 뿌리가 수염처럼 생겼다.
③ 잎이 물 위로 높이 자란다.
④ 잎과 꽃이 물 위에 떠 있다.
⑤ 줄기가 물의 흐름에 따라 잘 휜다.

15 연꽃, 부들, 창포의 특징으로 바른 것은 어느 것인지 기호를 쓰시오.

㉠ 물속에 잠겨서 사는 식물이다.
㉡ 물에 떠서 사는 식물이다.
㉢ 잎이 물에 떠 있는 식물이다.
㉣ 잎이 물 위로 높이 자라는 식물이다.

( )

핵심 5

식물의 생김새와 생활 방식은 그 식물이 사는 곳의 환경에 따라 다릅니다. 이와 같이 생물이 오랜 기간에 걸쳐 주변 환경에 적합하게 변화되어 가는 것을 적응이라고 합니다.

16 생물이 오랜 기간에 걸쳐 주변 환경에 적합하게 변화되어 가는 것을 무엇이라고 하는지 쓰시오.

( )

17 부레옥잠이 물에 떠서 살 수 있게 적응한 예는 무엇인지 쓰시오.

_____

18 검정말이나 나사말이 환경에 적응한 모습은 어느 것입니까? ( )

① 키가 크다.
② 줄기가 굵다.
③ 잎이 넓고 두껍다.
④ 줄기가 물의 흐름에 따라 잘 휘어진다.
⑤ 줄기와 잎이 튼튼하고 뿌리가 수염처럼 생겼다.

19 갈대나 줄이 물 위로 높이 자라면서 환경에 적응한 특징은 어느 것입니까? ( )

① 줄기가 단단하다.
② 공기주머니가 있다.
③ 줄기가 잘 휘어진다.
④ 잎이 넓고 갈라져 있다.
⑤ 뿌리가 수염처럼 생겼다.

핵심 6

선인장은 굵은 줄기에 물을 저장하기 좋고, 가시 모양의 잎은 동물로부터 선인장을 보호합니다.

20 선인장이 사는 환경이 아닌 것은 어느 것입니까?

( )

① 햇볕이 강하다.
② 물이 풍부하다.
③ 모래로 이루어져 있다.
④ 비가 적게 오고 건조하다.
⑤ 낮과 밤의 온도 차가 크다.

[21~23] 가로로 선인장을 자른 모습입니다.

21 위 실험은 선인장의 어느 부분을 자른 것인지 쓰시오.

( )

22 위와 같이 선인장 모습을 가로로 잘랐을 때 알 수 있는 사실은 무엇입니까? ( )

① 딱딱하다.
② 냄새가 난다.
③ 줄기가 얇다.
④ 먹을 수가 없다.
⑤ 자른 면이 촉촉하다.

23 위 선인장 모습을 보고 선인장이 사막에서 살 수 있는 까닭을 한 가지 쓰시오.

_____

핵심 7

사막에는 선인장, 용설란, 바오바브나무와 같이 여러 가지 식물이 삽니다. 이 식물의 생김새와 생활 방식은 사막의 환경에 적응한 결과입니다.

24 사막에 사는 식물이 <u>아닌</u> 것은 어느 것입니까?
( )

① 선인장   ② 용설란
③ 회전초   ④ 부레옥잠
⑤ 바오바브나무

25 ( ) 안에 들어갈 말을 쓰시오.

> 선인장은 굵은 줄기, 용설란은 크고 두꺼운 잎에 (   )을 저장한다.

( )

26 ( ) 안에 알맞은 말을 쓰시오.

> 사막에 사는 선인장의 잎은 (   ) 모양으로 물이 빠져 나가는 것을 줄이고, 물이 필요한 다른 동물이 공격하는 것을 피할 수 있다.

( )

27 바오바브나무가 사막 환경에 적응한 결과 생긴 특징을 한 가지 쓰시오.

핵심 8

도꼬마리 열매의 생김새를 활용한 찍찍이 테이프, 단풍나무 열매의 생김새를 활용한 날개가 하나인 선풍기, 연꽃잎의 특징을 활용한 물이 스며들지 않는 옷, 느릅나무 잎의 생김새를 활용한 빗물을 모으는 장치를 만들었습니다.

28 다음과 같은 특징을 가진 식물은 어느 것입니까?
( )

> 열매의 가시 끝부분이 휘어져 있어 동물의 털이나 옷 등에 쉽게 붙을 수 있다.

① 허브   ② 연꽃잎
③ 단풍나무   ④ 도꼬마리
⑤ 은행나무

29 물이 스며들지 않는 옷, 자동차나 유리 코팅제를 만들 때 활용된 식물은 어느 것입니까? ( )

① 허브   ② 소나무
③ 연꽃잎   ④ 느릅나무
⑤ 단풍나무

30 우리 생활에서 다음과 같이 활용된 식물은 무엇인지 쓰시오.

> 날개가 하나인 선풍기를 만들었다.

( )

31 우리 생활에서 식물의 특징을 활용한 경우를 바르게 짝지은 것은 어느 것입니까? ( )

① 허브 – 방향제
② 연꽃잎 – 선풍기
③ 소나무 – 찍찍이 테이프
④ 느릅나무 잎 – 해충 퇴치제
⑤ 단풍나무 열매 – 물이 스며들지 않는 옷

1 학교 주변 화단에서 관찰하기 어려운 식물은 어느 것입니까? (   )

①
▲ 주목

②
▲ 소나무

③
▲ 민들레

④
▲ 마름

⑤
▲ 단풍나무

주의

2 잎의 전체적인 모양이 길쭉한 식물을 모두 고르시오. (   )

① 소나무   ② 토끼풀
③ 단풍나무   ④ 은행나무
⑤ 강아지풀

3 다음 식물처럼 잎의 개수가 여러 장인 식물은 어느 것입니까? (   )

① 소나무   ② 강아지풀
③ 토끼풀   ④ 은행나무
⑤ 단풍나무

4 다음에서 설명하는 식물의 잎은 어느 것입니까?
(   )

• 잎은 긴 편이다.
• 잎맥은 나란하다.
• 잎의 가장자리에 털이 있다.

① 국화   ② 소나무
③ 토끼풀   ④ 등나무
⑤ 강아지풀

중요

5 다음과 같이 잎을 분류한 기준은 무엇인지 쓰시오.

6 사는 곳이 다른 식물은 어느 것입니까?
(   )

① 부들   ② 강아지풀
③ 단풍나무   ④ 은행나무
⑤ 떡갈나무

7 보 기 에서 풀인 것을 모두 골라 기호를 쓰시오.

보 기

㉠ 소나무   ㉡ 감나무   ㉢ 토끼풀
㉣ 단풍나무   ㉤ 은행나무   ㉥ 강아지풀
㉦ 명아주   ㉧ 떡갈나무   ㉨ 밤나무

(   )

8 다음에서 설명하는 것은 무엇인지 기호를 쓰시오.

> • 들이나 산에서 사는 식물이다.
> • 키가 작고 줄기가 가늘다.
> • 대부분 한해살이 식물이다.

ⓒ   ⓛ

(   )

서술형

9 들이나 산에서 사는 식물의 공통점을 한 가지 쓰시오.

_____

_____

10 강이나 연못에서 사는 식물이 <u>아닌</u> 것은 어느 것입니까? (   )

① 수련   ② 창포
③ 부들   ④ 연꽃
⑤ 선인장

11 다음 중 물속에 잠겨서 사는 식물을 **보기** 에서 모두 골라 기호를 쓰시오.

> **보기**
> ㉠ 나사말   ㉡ 검정말
> ㉢ 물상추   ㉣ 창포
> ㉤ 연꽃   ㉥ 물수세미

(   )

12 잎이 물 위로 높이 자라는 식물은 어느 것입니까? (   )

① 연꽃   ② 수련
③ 나사말   ④ 검정말
⑤ 물수세미

13 다음과 같은 잎자루를 가진 식물은 무엇인지 쓰시오.

(   )

14 다음을 읽고 바르면 ○표, 바르지 <u>않으면</u> ×표를 하시오.

(1) 자른 부레옥잠의 잎자루를 물속에 넣고 누르면 공기 방울이 위로 올라갑니다. (   )
(2) 물에 떠서 사는 식물의 뿌리는 땅속에 있습니다. (   )
(3) 잎이 물 위로 높이 자라는 식물은 줄기가 튼튼합니다. (   )

15 사막에서 사는 식물을 보기 에서 모두 골라 기호를 쓰시오.

보기
ㄱ 명아주   ㄴ 회전초
ㄷ 용설란   ㄹ 선인장
ㅁ 물수세미   ㅂ 부레옥잠

(   )

16 다음 식물이 사는 환경의 특징으로 바른 것은 어느 것입니까? (   )

▲ 기둥선인장   ▲ 바오바브나무

① 건조하다.
② 눈이 쌓여 있다.
③ 비가 많이 온다.
④ 낮과 밤의 온도 차가 적다.
⑤ 땅이 축축하고 그늘져 있다.

17 선인장에 대한 설명입니다. (   ) 안에 공통으로 들어갈 말을 쓰시오.

• 잎이 가시 모양이어서 (   )의 증발을 줄일 수 있다.
• 줄기는 (   )을 저장하기 위하여 굵으며 두꺼운 껍질로 싸여 있다.

(   )

18 우리 생활에서 식물의 특징을 활용한 예와 식물을 바르게 선으로 연결하시오.

(1) 날개가 하나인 선풍기 •   • ㄱ 연꽃잎

(2) 물이 스며들지 않는 옷 •   • ㄴ 도꼬마리 열매

(3) 찍찍이 테이프 •   • ㄷ 단풍나무 열매

19 (   ) 안에 알맞은 식물의 이름을 쓰시오.

비에 젖지 않는 (   )잎의 특징을 활용하여 물이 스며들지 않는 옷, 자동차나 유리 코팅제 등을 만들었다.

(   )

20 끈끈이주걱의 특징을 활용하여 옷걸이를 만들면 어떻게 됩니까? (   )

① 옷이 줄어든다.
② 옷이 늘어난다.
③ 옷이 젖지 않는다.
④ 옷을 높은 곳에 걸 수 있다.
⑤ 옷걸이에서 옷이 떨어지지 않는다.

중요

1 여러 가지 식물의 잎을 분류 기준에 따라 분류하여 기호를 쓰시오.

㉠ 소나무	㉡ 대나무
㉢ 토끼풀	㉣ 단풍나무
㉤ 은행나무	㉥ 강아지풀

잎의 전체적인 모양이 길쭉한가?	
(1) 그렇다	(2) 그렇지 않다

2 잎이 부채 모양이고, 가운데 부분이 갈라져 있는 식물의 잎은 어느 것입니까? (   )

① 소나무
② 토끼풀
③ 단풍나무
④ 은행나무
⑤ 강아지풀

서술형

3 다음과 같이 식물의 잎을 분류하는 기준이 무엇인지 쓰시오.

4 (   ) 안에 들어갈 말을 쓰시오.

> • 식물은 뿌리, 줄기, 잎, 꽃, 열매의 특징에 따라 분류할 수 있다.
> • 식물을 분류해 보면 식물의 (   )을 더 잘 이해할 수 있다.

(   )

5 다음 식물의 이름을 쓰시오.

㉠    ㉡

(   )   (   )

6 위 **5**번 식물이 사는 곳을 모두 고르시오.
(   )

① 들
② 산
③ 바다
④ 사막
⑤ 극지방

7 다음과 같은 특징을 가진 식물은 어느 것입니까?
(   )

> • 민들레보다 키가 크다.
> • 잎의 가장자리는 톱니 모양이다.
> • 잎은 삼각형 모양이다.

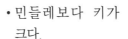
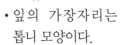

① 대나무
② 명아주
③ 토끼풀
④ 은행나무
⑤ 떡갈나무

응용

8 다음에서 설명하는 식물을 바르게 선으로 연결하시오.

(1) 여러해살이 식물이고, 줄기가 굵다. •

(2) 한해살이 식물이고, 줄기가 가늘다. •

• ㉠ 소나무

• ㉡ 강아지풀

• ㉢ 떡갈나무

• ㉣ 명아주

• ㉤ 은행나무

[9~10] 강이나 연못에 사는 식물의 모습입니다.

9 위 그림에서 물속에 잠겨서 사는 식물을 모두 골라 쓰시오.

_____

주의

10 위 그림에서 물에 떠서 사는 식물을 모두 골라 쓰시오.

_____

11 연꽃, 부들과 같이 잎이 물 위로 높이 자라는 식물의 특징은 어느 것입니까? (   )

① 잎이 넓다.
② 줄기가 약하다.
③ 뿌리가 수염처럼 생겼다.
④ 잎이 물의 흐름에 따라 휜다.
⑤ 키가 크고 잎과 줄기가 튼튼하다.

12 다음에서 설명하는 식물의 이름을 보기 에서 골라 쓰시오.

• 물 위에 떠 있다.
• 잎이 둥글고 잎자루가 통통하다.
• 뿌리는 수염처럼 생겼다.

보기

| 나사말 | 부레옥잠 | 부들 | 가래 |

(   )

13 오른쪽은 부레옥잠의 어느 부분을 자른 모습인지 쓰시오.

(   )

중요

14 (   ) 안에 알맞은 말을 쓰시오.

식물의 생김새와 생활 방식은 그 식물이 사는 곳의 환경에 따라 다르다. 이와 같이 생물이 오랜 기간에 걸쳐 주변 환경에 적합하게 변화되어 가는 것을 (   )이라고 한다.

(   )

서술형

15 다음 식물이 사는 환경의 특징을 한 가지 쓰시오.

_____

_____

16 위 15번 ㉠ 식물의 특징으로 바르지 않은 것은 어느 것입니까? ( )

① 줄기는 굵고 통통하다.
② 잎이 없고 가시가 있다.
③ 줄기의 색깔은 초록색이다.
④ 가시는 바늘과 같이 뾰족하다.
⑤ 모든 선인장은 꽃이 피지 않는다.

17 바오바브나무가 사막 환경에 적응한 특징을 모두 골라 기호를 쓰시오.

> ㉠ 키가 작다.
> ㉡ 줄기가 얇다.
> ㉢ 줄기가 굵다.
> ㉣ 높이 자란다.
> ㉤ 잎이 가시 모양이다.

( )

응용

18 찍찍이 테이프에 활용된 식물은 어느 것입니까?

( )

① 허브   ② 연꽃잎
③ 느릅나무 잎   ④ 단풍나무 열매
⑤ 도꼬마리 열매

서술형

19 물이 스며들지 않는 옷, 자동차나 유리 코팅제에 활용된 연꽃잎의 특징은 무엇인지 한 가지 쓰시오.

_____

20 식물과 식물의 생김새나 특징을 활용한 예가 바르게 짝지어진 것이 아닌 것은 어느 것입니까?

( )

① 허브 – 방향제
② 민들레씨 – 낙하산
③ 연꽃잎 – 유리 코팅제
④ 선인장 – 빗물을 모으는 장치
⑤ 단풍나무 열매 – 날개가 하나인 선풍기

1. 식물의 생활 **27**

1 오른쪽 식물의 이름은 무엇인지 쓰시오.

( )

2 학교 주변에서 식물의 잎을 채집할 때 잎을 자르는 부분은 어디인지 쓰시오.

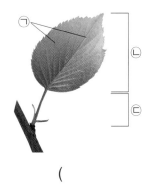

( )

3 오른쪽 식물 잎의 특징으로 바르지 않은 것은 어느 것입니까? ( )

① 부채 모양이다.
② 만지면 매끈매끈하다.
③ 잎의 끝은 물결 모양이다.
④ 가운데 부분이 갈라져 있다.
⑤ 잎의 가장자리가 톱니 모양이다.

4 "잎의 끝 모양이 뾰족한가?"의 기준에 따라 잎을 바르게 분류한 것은 어느 것입니까? ( )

구분	그렇다.	그렇지 않다.
①	강아지풀, 국화	은행나무, 토끼풀
②	은행나무, 단풍나무	강아지풀, 토끼풀
③	등나무, 대나무	소나무, 은행나무
④	소나무, 땅콩	단풍나무, 소나무
⑤	소나무, 강아지풀	은행나무, 토끼풀

5 들이나 산에서 사는 식물 중 다음에서 설명하는 식물은 무엇인지 쓰시오.

• 키가 크고, 줄기는 회갈색이다.
• 잎은 전체적으로 끝이 더 넓은 달걀 모양이다.
• 잎의 가장자리는 톱니 모양이다.

( )

서술형

6 다음 식물을 풀과 나무로 구분하여 쓰시오.

▲ 작약   ▲ 모란

7 들이나 산에서 사는 식물에 대한 설명으로 바르지 않은 것은 어느 것입니까? ( )

① 풀과 나무로 나눌 수 있다.
② 풀은 나무보다 키가 작고 줄기가 가늘다.
③ 나무는 대부분 한해살이 식물로 매년 새로 싹이 난다.
④ 풀은 대부분 한해살이 식물이지만 여러해살이 식물도 있다.
⑤ 식물은 대부분 햇빛을 이용하여 스스로 양분을 만들어 살아간다.

8 강이나 연못에서 사는 식물끼리 바르게 짝지어진 것은 어느 것입니까? ( )

> ㉠ 붓꽃 　　㉡ 가래
> ㉢ 마름 　　㉣ 수련
> ㉤ 선인장 　　㉥ 강아지풀

① ㉠, ㉢
② ㉠, ㉡, ㉥
③ ㉡, ㉢, ㉣
④ ㉢, ㉣, ㉥
⑤ ㉠, ㉢, ㉣, ㉥

9 다음 식물의 공통적인 특징을 모두 고르시오.
( )

▲ 생이가래　　　　　　　▲ 물상추

① 공기주머니가 있다.
② 뿌리가 수염처럼 생겼다.
③ 물에 떠서 사는 식물이다.
④ 줄기가 길게 위로 뻗어 있다.
⑤ 잎은 물 위에 떠 있고 줄기는 물속에 잠겨 있다.

10 뿌리가 물속이나 물가의 땅에 있으며 키가 크고 잎이 물 위로 높이 자라는 식물을 모두 고르시오.
( )

① 창포
② 부들
③ 나사말
④ 부레옥잠
⑤ 물수세미

서술형

11 부레옥잠의 잎자루가 하는 역할은 무엇인지 쓰시오.

_____

_____

12 식물이 강이나 연못의 환경에 적응한 예로 바르지 <u>않은</u> 것은 무엇입니까? ( )

① 수련은 꽃이 물속에서 핀다.
② 갈대의 뿌리는 물속에 있고 줄기가 튼튼하다.
③ 검정말은 줄기가 물의 흐름에 따라 잘 휘어진다.
④ 개구리밥은 수염처럼 생긴 뿌리가 물속으로 뻗어 있다.
⑤ 물에 떠서 사는 식물은 대부분 잎과 뿌리로 이루어져 있다.

13 다음 식물이 사는 곳은 어디입니까? ( )

▲ 메스키트나무　　　　　▲ 회전초

① 들
② 산
③ 강
④ 연못
⑤ 사막

14 다음 식물이 사는 환경의 특징을 모두 고르시오.
( )

선인장, 회전초, 용설란, 바오바브나무

① 물이 풍부하다.
② 땅이 축축하다.
③ 햇볕이 강하다.
④ 비가 많이 내린다.
⑤ 모래 폭풍이 많이 분다.

15 선인장 줄기를 가로로 잘라서 알 수 있는 사실은 무엇입니까? ( )

① 줄기가 얇다.
② 줄기가 말라 있다.
③ 줄기에 물을 저장한다.
④ 가시에 물을 저장한다.
⑤ 줄기에서는 향기가 난다.

서술형
16 바오바브나무가 사막 환경에 적응한 결과 생긴 특징을 한 가지 쓰시오.

서술형
17 도꼬마리 열매와 찍찍이 테이프의 공통점을 한 가지 쓰시오.

_____

_____

18 단풍나무 열매의 생김새를 활용하여 만들 수 있는 생활용품은 어느 것입니까? ( )

① 방향제
② 드론의 날개
③ 유리 코팅제
④ 빗물을 모으는 장치
⑤ 물이 스며들지 않는 옷

19 배의 연료를 절약할 수 있는 코팅제를 개발하는 데 활용된 생이가래의 특징은 어느 것입니까?
( )

① 물에 뜨는 성질
② 냄새가 나는 특징
③ 잎의 크기가 큰 것
④ 잎맥이 잎몸을 받치는 생김새
⑤ 작고 둥근 돌기가 많이 나 있는 특징

20 오른쪽과 같이 부레옥잠의 특징을 활용하여 물에 뜨는 붓을 만들었을 때, 부레옥잠의 잎자루를 나타내는 데 알맞은 준비물은 어느 것입니까? ( )

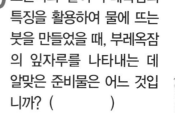 

① 붓   ② 물
③ 물통   ④ 글루건
⑤ 스타이로폼 공

1 식물의 잎을 채집하는 모습으로 바른 것은 어느 것입니까? (   )

① 땅에 떨어진 잎을 채집한다.
② 한 종류의 식물의 잎만 채집한다.
③ 필요하지 않아도 잎을 많이 채집한다.
④ 나무에 올라가서 식물의 잎을 채집한다.
⑤ 나무가 훼손되더라도 필요한 잎은 꼭 채집한다.

2 잎의 생김새를 보고 각 부분의 이름을 쓰시오.

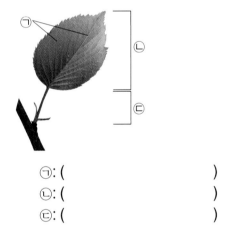

㉠: (   )
㉡: (   )
㉢: (   )

3 잎의 생김새에 따라 분류한 기준으로 바르지 <u>않은</u> 것은 어느 것입니까? (   )

① 잎이 한 개인 것과 여러 개인 것
② 잎에 털이 있는 것과 털이 없는 것
③ 잎의 모양이 좁은 것과 좁지 않은 것
④ 잎에 흙이 묻어 있는 것과 묻어 있지 않은 것
⑤ 잎의 가장자리가 갈라진 것과 갈라지지 않은 것

4 다음과 같이 잎을 분류한 기준은 어느 것입니까?

(   )

① 잎이 예쁜 것과 예쁘지 않은 것
② 잎이 한 개인 것과 여러 개인 것
③ 잎에 털이 있는 것과 털이 없는 것
④ 잎의 모양이 길쭉한 것과 길쭉하지 않은 것
⑤ 잎의 가장자리가 갈라진 것과 갈라지지 않은 것

5 다음 식물이 사는 곳의 특징으로 바른 것은 어느 것입니까? (   )

> 소나무, 강아지풀, 단풍나무, 토끼풀

① 물이 많다.
② 흙에서 자란다.
③ 햇볕이 강하다.
④ 그늘진 곳에 산다.
⑤ 낮과 밤의 온도 차가 크다.

6 다음에서 설명하는 식물은 무엇인지 쓰시오.

> • 키가 크고 솔방울이 달려 있다.
> • 잎은 한곳에 두 개씩 뭉쳐나고 바늘같이 뾰족하다.
> • 줄기는 굵고 거칠다.

(   )

7 들이나 산에 사는 식물을 풀과 나무로 분류하여 연결하시오.

(1) 풀 •

- ㉠ 강아지풀
- ㉡ 민들레
- ㉢ 소나무
- ㉣ 밤나무

(2) 나무 •

- ㉤ 떡갈나무
- ㉥ 명아주

8 풀과 나무의 공통점으로 바른 것을 모두 고르시오.

> ㉠ 잎이 초록색이다.
> ㉡ 뿌리, 줄기, 잎이 있다.
> ㉢ 모두 한해살이 식물이다.
> ㉣ 필요한 양분을 스스로 만든다.
> ㉤ 줄기가 굵고 잎이 줄기 끝에 달려 있다.
> ㉥ 잎이 가시 모양이고 줄기가 굵고 통통하다.

( )

9 강이나 연못에서 사는 식물 중 잎이 물에 떠 있는 식물과 물속에 잠겨서 사는 식물로 바르게 분류한 것은 어느 것입니까? ( )

구분	잎이 물에 떠 있는 식물	물속에 잠겨서 사는 식물
①	가래, 부레옥잠	수련, 나사말
②	부레옥잠, 연꽃	마름, 검정말
③	부들, 가래	연꽃, 검정말
④	연꽃, 가래	부들, 물수세미
⑤	수련, 가래	물수세미, 나사말

서술형

10 강이나 연못에서 사는 식물 중에서 다음과 같은 특징을 가진 식물을 한 가지 쓰고, 식물이 사는 곳을 쓰시오.

> 줄기가 물의 흐름에 따라 잘 휜다.

_____

11 강이나 연못에서 사는 식물 중 물에 떠서 사는 식물의 특징을 모두 고르시오. ( )

① 뿌리가 없다.
② 줄기가 길고 튼튼하다.
③ 잎이 가늘고 긴 모양이다.
④ 수염처럼 생긴 뿌리가 있다.
⑤ 대부분 잎과 뿌리로 이루어져 있다.

12 오른쪽과 같이 자른 부레옥잠의 잎자루를 물이 담긴 수조에 넣고 손가락으로 눌렀을 때 알 수 있는 사실은 무엇입니까? ( )

① 부레옥잠은 꽃이 핀다.
② 부레옥잠은 잎의 크기가 작다.
③ 부레옥잠의 줄기는 튼튼하다.
④ 부레옥잠의 뿌리는 수염처럼 생겼다.
⑤ 부레옥잠의 잎자루는 많은 공기를 저장하고 있다.

13 선인장의 특징이 아닌 것은 어느 것입니까?
( )

① 줄기가 굵다.
② 넓은 잎이 없다.
③ 잎이 크고 넓적하다.
④ 줄기가 초록색이다.
⑤ 뾰족한 가시가 많다.

14 선인장 줄기를 자른 모습을 관찰하였을 때 알 수 있는 선인장의 특징을 한 가지 쓰시오.

15 다음 식물이 다른 동물이 공격하는 것을 피할 수 있는 공통적인 특징은 어느 것입니까? (   )

▲ 금호선인장

▲ 기둥선인장

① 키가 크다.
② 줄기가 굵다.
③ 가시가 없다.
④ 가시가 있다.
⑤ 잎의 크기가 작다.

16 오른쪽 식물이 사막 생활에 적응한 특징이 아닌 것은 어느 것입니까? (   )

① 잎이 많아 양분을 많이 만든다.
② 잎이 작아서 물의 증발을 막는다.
③ 줄기가 굵어서 많은 물을 저장한다.
④ 키가 커서 동물로부터 잎을 보호한다.
⑤ 잎이 많지 않아 물이 빠져나가는 것을 줄인다.

17 우리 생활에 활용한 도꼬마리 열매의 특징은 어느 것입니까? (   )

① 상처를 치유하는 약효
② 해충이 싫어하는 냄새
③ 손에 잡히지 않는 미끌미끌한 특징
④ 많은 잔털이 있어 물기를 흘려버리는 특징
⑤ 가시 끝의 갈고리 모양이 털에 잘 붙는 특징

18 물이 부족한 지역에서 활용되면 좋은 특징을 가진 식물은 어느 것입니까? (   )

① 연꽃잎
② 느릅나무 잎
③ 생이가래 뿌리
④ 도꼬마리 열매
⑤ 단풍나무 열매

19 방향제와 해충 퇴치제에 활용할 수 있는 식물은 어느 것입니까? (   )

① 허브
② 연꽃잎
③ 민들레씨
④ 도꼬마리 열매
⑤ 단풍나무 열매

20 미세 먼지를 막는 마스크를 만들 때 활용하면 좋은 식물은 어느 것입니까? (   )

① 선인장
② 부레옥잠
③ 끈끈이주걱
④ 벌레잡이통풀
⑤ 공기 정화 식물

 여러 가지 식물 잎의 생김새입니다.

▲ 토끼풀　　▲ 소나무　　▲ 강아지풀　　▲ 단풍나무　　▲ 은행나무

(1) 잎의 끝 모양이 뾰족한 것과 뾰족하지 않은 것으로 분류하여 이름을 쓰시오.

뾰족한 것	뾰족하지 않은 것

(2) 위 (1)의 분류 기준과 다른 분류 기준을 한 가지 쓰시오.

_____

잎의 분류 기준으로 적합한 것과 적합하지 않은 것

• 잎의 개수나 가장자리 모양은 잎을 분류할 수 있는 공통적인 특징이기 때문에 적합합니다.
• '잎이 예쁘다'는 사람마다 예쁘다는 기준이 다르기 때문에 분류 기준으로 적합하지 않습니다.

 들이나 산에서 사는 식물입니다.

 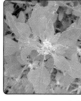  

▲ 민들레　　▲ 명아주　　▲ 밤나무　　▲ 소나무

(1) 위 식물을 풀과 나무로 분류하여 쓰시오.

풀	나무

(2) 풀과 나무의 차이점을 한 가지 쓰시오.

_____

_____

풀과 나무의 공통점

• 뿌리, 줄기, 잎이 있습니다.
• 잎이 초록색입니다.
• 뿌리를 땅에 내리고 삽니다.
• 필요한 양분을 스스로 만듭니다.

3 다음과 같이 자른 부레옥잠의 잎자루를 물이 담긴 수조에 넣고 손가락으로 눌렀더니 공기 방울이 위로 올라갔습니다. 이것으로 알 수 있는 사실을 쓰시오.

 →

_____

_____

부레옥잠이 물에 떠서 살 수 있는 까닭

• 잎자루에 있는 공기주머니의 공기 때문에 물에 떠서 살 수 있습니다.
• 물에 떠서 살 수 있는 식물은 가벼운 공기를 보관할 수 있는 공기주머니나 스펀지와 비슷한 구조를 가지고 있어서 쉽게 물에 뜰 수 있습니다.

1 단원

4 다음 생활에서 불편한 점을 보고, 끈끈이주걱과 도꼬마리 열매의 특징을 활용하여 생활용품을 설계하시오.

▲ 끈끈이주걱

▲ 도꼬마리 열매

> • 옷 가게에 걸려 있는 옷이 미끄러져 떨어진다.
> • 책상 위에 놓아둔 물건들이 바닥으로 자주 떨어진다.

(1) 끈끈이주걱의 특징을 활용한 생활용품: _____

_____

(2) 도꼬마리 열매의 특징을 활용한 생활용품: _____

_____

생활에서 식물의 특징을 활용한 예

• 산나물이나 곡식 등은 음식으로 활용됩니다.
• 학교 정원, 공원 등 장소를 꾸밀 때 식물을 심습니다.
• 식물의 염료를 이용해 옷에 물을 들입니다.
• 식물의 뿌리, 줄기, 열매 등을 약재로 사용합니다.
• 식물의 단단한 줄기를 목재로 이용합니다.
• 식물의 생김새를 이용해 생활용품을 만듭니다.

2. 물의 상태 변화

🌸 달콤하고 시원한 얼음과자 만들기 실험 1

(1) 비닐장갑에 든 주스의 변화: 시간이 지날수록 주스가 얼어 딱딱해집니다.

(2) 비닐장갑 밖의 얼음의 변화: 시간이 지날수록 얼음이 점점 녹아 물이 됩니다.

(3) 얼음과자를 먹어 본 느낌: 주스가 얼기 전과 달리 차갑고 딱딱합니다. → 주스 맛이 납니다.

🌸 물의 세 가지 상태를 알아볼까요?

(1) 얼음과 물 관찰하기 실험 2

① 페트리 접시에 얼음과 물을 각각 담고 관찰하기

구분	얼음	물
모양	모양이 일정하다.	흐르고, 일정한 모양이 없다.
손으로 만졌을 때	차갑고, 단단하다.	손에 잡히지 않는다.

② 페트리 접시에 담긴 얼음을 손바닥에 올려놓았을 때 일어나는 변화: 얼음이 녹아 물이 되고, 손에 묻은 물은 시간이 지나면 사라져 눈에 보이지 않습니다.

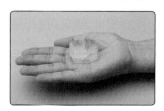 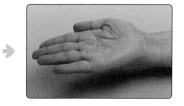

(2) 물의 세 가지 상태 탐구 1

물질의 상태	모습	물
고체	얼음	일정한 모양이 있고 차가우며, 단단하다.
액체	물	일정한 모양이 없이 흐르고, 담는 그릇에 따라 모양이 변한다.
기체	수증기	일정한 모양이 없고, 눈에 보이지 않는다.

실험 1 주스와 얼음을 이용해 얼음과자를 만드는 방법

• 주스를 비닐장갑의 손가락 부분에 넣고, 비닐장갑의 윗부분을 나무젓가락의 갈라진 틈 사이에 끼워 고정합니다.

• 주스가 담긴 비닐장갑을 비커에 넣고 잘게 부순 얼음과 소금을 번갈아 넣습니다.

• 일정한 시간이 흐른 뒤 비닐장갑을 비커에서 꺼내고, 내용물을 확인해 봅니다.

실험 2 얼음과 물

▲ 얼음

▲ 물

탐구 1 햇볕을 받은 고드름의 변화와 물의 상태

• 고드름은 고체인 얼음입니다.

• 고드름이 녹으면 액체인 물이 됩니다.

▲ 햇볕을 받은 고드름

물질의 상태마다 특성이 다른 까닭

- 고체: 물질을 이루는 분자들이 매우 강한 힘으로 연결되어 규칙적인 배열을 하고 있기 때문에 일정한 모양을 가지고, 단단합니다.

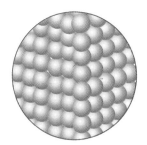

- 액체: 고체보다 물질을 이루는 분자들 사이에 작용하는 힘이 약하기 때문에 모양이 일정하지 않고 흐르는 성질이 있습니다.

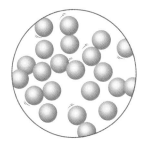

- 기체: 고체나 액체보다 분자들 사이에 끌어당기는 힘이 매우 약하기 때문에 담는 그릇의 모양이나 가하는 힘의 크기에 따라 모양이나 부피가 쉽게 변합니다.

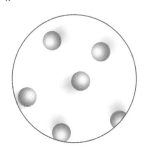

용 어 풀 이

- 상태 사물이나 현상이 놓여 있는 모양이나 상황
- 고드름 물이 아래쪽으로 뻗어나가 막대기 모양이 된 얼음
- 분자 물질이 가진 성질을 그대로 가지고 있을 수 있는 가장 작은 물체

2 단원

1 주스를 넣은 비닐장갑을 비커에 넣고 잘게 부순 얼음과 [ ][ ]을 번갈아 넣으면 주스가 빨리 업니다.

2 위 1번의 비닐장갑에 든 [ ][ ]는 시간이 지날수록 얼어 딱딱해집니다.

3 얼음과자 만들기에서 비닐장갑 밖의 얼음은 시간이 지날수록 얼음이 점점 녹아 [ ]이 됩니다.

4 [ ][ ]은 일정한 모양이 있고, [ ]은 일정한 모양이 없이 흐릅니다.

5 [ ][ ]은 손으로 잡을 수 있고, [ ]은 손으로 잡을 수 없습니다.

6 손에 묻은 물은 시간이 지나면 손에서 사라지고, 손에서 사라진 물은 [ ][ ] 중으로 흩어집니다.

7 물은 고체인 [ ][ ], 액체인 [ ], 기체인 [ ][ ][ ]의 세 가지 상태로 있습니다.

2. 물의 상태 변화

└→ 물과 얼음의 상태가 변할 때 부피는 변하지만, 무게는 변하지 않습니다.

🌸 물이 얼거나 얼음이 녹으면 부피와 무게는 어떻게 될까요?

(1) 물이 얼 때의 부피와 무게 변화 <mark>실험 1</mark>

① 물이 얼 때의 부피 변화: 부피가 늘어납니다. └→ 물의 높이가 높아집니다.

▲ 시험관 안의 물 얼리기

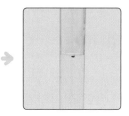

▲ 물이 얼기 전 높이

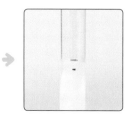

▲ 물이 언 후의 높이

② 물이 얼 때의 무게 변화: 무게는 변하지 않습니다.

▲ 물이 얼기 전 무게

▲ 물이 언 후의 무게

③ 우리 주변에서 물이 얼어 부피가 늘어나는 예 ┌→ 물이 얼어 부피가 늘어났기 때문에 나타나는 현상입니다.

• 페트병에 물을 가득 넣어 얼리면 페트병이 커집니다.
• 한겨울 수도관에 설치된 계량기가 얼어서 터집니다.
• 추운 겨울 바위틈에 있던 물이 얼면서 바위가 쪼개집니다.

(2) 얼음이 녹을 때의 부피와 무게 변화 <mark>실험 2</mark>

① 얼음이 녹을 때의 부피 변화: 부피가 줄어듭니다. └→ 물의 높이가 낮아집니다.

▲ 시험관 안의 얼음 녹이기

▲ 얼음이 녹기 전 물의 높이

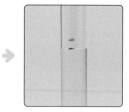

▲ 얼음이 녹은 후의 물의 높이

② 물이 녹을 때의 무게 변화: 무게는 변하지 않습니다.

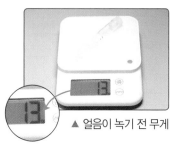

▲ 얼음이 녹기 전 무게

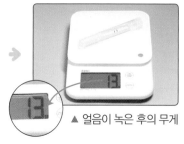

▲ 얼음이 녹은 후의 무게

<mark>실험 1</mark> **물이 얼 때의 부피와 무게 변화 관찰하기**

실험 방법

• 플라스틱 시험관에 물을 반 정도 붓고 마개를 막은 뒤 검은색 유성 펜으로 물의 높이를 표시합니다.
• 전자저울로 플라스틱 시험관의 무게를 측정합니다.
• 잘게 부순 얼음에 소금을 넣고 유리막대로 잘 섞은 뒤 비커의 가운데에 플라스틱 시험관을 꽂아 물을 얼립니다.
• 물이 완전히 얼면 플라스틱 시험관을 꺼내 언 물의 높이를 빨간색 유성 펜으로 표시하고, 얼기 전의 부피와 비교합니다.
• 물이 언 플라스틱 시험관의 표면을 화장지로 닦은 뒤 전자저울로 무게를 측정하고, 얼기 전의 무게와 비교합니다.

실험 결과

물이 얼면 부피는 늘어나지만, 무게는 변하지 않습니다.

<mark>실험 2</mark> **얼음이 녹을 때의 부피와 무게 변화 관찰하기**

실험 방법

• 물을 얼린 플라스틱 시험관의 부피와 무게를 측정합니다.
• 물이 얼어 있는 플라스틱 시험관을 따뜻한 물이 든 비커에 넣습니다.
• 플라스틱 시험관 안의 얼음이 완전히 녹으면 플라스틱 시험관 안 물의 높이를 표시하고, 녹기 전의 부피와 비교합니다.
• 플라스틱 시험관 표면의 물기를 화장지로 닦은 뒤 무게를 측정하고, 녹기 전의 무게와 비교합니다.

실험 결과

얼음이 녹으면 부피는 줄어들지만, 무게는 변하지 않습니다.

● 우리 주변에서 물이 얼어 부피가 늘어나는 예

페트병에 물을 넣어 냉동실에 넣으면 물이 얼어 부피가 늘어납니다.

▲ 물이 얼기 전　　▲ 물이 언 후

▲ 겨울철에 물이 얼어서 터진 수도 계량기

● 우리 주변에서 얼음이 녹아 부피가 줄어드는 예

꽁꽁 얼어 있던 튜브형 얼음과자가 녹으면 튜브 안에 가득 차 있던 얼음과자의 부피가 줄어듭니다.

▲ 얼음과자가 녹기　　▲ 얼음과자가 녹은
　　전　　　　　　　　　후

용　어　풀　이

＊ 부피　물체가 차지하는 공간의 크기
＊ 계량기　사용하는 물의 양을 재는 데 쓰는 도구
＊ 유성 펜　물에 지워지지 않는 필기구

1 전자저울로 플라스틱 시험관의 ☐☐ 를 측정합니다.

2 플라스틱 시험관 안의 물을 얼릴 때는 잘게 부순 얼음에 ☐☐ 을 넣고 비커의 가운데에 플라스틱 시험관을 꽂습니다.

3 플라스틱 시험관 안의 물이 얼면 물의 높이가 ☐ 아집니다.

4 물이 얼면 ☐☐ 는 늘어나지만 ☐ 는 변하지 않습니다.

5 페트병에 물을 가득 넣어 얼리면 페트병이 커지는 것은 물이 얼어 ☐☐ 가 늘어났기 때문입니다.

6 얼음이 녹으면 ☐☐ 는 줄어들지만, ☐☐ 는 변하지 않습니다.

7 얼음이 녹아 줄어든 부피는 물이 얼 때 늘어난 ☐☐ 와 같습니다.

8 꽁꽁 얼어 있던 튜브형 얼음과자가 녹으면 튜브 안에 가득 차 있던 얼음과자의 ☐☐ 가 줄어듭니다.

2. 물의 상태 변화

🌸 **과일을 말리면 그 안에 있던 물은 어떻게 될까요?**

(1) 식품 건조기에 넣은 사과 조각의 변화 관찰하기 실험 1

① 식품 건조기에 넣어 말린 사과 조각을 관찰하고, 지퍼 백에 넣어 말린 사과 조각과 비교하기

구분	식품 건조기에 넣어 말린 사과 조각
모양	지퍼 백에 넣은 사과보다 표면이 쭈글쭈글하다.
크기	지퍼 백에 넣은 사과보다 조각의 크기가 작다.
맛	지퍼 백에 넣은 사과보다 더 달다.
감촉	지퍼 백에 넣은 사과보다 건조하다.

② 식품 건조기에 넣은 과일 조각이 마르고 크기가 작아진 까닭: 과일에 들어 있던 물이 수증기로 변해 공기 중으로 흩어졌기 때문입니다.

(2) 물의 증발

① 증발: 액체인 물이 표면에서 기체인 수증기로 상태가 변하는 현상입니다.

② 우리 주변에서 물이 증발하는 예

• 고추나 오징어와 같은 음식 재료를 말립니다. → 오래 보관할 수 있습니다.

• 빨래나 젖은 머리카락이 마릅니다. → 물이 증발하기 때문에 나타나는 현상입니다.

• 비 온 뒤 젖어 있던 길이 시간이 지나면 마릅니다.

• 수채 물감으로 그린 그림이 시간이 지나면 마릅니다.

• 운동 후 흘린 땀이 시간이 지나면 마릅니다.

▲ 고추 말리기

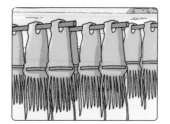

▲ 오징어 말리기

▲ 젖은 머리카락 말리기

▲ 빨래 말리기

실험 1 **식품 건조기에 넣은 사과 조각의 변화 관찰하기**

실험 방법

• 비슷한 크기로 얇게 썬 사과를 손으로 만져 축축한 정도를 확인합니다.

• 얇게 썬 사과 조각의 반은 지퍼 백에 넣어 밀봉하고, 나머지 반은 식품 건조기에 넣어 몇 시간 동안 말립니다.

실험 결과

• 식품 건조기에 넣은 사과 조각은 지퍼 백에 넣은 사과보다 마르고 쭈글쭈글합니다.

• 식품 건조기에 넣은 사과 조각이 지퍼 백에 넣은 사과보다 조각의 크기가 작고 맛이 더 답니다.

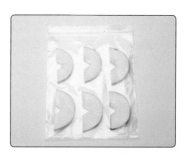

▲ 지퍼 백에 넣은 사과 조각

▲ 식품 건조기에 넣은 사과 조각

식품 건조기의 원리

- 식품 건조기는 따뜻해진 공기를 이용해 음식물 안의 수분을 빠르게 증발시키는 기계입니다.
- 식품 건조기 안에서 나오는 따뜻한 공기에 의해 음식물 안의 물이 증발하게 됩니다.
- 음식물을 식품 건조기로 건조시키는 것은 자연 상태에서 주변의 열을 이용해 건조시키는 것보다 물이 증발하는 시간이 짧습니다.

물이 수증기로 변하면 사라질까?

- 물의 양이 줄어들면 물이 수증기로 변하여 사라졌다고 생각할 수 있습니다.
- 수증기는 눈에 보이지 않을 뿐 우리 주위에 항상 있습니다.

식품 건조기 식품을 오랫동안 보존하기 위하여 따뜻한 공기를 이용해 식품에서 수분을 없애는 기계

건조 말라서 물이 없는 것

표면 사물의 가장 바깥쪽 부분

---

2 단원

1 식품 건조기에 넣은 사과 조각이 지퍼 백에 넣은 사과보다 [ ]이 더 답니다.

2 식품 건조기에 넣은 사과 조각이 지퍼 백에 넣은 사과보다 조각의 크기가 더 [ ]습니다.

3 손으로 만져보면 식품 건조기에 넣은 사과 조각이 지퍼 백에 넣은 사과보다 더 [ ][ ]합니다.

4 식품 건조기에 넣은 과일 조각이 마르고 크기가 작아진 까닭은 과일에 들어 있던 물이 [ ][ ][ ]로 변해 공기 중으로 흩어졌기 때문입니다.

5 [ ][ ]은 액체인 물이 표면에서 기체인 수증기로 상태가 변하는 현상입니다.

6 젖은 머리카락이 마르는 것은 머리카락의 물이 [ ][ ]하기 때문입니다.

7 고추나 오징어를 말리는 것은 고추나 오징어 안에 들어 있는 물이 [ ][ ]한 것입니다.

8 운동 후 흘린 땀이 시간이 지나면서 마르는 것은 [ ][ ]과 관련된 현상입니다.

2 물의 상태 변화 **41**

2. 물의 상태 변화

💮 물을 가열하면 어떻게 될까요?

(1) 물을 가열하면서 일어나는 변화 실험 1

① 물이 끓기 전과 끓을 때에 나타나는 변화

구분	물이 끓기 전	물이 끓을 때
물이 든 비커의 모습	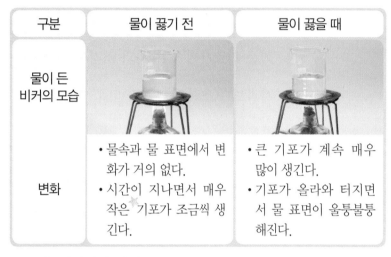	
변화	• 물속과 물 표면에서 변화가 거의 없다. • 시간이 지나면서 매우 작은 기포가 조금씩 생긴다.	• 큰 기포가 계속 매우 많이 생긴다. • 기포가 올라와 터지면서 물 표면이 울퉁불퉁해진다.

② 물을 가열하기 전과 물이 끓고 난 후 물의 높이 변화: 물이 끓은 후 물의 높이가 물이 끓기 전보다 낮아졌습니다.

③ 물의 높이가 변한 까닭
• 물이 수증기로 변해 공기 중으로 흩어졌기 때문입니다.
• 처음에는 물이 천천히 증발하다가 시간이 지나면 끓으면서 빠르게 수증기로 변합니다.

(2) 끓음 탐구 1

① 처음에는 표면의 물이 천천히 증발합니다.
② 계속 가열하면 물속에서 기포가 생기는데, 이 기포는 물이 수증기로 변한 것입니다.

수증기 (기체)
물 (액체)

▲ 물이 끓는 모습

③ 물의 표면뿐만 아니라 물속에서도 액체인 물이 기체인 수증기로 상태가 변하는 현상입니다.

실험 1 물을 가열할 때 일어나는 변화 관찰하기

실험 방법
• 비커에 물을 반 정도 붓고, 유성 펜으로 물의 높이를 표시합니다.
• 물을 가열하면서 물이 끓기 전에 나타나는 변화를 관찰합니다.
• 물을 계속 가열하면서 물이 끓을 때 나타나는 변화를 관찰합니다.
• 불을 끄고 물의 높이를 처음에 유성 펜으로 표시한 물의 높이와 비교합니다.

실험 결과
• 물이 끓기 전에는 물속에서 변화가 거의 없다가 물이 끓을 때에는 물속에서 기포가 생깁니다.
• 물이 줄어들어 물의 높이가 낮아졌습니다.
• 물이 끓기 전에는 물의 높이가 매우 천천히 낮아져 거의 줄어들지 않는 것처럼 보이다가 물이 끓을 때는 물의 높이가 끓기 전보다 더 빠르게 낮아집니다.

탐구 1 증발과 끓음의 공통점과 차이점

① 공통점: 물이 수증기로 상태가 변하여 공기 중으로 흩어집니다.
② 차이점
• 증발은 물 표면에서 천천히 일어나고, 끓음은 물 표면과 물속에서 빠르게 일어납니다.
• 증발은 물의 양이 매우 천천히 줄어들고, 끓음은 증발할 때보다 물의 양이 빠르게 줄어듭니다.

물을 가열할 때의 온도 변화

- 물을 가열하면 물 표면에서 증발이 일어나다가 일정한 온도에 도달하면 끓습니다.
- 물이 끓고 있는 중에는 끓기 시작한 온도 이상으로 온도가 올라가지 않습니다.
- 액체를 가열하면 온도가 올라가다가 액체가 끓는 동안에 온도가 일정하게 유지되는데, 이때의 온도를 끓는점이라고 합니다.
- 일반적으로 물의 끓는점은 1기압에서 100℃입니다.

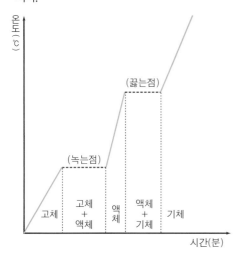

물이 끓기 전과 끓을 때 물속에서 생기는 기포

- 물을 가열해 온도가 점점 올라가면 물에 녹아 있던 공기가 공기 방울의 형태로 밖으로 빠져나갑니다.
- 물에 녹아 있던 공기가 다 빠져나간 뒤에 물의 온도가 끓는점에 이르면 물속에서 큰 기포가 만들어지는데, 이것은 수증기가 모여 방울을 형성한 것입니다.

용어풀이

- ✹ **가열** 어떤 물질에 열을 가하는 것
- ✹ **기포** 액체나 고체 속에 기체가 들어가 거품처럼 둥그렇게 부풀어 있는 것
- ✹ **수증기** 기체 상태의 물

개념을 확인해요

1 물을 가열하면 액체인 물이 기체인 ☐☐ ☐로 상태가 변합니다.

2 물이 끓기 전에는 변화가 없다가 물이 끓으면 물속에서 ☐☐가 생깁니다.

3 물이 끓을 때 생기는 기포는 물이 ☐☐ ☐로 변한 것입니다.

4 물이 끓기 전보다 물이 끓은 후에 물의 높이가 ☐아졌습니다.

5 물의 표면뿐만 아니라 물속에서도 액체인 물이 기체인 수증기로 상태가 변하는 현상을 ☐ ☐이라고 합니다.

6 물이 증발할 때와 끓을 때 모두 물이 ☐ ☐☐로 상태가 변합니다.

7 물이 끓을 때에는 증발할 때보다 더 빨리 물이 ☐☐☐로 변해 물의 양이 빠르게 줄어듭니다.

8 증발은 물 표면에서 물이 수증기로 변하지만 ☐☐은 물 표면과 물속에서 물이 수증기로 변합니다.

2. 물의 상태 변화

🌸 **차가운 병 표면의 물은 어디에서 왔을까요?**

(1) 차가운 컵 표면에서 일어나는 변화 관찰하기 `실험 1`

① 시간이 지남에 따라 플라스틱 컵 표면에서 일어나는 변화

- 컵 표면에 물방울이 맺힙니다.
- 시간이 지나면서 은박 접시에 물이 고입니다. └► 컵 표면에 맺힌 물은 공기 중의 수증기가 물로 상태가 변한 것입니다.

② 시간이 지남에 따라 은박 접시에 올려진 컵의 무게 측정하기

- 처음 무게와 시간이 지난 뒤의 무게 비교하기 `예`

처음 무게(g)	220.9
시간이 지난 뒤의 무게(g)	221.9

- 시간이 지날수록 무게가 더 늘어났습니다.
- 공기 중에 있던 물이 컵 표면에 달라붙어 무게가 늘어납니다. └► 처음 무게와 시간이 지난 뒤의 무게 차이가 생긴 까닭

(2) 응결

① 차가운 컵 표면에 생긴 물방울은 공기 중에 있던 수증기가 변한 것으로 기체인 수증기가 액체인 물로 상태가 변하는 것입니다.

② 우리 생활에서 물의 응결과 관련된 예

- 추운 겨울 유리창 안쪽에 맺힌 물방울, 가열한 냄비 뚜껑 안쪽에 맺힌 물방울, 맑은 날 아침 풀잎이나 거미줄에 맺힌 물방울은 공기 중의 수증기가 응결한 것입니다. `탐구 1`
- 냉장실에서 꺼낸 물병 표면에 맺힌 물방울도 공기 중의 수증기가 응결한 것입니다.
- 겨울철에 안경에 작은 물방울이 맺히는 것입니다.

▲ 유리창 안쪽에 맺힌 물방울　　▲ 안경에 맺힌 물방울　　▲ 거미줄에 맺힌 물방울

실험 1 차가운 컵 표면에서 일어나는 변화

실험 방법
- 플라스틱 컵에 주스와 얼음을 넣고 뚜껑을 덮습니다.
- 주스와 얼음을 넣은 플라스틱 컵을 은박 접시에 올려놓고 전자저울로 무게를 측정합니다.
- 시간이 지남에 따라 플라스틱 컵 표면에서 일어나는 변화를 관찰합니다.
- 시간이 지난 뒤에 은박 접시에 올려진 컵의 무게를 측정하여 비교합니다.

실험 결과
- 컵 표면에 작은 물방울이 맺힙니다.
- 컵 표면의 물방울이 은박 접시 위로 흘러 물이 고입니다.
- 처음 무게보다 나중 무게가 더 무겁습니다.

탐구 1 이슬
- 이른 아침에 거미줄에 맺힌 물방울이나 겨울철에 안경에 맺히는 작은 물방울은 공기 중의 수증기가 응결하여 생긴 것입니다.
- 온도가 높을수록 공기가 포함할 수 있는 수증기의 양이 많고, 온도가 낮아지면 공기가 포함할 수 있는 수증기의 양이 줄어들기 때문에 수증기가 응결하여 이슬이 생깁니다.
- 맑은 날에는 이슬이 잘 생기는데, 낮과 밤의 기온 차가 심하여 새벽에 기온이 낮아지면서 공기가 포함할 수 있는 수증기의 양이 적어지기 때문에 수증기가 이슬로 응결하게 됩니다.
- 햇빛이 비치면 이슬이 수증기로 변하여 공기 중으로 날아갔기 때문에 이슬이 사라집니다.

수증기의 응결로 인한 기상 현상

- 안개: 따뜻한 공기가 차가운 공기를 만나 수증기가 응결하여 작은 물방울 상태로 공기 중에 떠 있는 것입니다.
- 이슬: 따뜻한 공기가 차가운 물체를 만나면 물체의 표면에 이슬이 맺힙니다.
- 구름: 공기 중의 수증기가 높은 하늘에서 응결해 생성된 것입니다.

▲ 안개

▲ 이슬

▲ 구름

용어풀이

- ✽ 표면 사물의 가장 바깥쪽
- ✽ 무게 물건의 무거운 정도
- ✽ 기상 대기 중에서 일어나는 물리적인 현상으로, 바람, 구름, 비, 눈, 더위, 추위 따위를 이름.

개념을 확인해요

2 단원

1 플라스틱 컵에 주스와 얼음을 넣고 뚜껑을 덮은 뒤 시간이 지나면 컵 표면에 작은 ☐ ☐ ☐ 이 맺힙니다.

2 차가운 컵 표면에 생긴 물방울은 공기 중에 있던 ☐ ☐ ☐ 가 변한 것입니다.

3 주스와 얼음을 넣은 플라스틱 컵의 뚜껑을 덮고 은박 접시에 올려놓은 뒤 시간이 지나 무게를 재면 처음보다 나중 무게가 더 ☐ ☐ 습니다.

4 주스와 얼음을 넣은 플라스틱 컵의 처음 무게와 나중 무게에 차이가 생긴 것은 공기 중의 ☐ ☐ ☐ 가 물이 되어 차가운 컵 표면에 달라붙었기 때문입니다.

5 기체인 수증기가 액체인 물로 상태가 변하는 것을 ☐ ☐ 이라고 합니다.

6 맑은 날 아침 풀잎이나 거미줄에 맺힌 물방울은 공기 중의 수증기가 ☐ 로 변한 것입니다.

7 욕실의 차가운 거울 표면에 물방울이 맺히는 것은 ☐ ☐ 현상입니다.

2. 물의 상태 변화

🌸 우리 생활에서 물의 상태 변화를 어떻게 이용할까요?

(1) 물이 얼음으로 상태가 변화된 예 →이글루를 만듭니다.

  ① 얼음과 얼음을 물로 붙여 가며 아름다운 작품을 만듭니다.

  ② 스키장에서 물을 얼려 인공 눈을 만듭니다.

  ③ 물을 얼려 얼음과자를 만듭니다.

(2) 물이 수증기로 상태가 변화된 예 →스팀 청소기로 바닥의 때를 벗깁니다.

  ① 수증기로 음식을 찝니다.

  ② 스팀다리미로 옷의 주름을 폅니다.

  ③ 가습기를 이용합니다.

▲ 얼음 작품 만들기　　▲ 음식 찌기　▲ 스팀 다리미로 다림질 하기

🌸 물의 상태 변화를 이용해 가습기 만들기

(1) 가습기

  ① 집 안이 건조할 때 가습기를 이용하면 물을 수증기로 바꿔 공기 중 수증기 양을 늘릴 수 있습니다.

  ② 액체인 물이 증발해 기체인 수증기로 상태가 변하는 현상을 이용한 것입니다.

(2) 가습기의 물이 잘 증발하게 하기 위한 모양과 재료의 특징

  ① 굴곡이 많은 모양으로 만듭니다. →잘 증발하도록 표면을 넓게 만듭니다.

  ② 재료를 여러 번 자르고, 여러 번 접습니다.

  ③ 물을 잘 흡수하고, 증발이 잘 되는 재료를 이용합니다.
  →한지, 부직포, 천, 종이, 나무와 같은 재료

(3) 부직포 가습기 만들기 실험 1

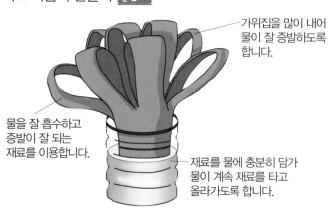

가위집을 많이 내어 물이 잘 증발하도록 합니다.

물을 잘 흡수하고 증발이 잘 되는 재료를 이용합니다.

재료를 물에 충분히 담가 물이 계속 재료를 타고 올라가도록 합니다.

실험 1 가습기 만들기 예

▲ 한지나 부직포, 천, 종이 등의 재료를 이용해 다양한 모양을 만듭니다.

▲ 모양이 유지되도록 고무줄로 느슨하게 묶어 고정합니다.

▲ 자른 페트병에 물을 담습니다.

▲ 만든 것을 물을 담은 페트병에 담가 물에 잠기게 합니다.

다양한 가습기

- 종이 타월 가습기: 종이 타월을 잘라 나무젓가락에 걸쳐 물에 담가 두면 종이 타월을 따라 흡수된 물이 공기 중으로 증발하는 가습기입니다.

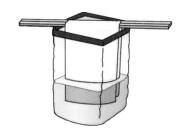

- 솔방울 가습기: 솔방울이 물을 흡수하면 오므라들었다가 물이 증발하면 벌어지는 원리를 이용한 가습기입니다.

- 숯 가습기: 숯을 물에 담그면 숯의 결을 따라 물이 올라가며 공기 중으로 물이 증발하는 것을 이용한 가습기입니다.

용 어 풀 이

- **인공 눈** 사람이 만든 눈
- **스팀다리미** 다림질을 할 때 수증기가 나오는 다리미
- **부직포** 섬유를 적당히 배열하여 접착제로 붙인 천

개념을 확인해요

2단원

1 물은 고체인 ☐☐, 액체인 ☐, 기체인 ☐☐☐의 세 가지 중 하나의 상태로 있습니다.

2 스키장에서 인공 눈을 만드는 것은 물이 ☐으로 상태가 변하는 예입니다.

3 물을 얼려 얼음과자를 만들 때는 물이 ☐으로 상태가 변하는 예입니다.

4 스팀다리미는 물이 ☐☐☐로 상태가 변하는 것을 이용하여 옷의 주름을 폅니다.

5 물을 끓일 때 만들어진 ☐☐☐로 음식을 찔 수 있습니다.

6 ☐☐☐는 집 안이 건조할 때 물이 수증기로 변하는 물의 상태 변화를 이용한 도구입니다.

7 가습기에 이용된 현상은 ☐☐입니다.

8 가습기를 만들 때는 한지, 부직포, 천, 종이 등과 같이 물을 잘 ☐☐하고 증발이 잘 되는 재료를 이용합니다.

개념을 다져요

핵심 1

물은 고체인 얼음, 액체인 물, 기체인 수증기의 세 가지 상태로 있습니다. 얼음은 일정한 모양이 있지만 물은 일정한 모양이 없고 흐르며, 수증기는 눈에 보이지 않습니다.

1 얼음을 손바닥에 올려놓았을 때 얼음은 어떻게 변하는지 쓰시오.

_____

2 다음 특징을 보고 물의 상태를 쓰시오.

> • 고체이다.
> • 모양이 일정하다.
> • 차갑고 단단하다.

( )

3 물의 상태 중 수증기의 특징은 어느 것입니까?
( )

① 흐른다.
② 모양이 일정하다.
③ 차갑고 단단하다.
④ 물의 고체 상태이다.
⑤ 눈에 보이지 않는다.

4 ( ) 안에 알맞은 말을 쓰시오.

> 물은 (㉠)인 얼음, 액체인 물,
> (㉡)인 수증기의 세 가지 상태로 있다.

㉠: ( )
㉡: ( )

핵심 2

페트병에 물을 가득 넣어 얼리면 페트병이 커집니다. 물이 얼어 얼음이 될 때 무게는 변하지 않지만, 부피는 늘어납니다.

5 오른쪽 플라스틱 시험관의 물을 완전히 얼리면 물의 높이는 얼기 전 보다 언 후에 어떻게 되는지 기호를 쓰시오.

> ㉠ 물의 높이가 높아진다.
> ㉡ 물의 높이가 낮아진다.
> ㉢ 물의 높이가 그대로이다.

( )

6 물이 든 플라스틱 시험관의 무게가 13g이었습니다. 이 플라스틱 시험관의 물이 완전히 얼었을 때의 무게는 얼마인지 쓰시오.

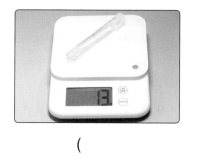

( )

7 물이 얼어 얼음이 될 때 변하는 것은 무엇인지 기호를 쓰시오.

> ㉠ 맛   ㉡ 무게   ㉢ 부피

( )

8 겨울철에 장독에 넣어 둔 물이 얼어서 장독이 깨지는 까닭은 무엇인지 쓰시오.

_____

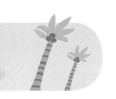

핵심 3

얼음이 녹아 물이 되면 부피는 줄어들지만, 무게는 변하지 않습니다. 이때 줄어든 부피는 물이 얼 때 늘어난 부피와 같습니다.

9 다음 플라스틱 시험관에서 ㉠은 물이 얼기 전 물의 높이이고, ㉡은 물이 언 후의 물의 높이입니다. 얼음이 녹은 후 물의 높이는 어느 것인지 기호를 쓰시오.

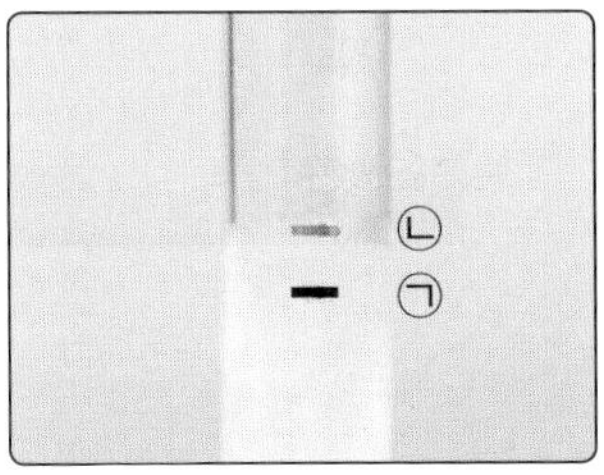

(　　　　　　　　　)

10 얼음이 녹을 때의 부피와 무게 변화를 선으로 연결하시오.

얼음이 녹을 때 •

• ㉠ 부피는 줄어든다.
• ㉡ 부피는 늘어난다.
• ㉢ 무게는 줄어든다.
• ㉣ 무게는 변하지 않는다.

11 물이 얼어 부푼 페트병을 냉동실에서 꺼내 놓고 시간이 지나면 페트병의 크기가 작아지는 까닭을 쓰시오.

____

12 (　) 안에 알맞은 말을 차례대로 쓰시오.

> 물과 얼음의 상태가 변할 때 (　　　　)는 변하지만, (　　　　)는 변하지 않는다.

(　　　　　　　　　)

핵심 4

액체인 물이 표면에서 기체인 수증기로 상태가 변하는 현상을 증발이라고 합니다. 물이 수증기로 변하면 공기 중으로 흩어집니다.

13 (　) 안에 알맞은 말을 쓰시오.

> 식품 건조기에 넣은 과일 조각이 마르고 크기가 작아진 까닭은 과일에 들어 있던 물이 (　　　　)로 변해 공기 중으로 흩어졌기 때문이다.

(　　　　　　　　　)

14 (　) 안에 알맞은 말을 쓰시오.

> 액체인 물이 표면에서 기체인 수증기로 상태가 변하는 것을 (　　　　)이라고 한다.

(　　　　　　　　　)

15 우리 주변에서 볼 수 있는 다음과 같은 현상은 무엇 때문입니까? (　　　　)

> • 고추나 오징어를 말린다.
> • 젖은 머리카락을 헤어드라이어로 말린다.

① 증발　② 끓음
③ 응결　④ 얼음
⑤ 수증기

16 물이 증발하는 예가 아닌 것은 어느 것입니까? (　　　)

① 빨래를 햇빛에 말린다.
② 오징어를 햇빛에 말린다.
③ 옥수수를 말려서 보관한다.
④ 사과를 얇게 썰어 식품 건조기에서 말린다.
⑤ 겨울에 바위틈에서 물이 얼어 바위가 쪼개진다.

2 단원

핵심 5

물을 가열하면 액체인 물이 기체인 수증기로 상태가 변합니다. 물의 표면뿐만 아니라 물속에서도 액체인 물이 기체인 수증기로 상태가 변하는 현상을 끓음이라고 합니다.

17 물이 끓는 모습에 대한 설명이 바르면 ○표, 바르지 않으면 ×표를 하시오.

(1) 물이 끓기 전에는 변화가 거의 없습니다.
( )

(2) 물이 끓을 때 기포가 올라와 물 표면이 울퉁불퉁해집니다. ( )

(3) 물이 끓을 때 물의 높이가 천천히 높아집니다.
( )

18 물이 끓을 때 물속에서 생기는 기포는 물이 무엇으로 변한 것인지 쓰시오.
( )

19 다음에서 설명하는 것은 무엇인지 쓰시오.

> 물의 표면뿐만 아니라 물속에서도 액체인 물이 기체인 수증기로 상태가 변하는 현상이다.

( )

20 끓음의 특징을 모두 골라 기호로 쓰시오.

> ㉠ 물이 수증기 상태로 변한다.
> ㉡ 물의 양이 천천히 줄어든다.
> ㉢ 물의 양이 빠르게 줄어든다.
> ㉣ 물 표면에서만 물이 수증기로 변한다.
> ㉤ 물 표면과 물속에서 물이 수증기로 변한다.

( )

핵심 6

차가운 컵 표면에 생긴 물방울은 공기 중에 있던 수증기가 변한 것입니다. 이렇게 기체인 수증기가 액체인 물로 상태가 변하는 것을 응결이라고 합니다.

21 다음과 같이 차가운 컵 표면에 생긴 물방울은 무엇이 변한 것인지 쓰시오.

( )

22 위 21번과 같이 차가운 컵 표면에 물방울이 생긴 까닭입니다. ( ) 안에 알맞은 말을 쓰시오.

> 차가운 컵 표면에 생긴 물방울은 공기 중의 수증기가 ( )하였기 때문이다.

( )

23 응결 현상에 대한 설명이 맞도록 ㉠과 ㉡에 알맞은 말을 쓰시오.

> 응결은 기체인 (㉠)가 액체인 (㉡)로 상태가 변하는 현상이다.

㉠: ( )
㉡: ( )

24 욕실의 차가운 거울 표면에 물방울이 맺히는 현상은 무엇입니까? ( )

① 증발
② 끓음
③ 응결
④ 액체
⑤ 언다.

핵심 7

우리 생활에서 다양한 곳에 얼음, 물, 수증기를 이용하고, 물이 얼음으로, 물이 수증기로 변하는 상태 변화를 이용합니다.

25 물의 상태를 쓰시오.

(1) 고체: (   )

(2) 액체: (   )

(3) 기체: (   )

26 (   ) 안에 들어갈 말을 쓰시오.

> 얼음과 얼음을 물로 붙여 가며 아름다운 작품을 만들거나, 수증기로 음식을 찌는 것은 (   )의 상태 변화를 다양하게 이용한 예이다.

(   )

27 다음에서 이용한 물의 상태 변화는 무엇인지 쓰시오.

> • 얼음과자를 만든다.
> • 얼음 작품을 만든다.
> • 스키장에서 인공 눈을 만든다.

물 → (   )

28 보기 에서 물이 수증기로 상태가 변화된 예를 모두 골라 기호를 쓰시오.

> **보기**
> ㉠ 이글루를 만들 때
> ㉡ 가습기를 이용할 때
> ㉢ 얼음과자를 만들 때
> ㉣ 스팀 청소기로 바닥을 닦을 때

(   )

핵심 8

액체인 물이 기체인 수증기로 상태가 변하는 현상을 이용해 가습기를 만들 수 있습니다.

29 (   ) 안에 들어갈 말을 쓰시오.

> • 집 안이 건조할 때 (   )를 이용한다.
> • (   )는 물을 수증기로 바꿔 공기 중 수증기의 양을 늘릴 수 있다.

(   )

30 가습기에서 이용된 물의 상태 변화는 무엇인지 기호를 쓰시오.

> ㉠ 물 → 얼음
> ㉡ 물 → 수증기

(   )

31 가습기를 만들 때 물을 담은 페트병에 잠기게 할 재료로 바르지 <u>않은</u> 것은 어느 것입니까? (   )

① 천　　　　　　② 종이

③ 한지　　　　　④ 부직포

⑤ 플라스틱

32 오른쪽과 같이 부직포에 가위집을 내어 페트병 안의 물에 담그면 물이 점점 줄어드는데 이때 이용된 현상은 무엇입니까? (   )

① 응결　　　　　② 증발

③ 끓음　　　　　④ 언다.

⑤ 녹는다.

중요

1 다음에서 설명하는 것은 어느 것인지 기호를 쓰시오.

> • 일정한 모양이 있다.
> • 차갑고, 단단하다.
> • 손으로 잡을 수 있다.

ㄱ    ㄴ

(   )

2 얼음을 손바닥에 올려놓았을 때 얼음은 무엇으로 변하는지 쓰시오.

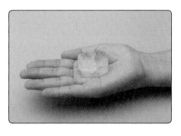

(   )

3 물의 세 가지 상태에 대해 바르게 말한 친구는 누구인지 쓰시오.

> • 선하: 물은 얼음, 물, 수증기의 세 가지 상태로 변해.
> • 수연: 물은 차갑고 단단하지만, 일정한 모양은 없어.
> • 지호: 얼음은 담는 그릇에 따라 모양이 변하고 차가워.
> • 준수: 수증기는 흐르고, 일정한 모양이 있어.

(   )

4 플라스틱 시험관의 물이 완전히 얼었을 때 무게를 측정하는 데 필요한 준비물은 무엇입니까?

(   )

① 비커   ② 얼음
③ 페트병   ④ 전자저울
⑤ 유리 막대

응용

5 플라스틱 시험관의 물이 얼기 전의 무게가 30g이었습니다. 물이 완전히 얼었을 때 무게는 얼마입니까? (   )

① 20g   ② 25g
③ 30g   ④ 35g
⑤ 40g

서술형

6 물이 얼어 있는 플라스틱 시험관을 따뜻한 물이 든 비커에 넣었을 때 플라스틱 시험관 안의 물의 높이는 어떻게 변하는지 쓰시오.

7 얼음이 녹을 때의 변화를 설명한 것입니다. ㉠과 ㉡에 알맞은 말을 쓰시오.

> 얼음이 녹아 물이 되면 (㉠)(은)는 변하지 않지만, (㉡)(은)는 얼음이 녹기 전보다 줄어든다.

㉠: (   )
㉡: (   )

8 식품 건조기에 사과 조각을 넣었을 때 변화로 바르지 <u>않은</u> 것은 어느 것입니까? (   )

① 촉촉해진다.
② 딱딱해진다.
③ 더 달아진다.
④ 크기가 작아진다.
⑤ 표면이 쭈글쭈글해진다.

9 위 **8**번과 같이 식품 건조기에 넣은 사과 조각에서 나타나는 현상은 무엇입니까? (   )

① 증발   ② 응결
③ 끓임   ④ 가열
⑤ 상태 변화

10 우리 주변에서 물이 증발하는 예가 <u>아닌</u> 것은 어느 것입니까? (   )

① 빨래를 말린다.
② 고추를 말린다.
③ 얼음을 녹인다.
④ 오징어를 말린다.
⑤ 젖은 머리카락을 말린다.

11 오른쪽은 물을 가열하기 전의 물의 높이입니다. 물이 끓고 난 후의 물의 높이는 어느 것인지 기호를 쓰시오.

 ㉠   ㉡

(   )

12 다음은 물이 끓는 모습입니다. ㉠의 상태는 무엇인지 쓰시오.

(   )

13 다음은 증발과 끓음 중에서 무엇을 설명한 것인지 쓰시오.

⑴ 물 표면에서 천천히 일어납니다.

(   )

⑵ 물 표면과 물속에서 빠르게 일어납니다.

(   )

14 플라스틱 컵에 주스와 얼음을 넣고 은박 접시에 올려놓았을 때 변화를 모두 고르시오. (   )

① 아무 변화가 없다.
② 얼음이 녹지 않는다.
③ 컵 표면에 물방울이 맺힌다.
④ 컵 표면에 노란색 주스 방울이 맺힌다.
⑤ 시간이 지나면 은박 접시에 물이 고인다.

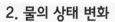

15 플라스틱 컵에 주스와 얼음을 넣고 무게를 잰 후 시간이 지나 다시 무게를 측정했더니 처음보다 무게가 무거워졌습니다. 그 까닭을 바르게 말한 친구는 누구인지 쓰시오.

> • 정국: 공기 중의 수증기가 물이 되어 차가운 컵 표면에 맺혔기 때문이야.
> • 보라: 얼음 때문에 차가워진 주스가 컵 밖으로 나와서 컵 표면에 맺혔기 때문이야.

( )

16 다음과 같은 경우에 볼 수 있는 현상은 무엇인지 쓰시오.

( )

17 물이 얼음으로 상태가 변화된 예가 아닌 것은 어느 것입니까? ( )

① 이글루를 만들 때
② 인공 눈을 만들 때
③ 얼음 작품을 만들 때
④ 팥빙수를 만들어 먹을 때
⑤ 스팀다리미로 다림질을 할 때

응용

18 다음에서 이용한 물의 상태 변화는 어느 것인지 기호를 쓰시오.

▲ 음식 찌기 　　▲ 스팀다리미로 다림질하기

> ㉠ 물 → 얼음
> ㉡ 물 → 수증기

( )

19 다음은 무엇을 만든 것인지 쓰시오.

( )

20 ( ) 안에 알맞은 말을 쓰시오.

> 가습기는 물이 ( )(으)로 변하는 물의 상태 변화를 이용한 생활용품으로 건조한 장소에서 사용한다.

( )

1 ( ) 안에 들어갈 물의 상태를 쓰시오.

고체	액체	기체

2 물이 오른쪽과 같은 상태일 때의 특징을 모두 고르시오.
( )

① 차갑고, 단단하다.
② 일정한 모양이 있다.
③ 일정한 모양이 없다.
④ 눈에 보이지 않는다.
⑤ 담는 그릇에 따라 모양이 변한다.

3 손에 묻은 물은 시간이 지나면 어떻게 됩니까?
( )

① 얼음이 된다.
② 수증기가 된다.
③ 손으로 스며든다.
④ 아무 변화가 없다.
⑤ 물의 색깔이 변한다.

4 오른쪽과 같이 플라스틱 시험관에 물을 넣고 소금과 얼음을 섞은 비커에 꽂아 얼렸습니다. 플라스틱 시험관의 부피 변화를 <, =, > 로 표시하시오.

플라스틱 시험관의 물이 얼기 전	( )	플라스틱 시험관의 물이 언 후

5 우리 주변에서 나타나는 현상을 보고 알 수 있는 사실을 보기 에서 골라 기호를 쓰시오.

• 유리병에 물을 가득 담아 얼리면 유리병이 깨진다.
• 겨울에 장독에 담아 둔 물이 얼어서 장독이 깨진다.
• 겨울에 바위틈에 있던 물이 얼면서 바위가 쪼개진다.

보기
㉠ 물이 얼 때 부피가 늘어난다.
㉡ 물이 얼 때 무게가 늘어난다.
㉢ 얼음이 녹을 때 부피가 줄어든다.
㉣ 얼음이 녹을 때 무게가 줄어든다.

( )

6 물이 얼어 있는 페트병의 무게가 520g일 때, 얼음이 녹은 후 페트병의 무게는 얼마인지 쓰시오.
( )

7 꽁꽁 언 튜브형 얼음과자가 녹으면 다음과 같이 공간이 생기는 까닭은 무엇인지 쓰시오.

 →

8 식품 건조기에 넣은 과일 조각이 마르고 크기가 작아진 까닭입니다. ( ) 안에 알맞은 말을 쓰시오.

> 과일 표면에서부터 물이 ( )로 변해 공기 중으로 흩어졌기 때문이다.

( )

 중요

9 위 **8**번과 같이 식품 건조기에 과일 조각을 넣었을 때 일어나는 현상은 무엇인지 쓰시오.

( )

서술형

10 우리 주변에서 물이 증발하는 경우를 한 가지 쓰시오.

_____

_____

11 비커에 ㈎의 높이 만큼 물을 붓고 물을 가열하였을 때 물이 끓고 난 후의 물의 높이는 어느 것인지 기호를 쓰시오.

( )

주의

12 다음은 물이 끓는 모습입니다. 물이 끓을 때 나타나는 변화에서 기체 상태와 액체 상태인 것을 골라 기호를 쓰시오.

(1) 액체: ( )
(2) 기체: ( )

13 주스와 얼음을 넣은 플라스틱 컵을 은박 접시에 올리고 시간이 지난 뒤의 변화로 바르지 <u>않은</u> 것은 어느 것입니까? ( )

① 은박 접시에 올려진 컵의 무게가 줄어든다.
② 은박 접시에 올려진 컵의 무게가 늘어난다.
③ 시간이 지나면서 은박 접시에 물이 고인다.
④ 공기 중의 수증기가 컵 표면에 달라붙는다.
⑤ 은박 접시에 올려진 컵 표면에 물방울이 맺힌다.

주의

14 음료수 캔에 맺힌 물방울은 어디에서 온 것입니까?
( )

> 승현이는 냉장고에서 음료수 캔을 꺼내 책상 위에 올려놓은 후 어머니의 심부름을 다녀와서 음료수 캔을 보니 물방울이 맺혀있었다.

① 책상　　　　　　② 냉장고
③ 공기 중　　　　　④ 승현이의 손
⑤ 음료수 캔 속

15 다음 중 응결 현상은 어느 것입니까? (   )

① 식품 건조기에 사과를 말렸다.
② 오징어를 말려 반찬을 만들었다.
③ 젖은 머리카락을 헤어드라이어로 말렸다.
④ 냉동실에 넣어 둔 요구르트병이 팽팽해졌다.
⑤ 국이 끓고 있는 냄비 뚜껑 안쪽에 물방울이 맺힌다.

16 다음과 관련 있는 현상은 어느 것입니까?
(   )

> 맑은 날 아침 풀잎에 물방울이 맺혔다.

① 뚜껑을 열어 둔 컵의 물이 줄었다.
② 겨울철에 처마 밑에 고드름이 생겼다.
③ 겨울철에 안경에 작은 물방울이 생겼다.
④ 라면을 먹으려 끓인 물에 기포가 생겼다.
⑤ 물을 가득 넣어 냉동실에 넣어둔 페트병이 커졌다.

17 물에서 얼음으로 상태가 변한 예를 말한 친구는 누구인지 쓰시오.

> • 지원: 스팀다리미로 옷의 주름을 편다.
> • 수찬: 스팀 청소기로 바닥을 닦는다.
> • 유원: 스키장에서 인공 눈을 만든다.

(   )

18 물에서 수증기로 상태가 변화된 예는 어느 것입니까? (   )

① 음식을 찔 때
② 팥빙수를 만들 때
③ 이글루를 만들 때
④ 인공 눈을 만들 때
⑤ 얼음 작품을 만들 때

19 가습기에서 이용된 물의 상태 변화는 무엇인지 기호를 쓰시오.

> ㉠ 물 → 얼음
> ㉡ 물 → 수증기

(   )

20 가습기를 만드는 모습이 바른 친구를 모두 골라 쓰시오.

> • 소희: 가능한 비싼 재료를 사용한다.
> • 지훈: 물을 잘 흡수하는 재료를 사용한다.
> • 미연: 물이 잘 증발하도록 가습기의 표면을 좁게 만든다.
> • 수찬: 물이 잘 증발하도록 가습기의 표면을 넓게 만든다.

(   )

1 주스와 얼음을 이용해 얼음과자를 만들 때 비커에 들어 있는 잘게 부순 얼음과 번갈아가며 넣는 것은 무엇인지 쓰시오.

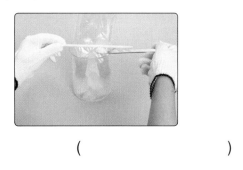

(   )

2 물의 상태와 특징을 바르게 선으로 연결하시오.

(1)   얼음 •

(2)   물 •

(3)   수증기 •

•㉠   흐른다.

•㉡   일정한 모양이 있다.

•㉢   눈에 보이지 않는다.

3 햇볕을 받은 고드름의 변화로 바른 것은 무엇입니까? (   )

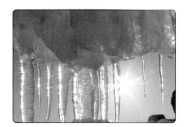

① 단단해진다.
② 점점 차가워진다.
③ 액체인 물이 된다.
④ 손으로 잡을 수 있다.
⑤ 일정한 모양으로 변한다.

4 다음과 같이 시험관 안의 물을 얼렸을 때 알 수 있는 사실은 무엇입니까? (   )

① 물이 얼면 부피가 늘어난다.
② 물이 얼면 부피가 줄어든다.
③ 물이 얼면 무게가 늘어난다.
④ 물이 얼면 무게가 줄어든다.
⑤ 물이 얼면 다른 물질로 변한다.

5 추운 겨울날 수도 계량기가 터지는 현상과 같은 예는 어느 것입니까? (   )

① 젖은 빨래를 말린다.
② 처마 밑에 고드름이 얼었다.
③ 스팀다리미로 옷의 주름을 편다.
④ 욕실의 차가운 거울에 물방울이 맺혔다.
⑤ 물이 든 페트병을 얼리면 페트병이 커진다.

🖊서술형

6 오른쪽과 같이 물을 얼린 플라스틱 시험관을 따뜻한 물이 든 비커에 넣었을 때 어떤 변화가 나타나는지 쓰시오.

7 같은 양의 물을 넣은 플라스틱 시험관의 무게를 <, =, >로 비교하시오.

물이 얼어 있는 플라스틱 시험관	( )	얼음이 녹아 있는 플라스틱 시험관

8 식품 건조기에 사과 조각을 넣었을 때 변화입니다. ( ) 안에 알맞은 말을 쓰시오.

> • 식품 건조기에 넣은 사과 조각은 지퍼 백에 넣은 사과보다 맛이 더 (㉠).
> • 식품 건조기에 넣은 사과 조각은 지퍼 백에 넣은 사과보다 조각의 크기가 (㉡).

㉠: ( )
㉡: ( )

서술형

9 비커에 물을 넣어 두고 뚜껑을 덮지 않은 채 두었을 때 비커의 물이 조금 줄었습니다. 비커 속의 줄어든 물은 어떻게 되었는지 쓰시오.

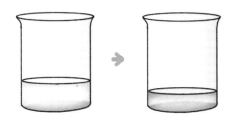

10 증발 현상을 모두 골라 기호를 쓰시오.

> ㉠ 젖은 옷이 마른다.
> ㉡ 얼음이 녹아 물이 된다.
> ㉢ 바닷가에서 오징어를 말린다.
> ㉣ 얼음을 넣어 둔 컵 주변에 물이 생긴다.
> ㉤ 사과를 얇게 썰어 식품 건조기에 건조한다.

( )

[11~12] 비커에 물을 반 정도 붓고 유성 펜으로 높이를 표시한 후 물을 가열하였습니다.

11 물이 끓을 때 물속에서 발생하는 기포는 물이 무엇으로 변한 것인지 쓰시오.

( )

12 위 실험에서 물이 끓기 전과 끓은 후의 변화로 바르지 않은 것은 어느 것입니까? ( )

① 물이 끓기 전부터 기포가 올라온다.
② 물이 끓을 때 기포가 올라와 터진다.
③ 물이 끓을 때 물 표면이 울퉁불퉁해진다.
④ 물이 끓기 전에 물의 높이는 천천히 낮아진다.
⑤ 물이 끓을 때는 물의 높이가 끓기 전보다 더 빠르게 낮아진다.

13 보기 에서 증발과 끓음의 특징을 각각 골라 기호를 쓰시오

> **보기**
> ㉠ 물이 수증기 상태로 변한다.
> ㉡ 물 표면에서 물이 수증기가 된다.
> ㉢ 물의 양이 매우 천천히 줄어든다.
> ㉣ 물 표면과 물속에서 물이 수증기가 된다.

(1) 증발: ( )
(2) 끓음: ( )

서술형

14 플라스틱 컵에 주스와 얼음을 넣고 은박 접시에 올린 후 무게를 측정한 것입니다. 시간이 지난 뒤에 은박 접시에 올려진 컵의 무게를 측정하였을 때 변화를 쓰시오.

15 위 14번 정답과 같은 무게 변화가 나타나는 까닭은 무엇입니까? (　　　　)

① 컵 속의 얼음이 녹았기 때문에
② 얼음이 주스 위에 뜨기 때문에
③ 컵 속의 물이 증발하였기 때문에
④ 얼음과 주스가 섞이지 않기 때문에
⑤ 공기 중의 수증기가 응결하여 차가운 컵 표면에 맺혔기 때문에

16 주스와 얼음을 넣은 플라스틱 컵 표면에서 일어나는 변화와 관련 있는 현상이 아닌 것은 어느 것입니까? (　　　　)

① 물이 끓으면 기포가 생긴다.
② 맑은 날 거미줄에 물방울이 맺힌다.
③ 겨울철에 안경에 작은 물방울이 맺힌다.
④ 추운 날 유리창 안쪽에 물방울이 맺힌다.
⑤ 끓고 있는 국의 냄비 뚜껑 안쪽에 물방울이 맺힌다.

17 다음 중 물의 상태 변화가 다른 것은 어느 것입니까? (　　　　)

① 이글루를 만들 때
② 얼음과자를 만들 때
③ 얼음 작품을 만들 때
④ 스팀다리미로 다림질을 할 때
⑤ 생선을 보관하는 얼음을 만들 때

18 물의 상태 변화를 바르게 분류한 것은 어느 것인지 기호를 쓰시오.

구분	물이 얼음으로 상태가 변할 때	물이 수증기로 상태가 변할 때
㉠	이글루를 만들 때	인공 눈을 만들 때
㉡	음식을 찔 때	스팀다리미로 옷의 주름을 펼 때
㉢	얼음과자를 만들 때	음식을 찔 때
㉣	얼음 작품을 만들 때	팥빙수를 만들 때

(　　　　　　　　　　)

19 가습기를 만들 때 물의 증발이 잘 일어나도록 하기 위해 필요한 재료가 아닌 것은 어느 것입니까?

(　　　　)

① 한지　　　　② 천
③ 부직포　　　④ 종이
⑤ 철 막대

20 가습기의 물이 잘 증발하도록 만든 것이 아닌 것은 무엇입니까? (　　　　)

① 물을 흡수하는 종이를 여러 번 접는다.
② 물을 흡수하는 부직포에 가위집을 많이 낸다.
③ 물을 증발시키는 부분을 물에 충분히 담근다.
④ 물을 흡수하여 증발시키는 부분을 좁게 만든다.
⑤ 물을 잘 흡수하고 증발이 잘 되는 재료를 사용한다.

1 보기의 순서대로 물의 상태를 바르게 연결한 사람은 누구입니까? (   )

보기

고체 – 액체 – 기체

① 시우: 얼음 – 수증기 – 물
② 지유: 수증기 – 물 – 얼음
③ 서찬: 물 – 얼음 – 수증기
④ 윤아: 얼음 – 물 – 수증기
⑤ 필준: 수증기 – 얼음 – 물

2 얼음을 손바닥에 올려놓았을 때 일어나는 변화가 <u>아닌</u> 것은 어느 것입니까? (   )

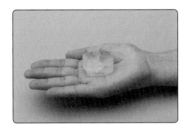

① 얼음이 녹아 물이 된다.
② 손에 묻은 물은 사라진다.
③ 얼음의 크기가 점점 작아진다.
④ 손에 묻은 물은 계속 손에 남아 있다.
⑤ 손에 묻은 물은 공기 중으로 흩어진다.

3 물의 상태에 따른 특징으로 바르지 <u>않은</u> 것은 어느 것입니까? (   )

① 물의 고체 상태는 차갑고 단단하다.
② 물의 기체 상태는 모양이 일정하다.
③ 물의 기체 상태는 눈에 보이지 않는다.
④ 물의 고체 상태는 일정한 모양이 있다.
⑤ 물의 액체 상태는 담는 그릇에 따라 모양이 달라진다.

4 플라스틱 시험관 속의 물이 얼어 부피가 늘어났다는 사실을 알 수 있는 방법은 어느 것입니까? (   )

① 맛을 본다.
② 손으로 만져본다.
③ 물의 색깔을 관찰한다.
④ 전자저울로 무게를 잰다.
⑤ 물이 얼기 전의 물의 높이와 물이 언 후의 물의 높이를 비교한다.

5 우리 주변에서 물이 얼 때 부피가 늘어나는 예는 어느 것입니까? (   )

① 물을 끓이면 물이 줄어든다.
② 추운 날 땅바닥이 얼어 미끄럽다.
③ 얼음을 들면 가볍고 물을 들면 무겁다.
④ 겨울에는 강이 얼고 봄이 되면 강물이 녹는다.
⑤ 겨울에 장독에 넣어 둔 물이 얼어 장독이 깨진다.

서술형

6 물이 얼 때와 얼음이 녹을 때의 부피 변화를 쓰시오.

_____

_____

7 부피가 70mL인 물을 얼렸더니 부피가 75mL인 얼음이 되었습니다. 이 얼음이 다시 녹아 물이 되면 부피는 얼마입니까? (   )

① 0mL
② 70mL
③ 75mL
④ 100mL
⑤ 알 수 없다.

8 지퍼 백에 넣은 사과 조각과 식품 건조기에 넣은 사과 조각의 특징을 비교한 것으로 바르지 <u>않은</u> 것은 어느 것인지 기호를 쓰시오.

> ㉠ 식품 건조기에 넣은 사과 조각이 지퍼 백에 넣은 사과보다 더 달다.
> ㉡ 식품 건조기에 넣은 사과 조각이 지퍼 백에 넣은 사과보다 조각의 크기가 더 작다.
> ㉢ 식품 건조기에 넣은 사과 조각이 지퍼 백에 넣은 사과보다 더 건조하다.
> ㉣ 식품 건조기에 넣은 사과 조각이 지퍼 백에 넣은 사과보다 더 매끈하다.

(   )

서술형

9 젖은 빨래를 옥상에 널었더니 몇 시간 후에 빨래가 말랐습니다. 젖었던 빨래의 물은 어디로 갔는지 쓰시오.

_____

_____

10 우리 주변에서 물이 증발하는 예가 <u>아닌</u> 것은 어느 것입니까? (   )

① 고추를 말릴 때
② 오징어를 말릴 때
③ 운동 후 땀이 마를 때
④ 물이 얼어 얼음이 될 때
⑤ 목욕 후 젖은 머리카락이 마를 때

서술형

11 비커에 물을 담아 알코올램프로 끓였습니다. 물이 끓은 후 높이 변화를 쓰시오.

12 냄비에 물을 끓이면 기포가 생깁니다. 이 기포는 무엇입니까? (   )

① 물   ② 공기
③ 얼음   ④ 수증기
⑤ 이산화 탄소

13 증발과 끓음을 비교한 것으로 바르지 <u>않은</u> 것을 기호로 쓰고 바르게 고쳐 쓰시오.

증발	끓음
㉠ 물이 천천히 줄어든다.	㉡ 물이 빠르게 줄어든다.
㉢ 물 표면에서 상태 변화가 일어난다.	㉣ 물 표면과 물속에서 상태 변화가 일어난다.
㉤ 물에서 수증기로 상태 변화가 일어난다.	㉥ 물에서 얼음으로 상태 변화가 일어난다.

_____

[14~16] 플라스틱 컵에 주스와 얼음을 넣은 후 뚜껑을 덮고 관찰하였습니다.

14 위 실험에서 시간이 지남에 따라 일어나는 변화는 어느 것입니까? (   )

① 주스가 얼었다.
② 주스의 양이 줄어든다.
③ 주스에 기포가 생긴다.
④ 컵 표면을 만지면 뜨겁다.
⑤ 컵 표면에 물방울이 생겼다.

15 위 실험에서 플라스틱 컵 표면에 생기는 물질은 무엇이 변해서 된 것인지 쓰시오.

(   )

서술형

16 위의 은박 접시에 올려놓은 컵의 처음 무게와 나중 무게를 전자저울로 측정한 결과입니다. 컵의 무게가 달라진 까닭을 쓰시오.

처음 무게(g)	나중 무게(g)
212g	213g

_____

_____

17 다음과 같은 기상 현상이 나타나는 것은 무엇과 관계가 있는지 쓰시오.

▲ 안개   ▲ 구름

(   )

18 우리 주변에서 물의 상태 변화를 이용한 예입니다. ㉠과 ㉡에 알맞은 말을 각각 쓰시오.

창민이는 물을 끓일 때 만들어지는 수증기로 만두를 쪄서 먹고, 스팀다리미의 수증기를 이용하여 바지의 주름을 폈다. 이것은 우리 생활에서 (㉠   )이 (㉡   )(으)로 상태가 변화된 예이다.

㉠: (   )
㉡: (   )

19 가습기를 만든 모습으로 바르지 <u>않은</u> 것은 무엇입니까? (   )

① 가습기의 표면을 넓게 만든다.
② 물을 잘 흡수하는 재료를 이용한다.
③ 재료가 물에 충분히 잠기게 만든다.
④ 종이, 부직포, 한지 등을 물에 담근다.
⑤ 물이 빨리 증발하도록 가습기를 작게 만든다.

20 다음과 같이 가습기를 만들었을 때 좋은 점은 어느 것입니까? (   )

• 부직포에 가위집을 많이 낸다.
• 부직포 여러 장을 여러 겹으로 잘라 붙인다.

① 물이 빨리 언다.
② 물이 빨리 끓는다.
③ 물의 증발이 잘 일어난다.
④ 물의 응결이 잘 일어난다.
⑤ 물의 흡수가 잘 일어난다.

 1 얼음과 물의 특징입니다. 물의 특징을 두 가지 쓰시오.

구분	얼음	물
특징	• 고체이다. • 모양이 일정하다. • 차갑고 단단하다.	• 액체이다. • _____ • _____

_____

_____

햇볕을 받은 고드름의 변화

• 고드름은 고체인 얼음입니다.

• 고드름이 녹으면 액체인 물이 됩니다.

• 땅에 떨어진 물이 말라 기체인 수증기가 됩니다.

2 얼음이 녹을 때의 부피와 무게 변화를 나타낸 것입니다. 실험 결과를 통해 알 수 있는 얼음이 녹을 때의 부피와 무게 변화를 쓰시오.

• 부피 변화

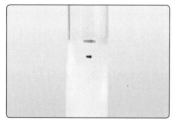 ➡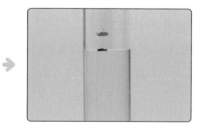

▲ 얼음이 언 후   ▲ 얼음이 녹은 후

• 무게 변화

 ➡

▲ 얼음이 언 후   ▲ 얼음이 녹은 후

우리 주변에서 얼음이 녹을 때의 부피 변화 예

• 꽁꽁 얼어 있던 튜브형 얼음과자가 녹으면 튜브 안에 가득 차 있던 얼음과자의 부피가 줄어듭니다.

• 냉동실에서 꺼낸 요구르트의 부피가 시간이 지나면서 줄어듭니다.

3 식품 건조기에 넣은 사과 조각은 지퍼 백에 넣은 사과보다 더 단맛이 나는 까닭은 무엇인지 쓰시오.

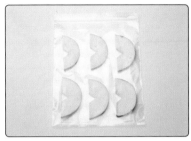

▲ 지퍼 백에 넣은 사과 조각

▲ 식품 건조기에 넣은 사과 조각

2
단원

식품 건조기에 넣은 사과 조각과 지퍼 백에 넣은 사과 조각의 변화

① 지퍼 백에 넣은 사과 조각
  • 축축하고 부드럽습니다.
  • 조각의 크기가 큽니다.
  • 사과 맛입니다.
② 식품 건조기에 넣은 사과 조각
  • 건조하고 딱딱합니다.
  • 조각의 크기가 작습니다.
  • 지퍼 백에 넣은 사과보다 더 답니다.

4 물이 끓고 있는 모습입니다. 물을 가열하면 증발과 끓음 현상을 볼 수 있습니다. 증발과 끓음의 공통점과 차이점을 쓰시오.

(1) 공통점:

(2) 차이점:

물이 끓기 전과 끓을 때의 변화

• 처음부터 물이 끓기 전에는 물속에서 변화가 거의 없다가 시간이 지나면 매우 작은 기포가 조금씩 생깁니다.
• 물이 끓을 때는 기포가 올라와 터지면서 물 표면이 울퉁불퉁해집니다.

3. 그림자와 거울

재미있는 동물 그림자 실험 1

(1) 동물 그림자 만들기

① OHP 필름에 검은색 유성 펜으로 동물 그림을 그립니다.

② 흰 종이, 종이컵, 투명 아크릴판을 차례대로 놓고 투명 아크릴판 위에 동물 그림이 그려진 OHP 필름을 올려놓습니다.

③ 주변을 어둡게 한 다음, 위쪽에서 동물 그림이 그려진 OHP 필름을 향해 손전등의 빛을 비춥니다.

(2) OHP 필름에 그린 동물 그림과 흰 종이에 생긴 동물 그림자의 모양 비교하기: OHP 필름에 그린 동물과 흰 종이에 생긴 동물 그림자의 모양은 비슷하거나 닮았습니다.

실험 1 동물 그림자 만들기

그림자가 생기는 조건은 무엇일까요?

(1) 실험에서 그림자가 생기는 조건

① 흰 종이에 공의 그림자를 만드는 데 필요한 것: 손전등, 공

② 실험에서 그림자가 생기는 조건

  • 공에 손전등을 비춥니다.

  • 불을 켠 손전등과 흰 종이 사이에 공을 놓습니다.

③ 그림자가 생기는 조건 관찰하기

탐구 1 햇빛이 비칠 때와 구름이 햇빛을 가렸을 때의 그림자

• 햇빛이 비칠 때: 운동장에 있는 나무, 철봉, 아이들 주변에 그림자가 생깁니다.

손전등 – 공 – 흰 종이 순서로 놓고 그림자를 만드는 모습	책상 위에 흰 종이를 놓고 공의 위쪽에서 손전등을 비춰 그림자를 만든 모습

• 구름이 햇빛을 가릴 때: 운동장에 생긴 그림자는 사라집니다.

(2) 그림자가 생기는 조건 **탐구 1**

① 빛과 물체가 있어야 합니다. →빛은 직진으로 나아갑니다.

② 물체에 빛을 비춰야 합니다.
  →그림자가 생기기 위해서는 빛이 나아가다 물체에 막혀야 합니다.

③ 손전등 – 물체 – 스크린 순서가 될 때 그림자가 생깁니다.

④ 물체에 빛을 비추면서 물체의 뒤쪽에 흰 종이와 같은 스크린을 사용하면 그림자를 잘 볼 수 있습니다.

⑤ 그림자가 생기는 위치: 물체 뒤쪽에 생깁니다.

물체 하나에 불을 켠 손전등 두 개를 비췄을 때 물체의 그림자

- 그림자 두 개가 생깁니다.
- 두 개의 그림자는 서로 다른 위치에 있습니다.
- 빛은 *광원으로부터 사방으로 곧게 퍼져 나갑니다.
- 빛이 공기 중에서 곧게 나아가다가 물체를 만나서 빛의 일부 또는 전부가 막혀 빛이 도달하지 못하는 곳에 그림자가 생깁니다.

> *비교   둘 이상의 사물을 보고 서로 비슷한
>   점, 차이점, 유사한 점을 찾는 것
> *조건   어떤 일을 이루게 하기 위해 갖추어
>   야할 상태
> *광원   빛을 내는 물체

개념을 확인해요

1 동물 그림이 그려진 OHP 필름을 향해 손전등 빛을 비추면 OHP 필름에 그린 동물 모양과 흰 종이에 생긴 동물 ☐☐☐ 의 모양은 비슷합니다.

2 공의 그림자가 생기기 위해서는 ☐ 에 손전등을 비춰야 합니다.

3 불을 켠 손전등 ☐ 에 물체를 놓아야 그림자가 생깁니다.

4 물체에 빛을 비추면서 물체 ☐ 쪽에 스크린을 대면 그림자를 볼 수 있습니다.

5 그림자를 만들 때 손전등은 ☐ 과 같은 역할을 합니다.

6 손전등 – ☐☐ – 스크린의 순서가 될 때 그림자가 생깁니다.

7 햇빛이 비칠 때 물체 주변에 ☐☐☐ 가 생깁니다.

8 구름이 햇빛을 가리면 운동장에 생긴 ☐ ☐☐ 가 사라집니다.

3. 그림자와 거울

🌸 불투명한 물체와 투명한 물체의 그림자는 어떻게 다를까요?

(1) 불투명한 물체와 투명한 물체의 그림자 비교하기

① 준비물: 손전등, 종이컵, 스크린, 받침대, 도자기 컵, 유리컵

② 도자기 컵의 그림자 관찰하기: 도자기 컵의 모양과 같고, 진하고 선명한 그림자입니다. → 빛이 나아가다가 도자기 컵을 만나면 빛이 통과하지 못해 진한 그림자가 생깁니다.

▲ 도자기 컵에 손전등의 빛을 비춰 보기

▲ 도자기 컵의 그림자

③ 유리컵의 그림자 관찰하기: 유리컵의 모양과 같고, 연하고 흐릿한 그림자입니다. → 빛이 나아가다가 유리컵을 만나면 빛이 유리컵을 대부분 통과해 연한 그림자가 생깁니다.

▲ 유리컵에 손전등의 빛을 비춰 보기

▲ 유리컵의 그림자

④ 도자기 컵과 유리 컵에서 빛이 통과하는 정도 비교

• 빛은 도자기 컵을 통과하지 못합니다.

• 빛은 유리컵을 대부분 통과합니다.

(2) 빛이 나아가면서 그림자가 생기는 과정 [탐구 1]

① 빛이 나아가다가 투명한 물체를 만나면 빛이 대부분 통과해 연한 그림자가 생깁니다.

② 빛이 나아가다가 불투명한 물체를 만나면 빛이 통과하지 못해 진한 그림자가 생깁니다.

③ 진하기가 다른 그림자

• 안경의 유리는 투명하기 때문에 연한 그림자가 생기고, 안경의 테는 불투명하기 때문에 진한 그림자가 생깁니다.

• 꽃병에 빛이 통과하는 정도가 다르기 때문에 그림자의 진하기가 다릅니다.

[탐구 1] 우리 생활에서 물체의 그림자가 생기는 것을 이용해 생활을 편리하게 한 예

▲ 양산

▲ 자동차 햇빛 가리개

▲ 암막

▲ 색안경

▲ 모자

투명과 불투명의 차이점

- 물체에 따라 빛을 통과시키는 정도가 다릅니다.
- 빛을 통과시키지 못하는 물체를 불투명하다고 합니다.
- 빛을 대부분 통과시키는 물체를 투명하다고 합니다.
- 투명한 물체일수록 빛을 많이 통과시킵니다.

교실에서 빛을 조절하는 경우

- 운동장 쪽 창문은 채광을 위해 유리를 사용합니다.
- 복도 쪽 창문은 수업 방해를 막기 위해 간유리를 사용합니다.

> 투명   빛이 그대로 통과하여 속이 모두 비치는 것
> 통과   어떤 곳을 거쳐서 지나감.
> 암막   빛이 들어오는 것을 막고 방 안을 어둡게 하기 위하여 둘러치는 검은 막
> 간유리   불투명한 유리

1 유리컵은 [ ][ ]한 물체이고, 도자기 컵은 [ ][ ][ ]한 물체입니다.

2 도자기 컵과 유리컵에 손전등을 비추면 [ ][ ][ ]가 생깁니다.

3 도자기 컵과 유리컵에 손전등을 비추면 도자기 컵의 그림자가 유리컵의 그림자보다 더 [ ] 합니다.

4 [ ]이 나아가다가 불투명한 물체를 만나면 통과하지 못해 진한 그림자가 생깁니다.

5 빛이 나아가다가 유리컵, 무색 비닐, OHP 필름과 같은 물체를 만나면 빛이 대부분 통과해 [ ][ ] 그림자가 생깁니다.

6 여러 가지 꽃병이 빛이 통과하는 정도가 다르면 꽃병 [ ][ ][ ]의 진하기도 다릅니다.

7 그늘막, 양산, 암막, 커튼, 자동차의 햇빛 가리개 등은 [ ][ ][ ]가 생기는 것을 이용해 생활을 편리하게 한 예입니다.

3. 그림자와 거울

❀ **물체 모양과 그림자 모양이 비슷한 까닭은 무엇일까요?**

(1) 물체 모양과 그림자 모양 비교하기

① 실험 방법

· 손전등, 원 모양 종이, 스크린을 차례대로 놓고 손전등을 켜서 스크린에 생긴 그림자 모양을 관찰합니다.

· 다른 모양 종이를 사용해 그림자를 만들고, 스크린에 생긴 그림자의 모양을 비교합니다.

 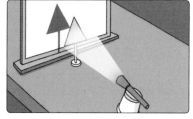

▲ 원 모양 종이의 그림자　　▲ 삼각형 모양 종이의 그림자

② 알 수 있는 사실: 종이 모양과 그림자 모양이 같습니다.
→ 물체의 모양과 그림자의 모양이 비슷합니다.

(2) ㄱ 자 모양 블록과 스크린에 생긴 그림자 모양 비교하기

① 실험 방법

· 손전등, ㄱ자 모양 블록, 스크린을 차례대로 놓습니다.

· 손전등을 켜서 스크린에 생긴 그림자 모양을 ㄱ자 모양 블록과 비교합니다.

· ㄱ자 모양 블록을 돌려 방향을 바꾸면서 스크린에 생긴 그림자의 모양을 관찰합니다. **탐구1**

▲ ㄱ자 모양 블록으로 만든 여러 가지 모양의 그림자

② 알 수 있는 사실: ㄱ자 모양 블록을 돌려 방향을 바꾸면 그림자의 모양이 달라집니다. → 손전등의 빛을 받는 면의 모양대로 그림자가 생깁니다.

(3) 물체 모양과 그림자 모양이 비슷한 까닭

① 빛이 직진하기 때문입니다. → 빛이 태양이나 전등에서 나와 사방으로 곧게 나아가는 성질을 '빛의 직진'이라고 합니다.

② 직진하는 빛이 물체를 통과하지 못하면 물체의 모양과 비슷한 그림자가 물체의 뒤쪽에 있는 스크린에 생깁니다.

③ 물체를 놓는 방향이 달라지면 그림자의 모양이 달라지기도 합니다.

탐구1 컵을 놓는 방향에 따라 달라진 그림자 모양

빛이 직진하는 것을 알아보기

① 준비물: 종이 여러 장, 불 켜진 전구, 스탠드, 스탠드 집게, 송곳

② 실험 방법
- 여러 장의 종이를 겹쳐 종이의 가운데에 구멍을 뚫습니다.
- 불이 켜진 전구의 반대쪽에 스탠드를 세우고, 구멍이 일렬이 되도록 종이를 스탠드에 겁니다.
- 종이에 뚫어 놓은 구멍을 통해 불빛을 확인합니다.
- 종이에 뚫어 놓은 구멍이 서로 어긋나게 종이를 걸고 전구의 불빛이 보이는지 구멍으로 확인합니다.

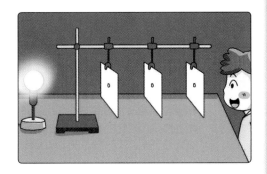

③ 실험 결과
- 구멍이 서로 어긋나게 종이를 걸면 전구의 불빛이 보이지 않습니다.
- 구멍이 직선으로 일치하게 종이를 걸면 불빛이 보입니다.

④ 알 수 있는 점: 빛은 직진한다는 것을 알 수 있습니다.

- **스크린** 흰색 또는 은색의 막
- **방향** 동서남북 중 어느 한 곳으로 향한 곳
- **직진** 곧게 나아감.

개념을 확인해요

1 원 모양 종이에 손전등을 켜면 그림자는 ☐ 모양입니다.

2 삼각형 모양 종이에 손전등을 켜면 그림자는 ☐☐☐ 모양입니다.

3 손전등을 켜서 스크린에 여러 가지 모양 종이의 그림자를 만들면 종이 모양과 그림자 모양이 ☐ 습니다.

4 ㄱ자 모양 블록을 돌려 방향을 바꾸면 스크린에 생기는 그림자 ☐☐ 도 바뀝니다.

5 물체 모양이 바뀌거나 물체를 놓은 방향이 달라지면 그림자 ☐☐ 도 달라집니다.

6 빛이 곧게 나아가는 성질을 빛의 ☐☐ 이라고 합니다.

7 빛이 물체를 만나서 통과하지 못하면 물체 모양과 비슷한 그림자가 물체의 ☐ 쪽에 있는 스크린에 생깁니다.

8 물체 모양과 그림자 모양이 비슷한 까닭은 손전등에서 나오는 빛이 ☐☐ 하기 때문입니다.

3. 그림자와 거울

🌸 그림자의 크기를 변화시키려면 어떻게 해야 할까요? 탐구1

(1) 그림자의 크기 변화시키기

　① 손전등과 스크린 사이에 물체를 놓습니다.

　② 손전등으로 빛을 비춰 스크린에 물체의 그림자가 생기도록 합니다.

　③ 물체와 스크린은 그대로 두고 손전등의 위치를 조절하거나 스크린과 손전등은 그대로 물체의 위치를 조절해 그림자의 크기를 관찰합니다.

•그림자가 생기려면 손전등, 물체, 스크린이 있어야 합니다.

(2) 물체와 스크린은 그대로 두고 손전등의 위치 조절하기

구분	손전등의 위치 변화	그림자의 크기 변화
손전등을 동물 모양 종이와 가깝게 할 때	손전등의 처음 위치	그림자의 크기가 커진다.
손전등을 동물 모양 종이에서 멀게 할 때	손전등의 처음 위치	그림자의 크기가 작아진다.

(3) 스크린과 손전등은 그대로 두고 물체의 위치 변화 시키기

구분	물체의 위치 변화	그림자의 크기 변화
물체를 손전등에 가깝게 할 때		그림자의 크기가 커진다.
물체를 손전등에서 멀게 할 때		그림자의 크기가 작아진다.

탐구1 **그림자의 크기를 변화시키는 방법**

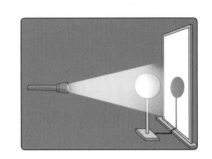

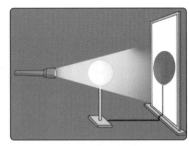

▲ 손전등과 스크린은 그대로 두고 물체를 손전등 쪽으로 움직이면 그림자 크기가 커집니다.

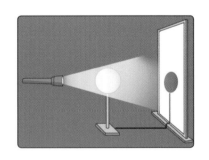

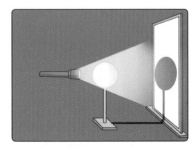

▲ 물체와 스크린은 그대로 두고 손전등을 물체 쪽으로 움직이면 그림자 크기가 커집니다.

그림자 연극

- 빛과 스크린 사이에 인형을 넣어 움직일 때 스크린에 생긴 그림자를 이용해 꾸민 연극입니다.
- 빛을 물체에서 멀어지게 하면 무대 위의 모든 물체가 작아집니다.
- 빛을 그대로 두고 물체를 빛 쪽으로 움직이면 그림자의 크기가 커집니다.
- 빛을 그대로 두고 물체를 스크린 쪽으로 움직이면 그림자 크기가 작아집니다.

용어풀이

- **물체** 구체적인 모양을 가지고 있는 것.
- **스크린** 영화나 연극을 할 때 빛을 비추어 영상이나 모습을 보기 위한 막
- **위치** 일정한 곳에 자리를 차지하는 것

개념을 확인해요

3 단원

1 손전등, 물체, 스크린의 [ ][ ]를 조절해서 그림자의 크기를 변화시킬 수 있습니다.

2 물체와 스크린을 그대로 두었을 때 손전등과 물체 사이의 거리에 따라 그림자의 [ ][ ]가 달라집니다.

3 물체와 스크린은 그대로 두고 손전등을 물체에 가깝게 하면 그림자의 크기는 [ ]집니다.

4 물체와 스크린은 그대로 두고 손전등을 물체에서 멀게 하면 그림자의 크기는 [ ]아집니다.

5 스크린과 손전등은 그대로 두고 물체를 손전등에 가깝게 하면 그림자의 크기가 [ ]집니다.

6 스크린과 손전등은 그대로 두고 물체를 손전등에서 [ ]게 하면 그림자의 크기가 작아집니다.

7 스크린과 손전등은 그대로 두고 물체를 스크린에 가깝게 하면 그림자의 크기는 [ ]아집니다.

3. 그림자와 거울

❀ 거울에 비친 물체의 모습은 실제 물체와 어떻게 다를까요?

(1) 거울에 비친 인형의 모습 관찰하기

① 실험 방법

• 큰 집게를 사용해 종이 거울이 넘어지지 않도록 세우고 그 앞에 인형을 놓습니다.

• 종이 거울에 비친 인형의 모습을 실제 인형과 비교해 공통점과 차이점을 찾습니다.

▲ 종이 거울에 비친 인형의 모습

② 종이 거울에 비친 인형의 모습을 실제 인형과 비교하기 탐구 1

공통점	색깔이 같다.
차이점	• 위로 올린 손의 위치가 반대이다. • 실제 인형은 오른쪽 손을 올렸는데 거울에 비친 인형은 왼쪽 손을 올렸다.

(2) 거울에 비친 글자의 모습 관찰하기

① 실험 방법

• 글자 카드를 세워 종이 거울을 향하게 놓습니다.

• 실제 글자와 종이 거울에 비친 글자는 어떻게 다른지 비교합니다.

▲ 종이 거울에 비친 글자

② 실제 글자와 종이 거울에 비친 글자 비교하기 탐구 2

실제 글자	종이 거울에 비친 글자
독도는 우리 땅	띵 |5우 크코곧
과학	햗도
토마토	코네코

(3) 거울에 비친 물체의 모습과 실제 물체의 모습 비교하기

① 거울에 비친 물체의 색깔은 실제 물체의 색깔과 같습니다.

② 물체의 상하는 바뀌지 않지만 좌우는 바뀌어 보입니다.

탐구 1 거울에 비친 모습

• 실제 두 명의 친구는 왼쪽 손으로 양치질을 하고 머리를 말리고 있지만, 거울에 비친 친구는 오른쪽 손으로 양치질을 하고 머리를 말리고 있습니다.

• 거울에 비친 친구의 모습은 좌우가 바뀌어 보입니다.

• 거울에 비친 친구의 크기는 변화가 없습니다.

탐구 2 구급차의 앞부분에 글자를 좌우로 바꾸어 쓴 까닭

• 자동차의 뒷거울에 구급차 앞부분의 모습이 비춰 보일 때 좌우로 바꾸어 쓴 글자의 좌우가 다시 바뀌어 똑바로 보이기 때문입니다.

• 자동차의 뒷거울로 보면 '119'로 보입니다.

동시 카드의 글 읽어 보기

- 글자의 방향이 이상해서 읽기 어려운 동시 카드의 글을 거울에 비춰 봅니다.
- 거울에 비친 동시 카드의 글은 쉽게 읽을 수 있습니다.

개념을 확인해요

1 ☐☐ 은 물체의 모습을 비추는 도구입니다.

2 거울에 비친 인형의 색깔과 실제 인형의 색깔은 ☐습니다.

3 실제 인형이 왼쪽 손을 올렸으면 거울에 비친 인형은 ☐☐☐ 손을 올렸습니다.

4 'ㄱ' 글자를 거울에 비춰 보면 '☐'로 보입니다.

5 '코끈' 글자를 거울에 비춰 보면 '☐☐'로 보입니다.

6 '표' 글자를 거울에 비춰 보면 거울에 비친 글자와 실제 글자가 ☐습니다.

7 실제 오른쪽 손으로 양치질을 하는 친구가 거울을 보면 거울에 비친 친구는 ☐쪽 손으로 양치질을 하고 있습니다.

8 물체를 거울에 비춰 보면 ☐☐는 바뀌어 보이지 않지만 ☐☐는 바뀌어 보입니다.

3. 그림자와 거울

🌸 빛이 거울에 부딪치면 어떻게 될까요?

(1) 빛이 거울에 부딪쳐 나아가는 모습 관찰하기 **탐구 1**

① 실험 방법

- 책상에 흰 종이를 깔아 놓고 거울을 수직으로 세웁니다.
- 손전등의 빛이 거울의 맨 아랫부분에 닿도록 비추면서 빛이 나아가는 모습을 관찰합니다.

② 실험 결과: 손전등의 빛이 거울에 부딪치면 거울에서 빛의 방향이 바뀝니다.

손전등의 빛을 비추는 방법

▲ 손전등의 빛이 거울에 부딪쳐 나아가는 모습

(2) 거울을 사용해 손전등의 빛을 종이 과녁판에 비춰 보기 **탐구 2**

① 실험 방법

- 칠판에 종이 과녁판을 붙이고, 거울을 사용해 손전등의 빛을 종이 과녁판의 가운데에 비춥니다. →손전등의 위치나 거울의 각도를 조절합니다.
- 손전등의 빛이 과녁판에 닿았을 때 거울의 위치와 빛이 나아가는 길을 나타냅니다.

② 실험 결과: 손전등의 위치나 거울의 각도를 조절하여 손전등 빛이 거울에 반사되어 과녁판에 도달합니다.

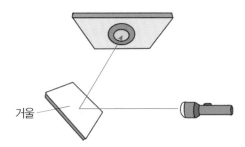

거울

▲ 거울 한 개를 사용해 손전등의 빛을 종이 과녁판에 비추기

(3) 빛의 반사

① 빛이 나아가다가 거울에 부딪치면 거울에서 빛의 방향이 바뀌는 성질입니다.

② 거울은 빛의 반사를 이용해 물체의 모습을 비추는 도구입니다.

탐구 1 버스 운전기사가 뒤를 돌아보지 않고도 승객이 안전하게 내리는 것을 확인할 수 있는 까닭

- 거울을 사용하기 때문입니다.
- 버스 운전기사는 버스 앞부분에 설치되어 있는 버스 뒷거울을 이용해 버스 안에 있는 사람들의 모습이나 버스 하차문에 있는 승객의 행동을 볼 수 있습니다.
- 거울을 사용하면 빛의 방향을 바꿀 수 있기 때문에 뒤에 있는 승객의 모습을 볼 수 있습니다.

탐구 2 우리 집에 햇빛을 보내기 위한 거울의 위치와 빛이 나아가는 길

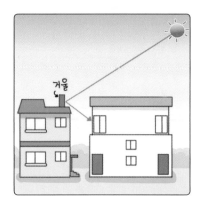

거울

개념을 확인해요

● 거울을 사용해 물체를 여러 개로 보이게
하는 방법

• 거울을 두 개 세워 두고 그 사이에 물체를 놓으면
거울에 비친 물체의 모습을 여러 개 볼 수 있습
니다.

• 거울 두 개 사이의 각을 다르게 하면 거울에 비친
물체의 개수가 달라집니다.

▲ 거울 두 개 사이의 각이 150°일
때

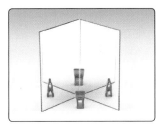

▲ 거울 두 개 사이의 각이 90°일
때

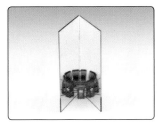

▲ 거울 두 개 사이의 각이 45°일
때

3
단원

1 □□ 을 사용해 손전등의 빛을 종이 과녁
판의 가운데에 비춥니다.

2 손전등 빛이 거울에 반사되어 종이 과녁판을 비
추려면 손전등 위치나 거울의 □□ 를 조
절해야 합니다.

3 빛이 나아가다가 거울에 부딪치면 □□
에서 빛의 방향이 바뀝니다.

4 빛이 나아가다가 거울에 부딪치면 거울에서 빛
의 방향이 바뀌는 성질을 빛의 □□ 라고
합니다.

5 거울은 빛의 □□ 를 이용해 물체의 모습
을 비추는 도구입니다.

6 거울이 바라보는 방향을 바꾸면 빛을 다른 방향
으로 □□ 할 수 있습니다.

7 버스 운전기사는 뒤를 돌아보지 않고도 □
□ 을 사용하여 승객이 안전하게 내리는 것을
확인할 수 있습니다.

8 거울 두 개를 세워 두고 그 사이에 □□
를 놓으면 거울에 비친 물체의 모습이 여러 개
보입니다.

● 용 어 풀 이 ●

✷ 수직 두 직선이 만나서 이루는 각이 90°일
때의 두 직선
✷ 과녁 활이나 총 따위를 쏠 때 목표로 만들
어 놓은 것
✷ 하차 타고 있던 차에서 내림.

3. 그림자와 거울

❀ **우리 생활에서 거울을 어떻게 이용할까요?**

(1) 우리 생활에서 거울을 이용한 예

구분	거울을 이용한 예
집	현관 앞 전신 거울, 화장대 거울, 탁상 거울 등
가게	미용실 거울, 옷 가게 거울, 신발 가게 거울 등
자동차	자동차 뒷거울, 자동차 옆 거울 등

(2) **거울의 쓰임새** → 거울은 자신의 모습을 보거나 주변에 있는 다른 모습을 볼 때 사용합니다.

① 세면대 거울: 세수할 때 얼굴을 봅니다.

② 자동차 뒷거울: 다른 자동차의 위치를 봅니다.

③ 무용실 거울: 무용하는 자신의 모습을 봅니다.

④ 미용실 거울: 자신의 머리 모양을 봅니다.

⑤ 옷 가게 거울: 옷 입는 모습을 봅니다.

⑥ 승강기 안의 거울: 자신의 옷과 얼굴을 봅니다.

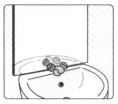
▲ 세면대 거울

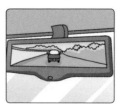
▲ 자동차 뒷거울

▲ 무용실 거울

▲ 미용실 거울

▲ 옷 가게 거울

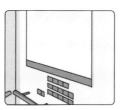
▲ 승강기 안 거울

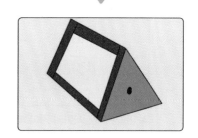

❀ **거울로 재미있는 장난감 만들기** 실험 1

① 아크릴 거울 세 장을 뒤집어 나란히 놓고, 거울 두 개가 서로 만나는 면을 테이프로 각각 붙입니다.

② 거울이 있는 면을 안쪽으로 향하게 접고 테이프로 붙여 밑면이 삼각형인 기둥을 만듭니다.

③ 기둥의 밑면에 반투명 종이를 붙이고, 색종이 조각을 기둥의 안쪽에 넣습니다.

④ 기둥의 윗면에 작은 구멍을 뚫은 검은색 도화지를 붙여 장난감을 완성합니다.

● 거울 장난감 소개하기 <예>

① 만화경
- 거울로 삼각형 기둥을 만들고, 색종이 조각을 넣습니다.
- 색종이 조각이 여러 개 보이는 것이 신기합니다.

② 종이 거울 장식 공
- 스타이로폼 공에 종이 거울을 붙여 종이 거울 장식 공을 만들었습니다.
- 반짝거리는 종이 거울 공으로 우리 교실을 장식할 수 있습니다.

용어풀이

- 현관 건물의 드나드는 문
- 탁상 책상, 식탁, 탁자 위
- 아크릴 거울 플라스틱 거울

개념을 확인해요

1 사람들은 자신의 모습을 보거나 주변에 있는 다른 모습을 볼 때 ☐☐ 을 사용합니다.

2 세수할 때 얼굴을 보기 위해 세면대에 ☐ ☐ 을 설치합니다.

3 자동차 뒷 ☐☐ 로 다른 자동차의 위치를 볼 수 있습니다.

4 무용실의 ☐☐ 을 보고 무용하는 자신의 모습을 볼 수 있습니다.

5 실내에 큰 ☐☐ 을 설치하면 넓어 보입니다.

6 현관 앞의 전신 거울은 빛이 거울에 부딪치면 ☐☐ 하는 성질 때문에 자신의 모습을 볼 수 있습니다.

7 만화경은 ☐ 개의 거울로 빛을 반사시켜 여러 가지 모양의 무늬를 관찰할 수 있습니다.

8 만화경, 잠망경, 거울 공, 반사 거울, 무한 거울은 거울이 빛을 ☐☐ 하는 성질을 이용하여 만든 것입니다.

핵심 1

여러 가지 물체에 손전등을 사용해 빛을 비추면 그림자가 생깁니다. OHP 필름에 검은 색 유성 펜으로 동물 그림을 그리고 손전등의 빛을 비추면 흰 종이에 그림자가 생깁니다.

1 다음과 같이 동물 그림자를 만드는 데 필요한 준비물이 <u>아닌</u> 것은 무엇입니까? (   )

① 손전등   ② 종이컵
③ 검은색 종이   ④ OHP 필름
⑤ 검은색 유성 펜

2 알맞은 말에 ○표 하시오.

> 동물 그림자를 만들기 위해서는 주변이 (밝은 , 어두운) 곳이어야 한다.

3 위 **1**번 그림과 같이 OHP 필름에 사자 모양을 그리고 OHP 필름을 향해 손전등을 비추었을 때, 흰 종이에 생기는 동물 모양은 무엇인지 쓰시오.

(   )

4 다음을 읽고 바른 것은 ○표, 바르지 <u>않은</u> 것은 ×표를 하시오.

(1) OHP 필름 위에 유성 펜으로 그린 동물 그림과 흰 종이에 생긴 동물 그림자는 서로 반대 방향으로 보입니다.   (   )

(2) OHP 필름에 유성 펜으로 그림을 그리지 않은 부분은 동물 그림자가 생기지 않습니다.
(   )

핵심 2

그림자는 물체에 빛을 비춰야 생깁니다. 물체에 빛을 비추면서 물체의 뒤쪽에 흰 종이와 같은 스크린을 대면 그림자를 볼 수 있습니다.

5 다음 중 그림자를 생기게 하기 위해서 물체를 어느 곳에 놓아야 하는지 기호를 쓰시오.

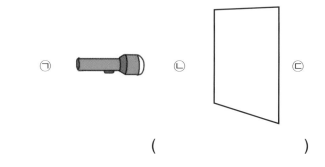

(   )

6 ( ) 안에 들어갈 말을 쓰시오.

> 그림자는 물체에 (   )을 비춰야 생긴다.

7 다음 그림은 운동장에서 놀고 있는 친구들의 모습입니다. ㉠과 다르게 ㉡에서 그림자를 볼 수 <u>없는</u> 까닭을 쓰시오.

8 그림자는 물체의 어느 쪽에 생기는지 쓰시오.

(   )

핵심 3

빛이 나아가다가 불투명한 물체를 만나 빛이 통과하지 못하면 진한 그림자가 생기고, 빛이 나아가다가 투명한 물체를 만나 빛이 대부분 통과하면 연한 그림자가 생깁니다.

9 다음 물체를 투명한 물체와 불투명한 물체로 나누어 선으로 연결하시오.

(1) 파라솔 •   • ㉠ 투명한 물체

(2) 유리 어항 •   • ㉡ 불투명한 물체

10 진한 그림자가 생기는 경우는 어느 것인지 기호를 쓰시오.

> ㉠ 도자기 컵에 손전등의 빛을 비췄을 때
> ㉡ 유리컵에 손전등의 빛을 비췄을 때

(   )

11 손전등으로 빛을 비췄을 때 연한 그림자가 생기는 물체는 어느 것입니까? (   )

① 책   ② 필통
③ 모자   ④ 공책
⑤ 유리창

12 그림자가 생기는 까닭에 대한 설명입니다. ( ) 안에 알맞은 말을 쓰시오.

> 빛이 나아가다가 물체를 만나 빛이 통과하지 못하면 (   ) 그림자가 생긴다.

핵심 4

빛이 곧게 나아가는 성질을 빛의 직진이라고 합니다. 빛은 직진하기 때문에 물체의 모양과 물체 뒤쪽에 생긴 그림자의 모양이 비슷합니다.

13 빛이 태양이나 전등에서 나와 사방으로 곧게 나아가는 성질은 무엇인지 쓰시오.

(   )

14 오른쪽과 같이 ㄱ자 모양 블록을 돌려 놓고 손전등을 켰을 때 스크린에 생긴 그림자의 모양은 무엇인지 기호를 쓰시오.

㉠   ㉡   ㉢   ㉣

(   )

15 물체 모양과 그림자 모양이 비슷한 까닭입니다. ( ) 안에 알맞은 말을 쓰시오.

> (   )하는 빛이 물체를 통과하지 못하면 물체의 모양과 비슷한 그림자가 물체 뒤쪽에 있는 스크린에 생긴다.

(   )

16 다음을 읽고 바른 것은 ○표, 바르지 않은 것은 ×표를 하시오.

(1) 한 가지 물체로는 한 가지 모양의 그림자만 만들 수 있습니다. (   )

(2) 빛은 직진하기 때문에 물체의 모양과 물체 뒤쪽에 생긴 그림자의 모양은 비슷합니다. (   )

핵심 5

물체와 스크린을 그대로 두었을 때 그림자의 크기는 손전등과 물체 사이의 거리에 따라 달라집니다. 손전등을 물체에 가깝게 하면 그림자의 크기는 커지고, 손전등을 물체에서 멀게 하면 그림자의 크기는 작아집니다.

[17~19] 손전등과 스크린 사이에 동물 모양 종이를 두었습니다.

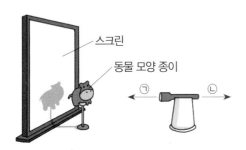

17 동물 모양 종이와 스크린을 그대로 두었을 때 그림자의 크기를 작아지게 만들기 위해서 손전등은 어느 쪽으로 움직여야 하는지 기호를 쓰시오.

( )

18 스크린과 손전등의 위치는 그대로 두고 동물 모양 종이를 손전등에 가깝게 하면 그림자의 크기는 어떻게 되는지 쓰시오.

_____

19 동물 모양 종이와 스크린을 그대로 두었을 때 그림자의 크기를 작게 하려면 손전등을 어떻게 해야 하는지 쓰시오.

_____

20 그림자의 크기와 관련 있는 것은 무엇입니까?

( )

① 물체의 색깔   ② 스크린의 크기
③ 손전등의 밝기   ④ 물체의 불투명한 정도
⑤ 손전등과 물체의 거리

핵심 6

거울에 비친 물체는 실제 물체와 색깔이 같지만 물체의 좌우는 바뀌어 보입니다.

21 거울에 비친 인형의 모습과 실제 인형의 모습을 비교한 것으로 바르지 <u>않은</u> 친구를 쓰시오.

- 형석: 인형의 모양이 같아.
- 아영: 인형의 색깔이 같아.
- 연주: 위로 올린 손의 위치가 같아.

( )

22 다음 글자를 거울에 비추었을 때의 글자 모양은 어떻게 보이는지 쓰시오.

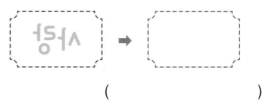

( )

23 거울에 비친 물체의 모습을 바르게 설명한 것을 모두 골라 기호로 쓰시오.

㉠ 거울에 비친 물체의 색깔은 실제 물체와 같게 보인다.
㉡ 거울에 비친 물체의 색깔은 실제 물체와 다르게 보인다.
㉢ 거울에 비친 물체의 모양은 실제 물체와 좌우가 바뀌어 보인다.
㉣ 거울에 비친 물체의 모양은 실제 물체와 위아래가 바뀌어 보인다.

( )

핵심 7

빛이 나아가다가 거울에 부딪치면 거울에서 빛의 방향이 바뀝니다. 이러한 빛의 성질을 반사라고 합니다. 거울은 빛의 반사를 이용해 물체의 모습을 비추는 도구입니다.

24 손전등의 빛을 거울에 비추었을 때, 빛이 나아가는 방향이 바른 것을 기호로 쓰시오.

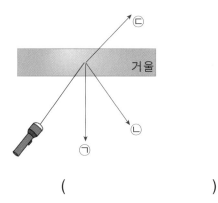

( )

25 거울을 사용해 손전등의 빛을 종이 과녁판의 가운데에 비췄을 때 빛이 나아간 길을 바르게 나타낸 것은 어느 것인지 기호를 쓰시오.

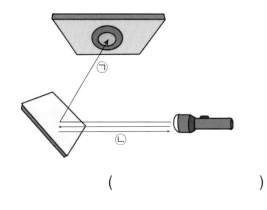

( )

26 빛이 나아가다가 거울에 부딪치면 거울에서 빛의 방향이 바뀌는 성질은 무엇인지 쓰시오.

빛의 ( )

27 빛의 반사를 이용해 물체의 모습을 비추는 도구는 어느 것입니까? ( )

① 유리   ② 렌즈
③ 거울   ④ 손전등
⑤ 스크린

핵심 8

거울은 우리가 흔히 사용하는 생활용품으로 자신이 모습을 보거나 주변에 있는 다른 모습을 볼 때 사용합니다. 또한 거울의 성질을 이용해 새로운 아이디어 상품들을 개발하기도 합니다.

28 다음과 같이 일상생활에서 사용할 수 있는 생활용품은 무엇인지 쓰시오.

> • 세수할 때 얼굴을 본다.
> • 자신의 옷과 얼굴을 본다.
> • 자신의 머리 모양을 본다.

( )

3 단원

29 다른 차의 위치를 보기 위해서 이용하는 거울은 무엇입니까? ( )

① 세면대 거울   ② 미용실 거울
③ 화장대 거울   ④ 자동차 뒷거울
⑤ 옷 가게 거울

30 ( ) 안에 들어갈 말을 쓰시오.

> 지하철역 벽면에 ( )을 붙이면 공간이 넓어 보이고 내부가 밝게 보인다.

( )

31 다음 장난감을 만드는 데 공통적으로 이용된 것은 무엇인지 쓰시오.

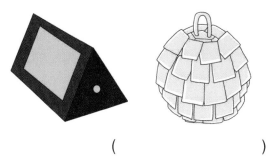

( )

[1~2] 다음은 동물 그림자를 만든 것입니다.

1 위 동물 그림자 만들기를 할 때 필요한 준비물을 모두 고르시오. (   )

① 손전등　　　　　② 색연필
③ OHP 필름　　　　④ 검은색 종이
⑤ 풀과 가위

2 OHP 필름에 그린 동물 그림과 흰 종이에 생긴 동물 그림자의 모양을 잘못 설명한 친구는 누구인지 쓰시오.

> • 가람: OHP 필름에 그린 동물과 흰 종이에 생긴 동물 그림자 모양은 비슷해.
> • 현지: 검은색 유성 펜으로 그린 부분을 따라 동물 그림자가 생겼어.
> • 윤서: OHP 필름에 그린 동물과 흰 종이에 생긴 동물 그림자는 위아래가 바뀌었어.

(　　　　　　　)

3 (　　) 안에 공통으로 들어갈 말은 무엇인지 쓰시오.

> • (　　　　)는 물체에 빛을 비춰야 생긴다.
> • 물체에 빛을 비추면서 물체의 뒤쪽에 흰 종이와 같은 스크린을 대면 (　　　　)를 볼 수 있다.

(　　　　　　　)

4 운동장에서 친구들과 함께 그림자 밟기 놀이를 하기 가장 좋은 날씨는 무엇입니까? (   )

① 비가 오는 낮　　　② 비가 오는 아침
③ 구름이 낀 낮　　　④ 안개가 낀 아침
⑤ 햇빛이 있는 낮

서술형
5 다음 그림에서 그림자를 볼 수 없는 까닭은 무엇인지 쓰시오.

6 손전등의 빛을 도자기 컵에 비췄을 때 스크린에 생기는 그림자는 '도'라고 쓰고, 유리컵에 손전등의 빛을 비췄을 때 스크린에 생기는 그림자에는 '유'라고 쓰시오.

　㉠　　　　　　　　　㉡

(　　　)　　　　(　　　)

주의
7 도자기 컵과 유리컵에서 빛이 통과하는 정도를 비교하여 ㉠과 ㉡에 알맞은 말을 쓰시오.

> 빛은 (　㉠　)을 통과하지 못하고, (　㉡　)을 많이 통과한다.

㉠: (　　　　　　　)
㉡: (　　　　　　　)

8 빛을 비췄을 때 연하고 흐릿한 그림자가 생기는 물체는 어느 것입니까? ( )

① 책   ② 손
③ 양산   ④ 필통
⑤ OHP 필름

9 안경의 유리 부분과 테 부분의 그림자 진하기가 다른 까닭은 무엇인지 쓰시오.

_____

_____

10 손전등, 야구공, 스크린을 차례대로 놓고 손전등을 켰을 때 스크린에 생긴 야구공의 그림자 모양을 그리시오.

그림자 모양

11 오른쪽과 같이 ㄱ자 모양 블록의 방향을 돌려 놓고 손전등을 비췄을 때 그림자 모양은 어느 것입니까? ( )

①   ②

③   ④

⑤

12 물체의 모양과 그림자의 모양이 비슷하게 나타나게 하는 것은 빛이 곧게 나아가는 성질 때문입니다. 이런 빛의 성질을 무엇이라고 하는지 쓰시오.

빛의 ( )

13 동물 모양의 종이와 스크린은 그대로 두고 손전등의 위치를 조절해 그림자의 크기를 더 작게 하려면 손전등을 어느 쪽으로 움직여야 하는지 기호를 쓰시오.

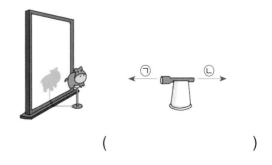

( )

14 손전등과 스크린 사이에 물체를 놓은 모습입니다. 스크린과 손전등은 그대로 두고 그림자를 더 크게 만들기 위해서는 물체를 손전등과 스크린 중 어느 쪽으로 움직여야 하는지 쓰시오.

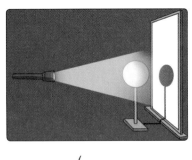

(   )

중요

15 ( ) 안에 들어갈 말이 바르게 짝지어진 것은 어느 것입니까? (   )

> 물체와 스크린을 그대로 두고 손전등을 물체에 가깝게 하면 그림자의 크기는 (   ), 손전등을 물체에서 멀게 하면 그림자의 크기는 (   ).

① 커지고, 작아진다   ② 커지고, 변함없다
③ 작아지고, 커진다   ④ 작아지고, 변함없다
⑤ 작아지고, 작아진다

16 거울에 비친 물체의 모습에 대한 설명으로 바른 것은 ○표, 바르지 <u>않은</u> 것은 ×표를 하시오.

(1) 물체의 상하가 바뀌어 보입니다. (   )

(2) 물체의 좌우가 바뀌어 보입니다. (   )

주의

17 원래 글자 모습과 거울에 비친 글자 모습이 같은 것을 모두 고르시오. (   )

① 복   ② 후
③ 파   ④ 상
⑤ 응

18 다음에서 설명하는 빛의 성질은 무엇인지 쓰시오.

> 빛이 나아가다가 거울에 부딪치면 거울에서 빛의 방향이 바뀐다.

빛의 (   )

19 손전등의 빛을 거울에 비췄을 때 손전등의 빛이 나아가는 모습을 바르게 나타낸 것의 기호를 쓰시오.

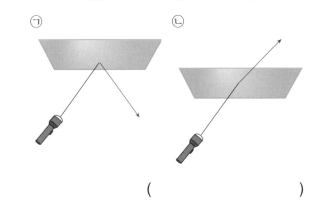

(   )

20 다음과 같이 우리 생활에서 흔히 사용하는 생활용품은 무엇인지 쓰시오.

(   )

1 동물 그림자를 만드는 모습으로 바르지 <u>않은</u> 것은 어느 것인지 기호를 쓰시오.

> ㉠ OHP 필름에 검은색 유성 펜으로 동물 그림을 그린다.
> ㉡ 흰 종이, 종이컵, 투명 아크릴판을 차례대로 놓고 투명 아크릴판 위에 동물 그림이 그려진 OHP 필름을 올려놓는다.
> ㉢ 주변을 어둡게 한 다음, 아래쪽에서 동물 그림이 그려진 OHP 필름을 향해 손전등의 빛을 비춘다.

( )

2 다음 친구들의 대답을 보고 무엇이 생길 때의 조건인지 쓰시오.

> • 지수: 빛이 있어야 해요.
> • 봄이: 물체가 있어야 해요.
> • 민수: 스크린을 사용하면 잘 볼 수 있어요.

( )

서술형

3 지혜는 공의 그림자를 관찰하기 위해 다음과 같이 실험 준비를 하고 손전등을 비추었지만 그림자를 관찰할 수 없었습니다. 그림자가 생기지 않는 까닭을 쓰시오.

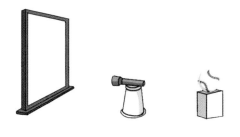

4 햇빛이 비칠 때와 구름이 햇빛을 가렸을 때의 그림자에 대한 설명이 바른 것끼리 짝지어진 것은 무엇입니까? ( )

> ㉠ 햇빛이 비칠 때, 운동장에 있는 철봉 주변에 그림자가 생긴다.
> ㉡ 햇빛이 비칠 때, 나무 그늘에 앉아 있는 친구 주변에 그림자가 생긴다.
> ㉢ 구름이 햇빛을 가리면 아이들 주변에 그림자가 사라진다.
> ㉣ 구름이 햇빛을 가려도 나무 주변의 그림자는 변화 없다.

① ㉠, ㉡
② ㉠, ㉢
③ ㉡, ㉢
④ ㉡, ㉣
⑤ ㉢, ㉣

5 그림자의 진하기가 다른 하나는 어느 것인지 쓰시오.

> 연필, 도자기 컵, 유리창, 손, 책, 필통

( )

6 안경 그림자의 특징을 바르게 설명한 것은 무엇입니까? ( )

① 안경의 유리는 투명해서 그림자가 진하게 생긴다.
② 안경의 유리는 투명해서 그림자가 연하게 생긴다.
③ 안경의 테는 불투명해서 그림자가 생기지 않는다.
④ 안경의 테는 불투명해서 그림자가 진하게 생긴다.
⑤ 안경의 테와 유리는 모두 투명해서 그림자가 진하게 생긴다.

7 우리 생활에서 그림자가 생기는 것을 이용해 생활을 편리하게 한 예는 어느 것인지 기호를 쓰시오.

⊙   ⓒ

(   )

8 손전등, 별 모양 종이, 스크린을 차례대로 놓고 손전등을 켰을 때 스크린에 생기는 그림자의 모양은 무엇입니까? (   )

① ●   ② ◆

③ ■   ④ ▲

⑤ ★

9 위 8번 실험을 통해 알 수 있는 사실을 쓰시오.

_____

10 ( ) 안에 공통으로 들어갈 말을 쓰시오.

• 빛이 곧게 나아가는 성질을 빛의 (   )이라고 한다.
• 물체 모양과 그림자 모양이 비슷한 까닭은 빛이 (   )하기 때문이다.

(   )

11 손전등과 스크린 사이에 인형 모양 종이를 놓고 손전등을 인형 모양의 종이에 가깝게 하거나 멀게 할 때 그림자의 크기가 어떻게 변하는지 바르게 선으로 연결하시오.

(1) 손전등을 물체에서 멀게 할 때   •   • ⊙ 그림자의 크기가 작아진다.

(2) 손전등을 물체에 가깝게 할 때   •   • ⓒ 그림자의 크기가 커진다.

12 거울에 비친 글자 카드 모습과 실제 글자 카드 모습에 대한 설명으로 바르면 ○표, 바르지 않으면 ×표 하시오.

(1) 실제 글자 카드 모습과 거울에 비친 글자 카드 모습은 색깔이 다릅니다.   (   )

(2) 실제 글자 카드 모습과 거울에 비친 글자 카드 모습은 좌우가 바뀌어 보입니다.   (   )

13 다음은 양치질을 하고 있는 여자 어린이의 거울 속 모습입니다. 이 어린이가 실제로 양치하고 있는 손은 오른쪽 손과 왼쪽 손 중 어느 것인지 쓰시오.

(   )

14 다음 그림에서 볼 수 있는 빛의 성질은 무엇인지 쓰시오.

빛의 (   )

15 거울 한 개를 사용해 손전등의 빛이 종이 과녁판에 닿았을 때 빛이 나아가는 길을 그림 위에 화살표로 표시하시오.

16 우리 집에 햇빛을 보내려면 거울을 어느 곳에 설치해야 하는지 기호를 쓰시오.

(   )

17 거울에 대한 설명이 바른 것을 **보기** 에서 모두 골라 기호를 쓰시오.

보기

ㄱ 거울에 비친 물체는 상하가 바뀌어 보인다.
ㄴ 거울에 비친 물체는 좌우가 바뀌어 보인다.
ㄷ 거울 두 개만 있으면 나의 뒷머리의 모습을 볼 수 있다.
ㄹ 나의 뒷 머리의 모습을 보기 위해서는 최소한 세 개의 거울이 필요하다.

(   )

18 다음에서 설명하는 것은 무엇인지 쓰시오.

사람들이 자신의 모습을 보거나 주변에 있는 다른 모습을 볼 때 사용하는 생활용품이다.

(   )

주의

19 만화경 장난감을 만드는 순서를 기호로 쓰시오.

ㄱ 거울이 있는 면을 안쪽으로 향하게 접고, 테이프로 붙여 밑면이 삼각형인 기둥을 만든다.
ㄴ 기둥의 밑면에 반투명 종이를 붙이고, 색종이 조각을 기둥의 안쪽에 넣는다.
ㄷ 기둥의 윗면에 작은 구멍을 뚫은 검은색 도화지를 붙인다.
ㄹ 아크릴 거울 세 장을 뒤집어 나란히 놓고 거울 두 개가 서로 만나는 면을 테이프로 각각 붙인다.

(   )

20 위 **19**번 장난감에 사용된 빛의 성질은 무엇인지 쓰시오.

빛의 (   )

3. 그림자와 거울 **89**

1 공, 손전등, 흰 종이를 가지고 그림자를 만드는 방법을 바르게 설명한 학생은 누구인지 쓰시오.

> • 은우: 흰 종이를 책상 위에 놓고 중간에 공을 놓은 후 공의 위쪽에서 손전등을 비추면 돼.
> • 하은: 공을 책상 위에 놓고 중간에 흰 종이를 놓은 후 흰 종이에 손전등을 비추면 돼.
> • 바다: 흰 종이와 공 사이에 손전등을 놓고 손전등을 공에 비추면 돼.

( )

2 햇빛이 비칠 때와 구름이 햇빛을 가릴 때의 운동장 모습을 바르게 선으로 연결하시오.

(1) 햇빛이 비칠 때 • • ㉠ 그림자가 생긴다.

(2) 구름이 햇빛을 가릴 때 • • ㉡ 그림자가 사라진다.

3 ( ) 안에 알맞은 말을 보기 에서 찾아 쓰시오.

> **보기**
> 그림자, 빛, 물체, 직진

(1) 그림자가 생기려면 ( )과 ( )가 있어야 합니다.
(2) ( )는 물체의 뒤쪽에 생깁니다.

4 도자기 컵과 유리컵에서 빛이 통과하는 정도를 알 수 있는 방법은 무엇입니까? ( )

① 그림자의 색깔을 비교한다.
② 그림자의 크기를 비교한다.
③ 그림자의 진하기를 비교한다.
④ 그림자가 생기는 장소를 비교한다.
⑤ 그림자가 만들어지는 시간을 비교한다.

5 햇빛이 비칠 때 파라솔에 그림자가 생기는 까닭은 무엇인지 쓰시오.

_____

_____

6 우리 생활에서 물체의 그림자가 생기는 것을 이용해 생활을 편리하게 한 예를 모두 골라 기호를 쓰시오.

㉠ ㉡ ㉢

▲ 인삼밭 그늘막   ▲ 유리 온실 천장   ▲ 암막

( )

7 다음 모양의 물체를 손전등, 물체, 스크린의 순서대로 놓고 손전등을 켜서 스크린에 그림자를 만들었을 때 그림자의 모양을 쓰시오.

물체	그림자의 모양
원 모양 종이	㉠
삼각형 모양 종이	㉡

㉠: ( )
㉡: ( )

8 ㄷ자 모양 블록을 돌려 방향을 바꾸면서 그림자의 모양을 관찰했을 때, 만들 수 없는 그림자 모양은 무엇입니까? (   )

① ② ③ ④ ⑤

9 (   ) 안에 공통으로 들어갈 말을 쓰시오.

> • 빛이 곧게 나아가는 성질을 빛의
> (   )(이)라고 한다.
> • 빛이 물체를 만나서 통과하지 못하면 물체의 모양과 비슷한 그림자가 생기는 것은
> (   )하는 빛의 성질 때문이다.

(   )

10 다음과 같이 손전등을 움직였을 때 알 수 있는 사실을 (   ) 안에 쓰시오.

손전등의 처음 위치

> 손전등을 물체에 가깝게 하면 그림자의 크기가 (   ).

(   )

11 손전등과 스크린 사이에 동물 모양 종이 인형을 놓고 손전등으로 빛을 비춰 스크린에 그림자가 생기게 합니다. 손전등의 위치가 ㉠과 ㉡일 때 그림자의 크기가 더 크게 관찰되는 것의 기호를 쓰시오.

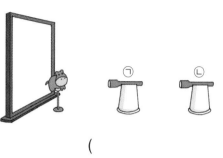

㉠ ㉡

(   )

3 단원

12 다음 글자를 바르게 읽기 위해 필요한 도구는 무엇인지 쓰시오.

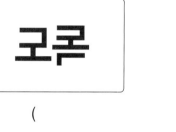

코론

(   )

13 실제 물체의 모습과 거울에 비친 물체의 모습이 같은 도형끼리 짝지어진 것은 무엇입니까? (   )

① 원, 삼각형   ② 원, 정삼각형
③ 원, 직각삼각형   ④ 정삼각형, 직각삼각형
⑤ 직각삼각형, 사각형

🖊️ 서술형
14 오른쪽과 같이 구급차 앞 부분에 글자를 좌우로 바꾸어 쓴 까닭은 무엇인지 쓰시오.

_____

_____

_____

15 빛이 나아가는 길에 거울을 놓았을 때 일어나는 현상으로 바른 것은 어느 것입니까? ( )

① 빛이 거울 속으로 사라진다.
② 빛이 거울에 부딪쳐 더 밝아진다.
③ 빛이 거울을 통과해 계속 나아간다.
④ 빛이 거울에 부딪쳐 다른 방향으로 반사된다.
⑤ 빛이 거울에 부딪쳐 처음 위치로 되돌아온다.

16 다음과 같이 거울 한 개를 사용해 손전등의 빛을 종이 과녁판 가운데에 비추기 위한 방법을 모두 고르시오. ( )

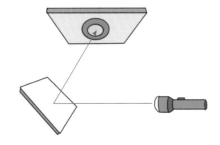

① 거울의 각도를 조절한다.
② 손전등의 위치를 조절한다.
③ 거울과 손전등의 거리를 멀게 한다.
④ 손전등과 과녁판의 거리를 멀게 한다.
⑤ 과녁판 – 거울 – 손전등의 순서로 세운다.

17 뒤에 사람이 오는지 보기 위해 이용하는 거울은 어느 것입니까? ( )

① 손거울
② 세면대 거울
③ 자동차 뒷거울
④ 무용 연습실 거울
⑤ 출입문에 붙이는 거울

18 우리 생활에서 거울을 이용하는 예가 아닌 것은 어느 것입니까? ( )

① 다른 자동차의 위치를 본다.
② 거울을 이용한 예술 작품을 만든다.
③ 그림자를 만들어 그림자 연극을 한다.
④ 옷 가게에서 옷을 입고 거울에 비춰 본다.
⑤ 좁은 실내에 큰 거울을 설치해 넓어 보이게 한다.

19 거울이 빛을 반사하는 성질을 이용하여 만든 것이 아닌 것은 무엇입니까? ( )

① 만화경
② 잠망경
③ 거울 공
④ 자석 팽이
⑤ 무한 거울

20 다음 상난감에 대한 실명으로 바른 것을 모두 고르시오. ( )

① 거울로 만든 장난감이다.
② 렌즈로 만든 장난감이다.
③ 사용된 거울 수는 두 개이다.
④ 거울이 빛을 반사하는 성질을 이용하였다.
⑤ 장난감 안에 꽃 모양 조각이 세 개가 보인다.

1 동물 그림자 만들기를 할 때, OHP 필름에 검은색 유성 펜으로 다음과 같이 그림을 그렸습니다. OHP 필름을 향해 손전등의 빛을 비췄을 때 그림자가 생기지 <u>않는</u> 곳의 기호를 쓰시오.

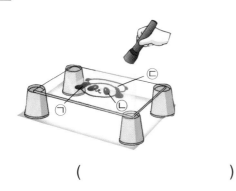

( )

2 ( ) 안에 들어갈 말이 순서대로 바르게 짝지어진 것은 무엇입니까? ( )

> 그림자는 물체에 ( )을/를 비춰야 생기고 물체의 ( )쪽에 흰 종이와 같은 스크린을 대어 보면 그림자를 볼 수 있다.

① 빛, 뒤
② 빛, 앞
③ 빛, 옆
④ 거울, 뒤
⑤ 거울, 옆

3 다음 그림을 보고 바르게 설명한 것을 모두 고르시오. ( )

① ㉠은 햇빛이 있는 낮의 모습이다.
② ㉡은 햇빛이 있는 낮의 모습이다.
③ ㉠은 구름이 햇빛을 가린 모습이다.
④ 그림자 놀이를 하기 적당한 날씨는 ㉠이다.
⑤ 그림자 놀이를 하기 적당한 날씨는 ㉡이다.

4 손전등과 스크린 사이에 컵을 놓고 손전등으로 비췄을 때 스크린에 생기는 그림자의 모습입니다. 받침대에 올려놓은 컵은 어느 컵인지 ○표 하시오.

(도자기 컵 , 유리컵)

5 연한 그림자와 진한 그림자가 모두 생기는 물체는 어느 것인지 쓰시오.

▲ 색안경 　　　　▲ 파라솔

( )

6 각각의 물체와 그림자에 대한 설명이 바르게 짝지어진 것은 무엇입니까? ( )

① 천막 – 그림자가 잘 생기지 않는다.
② 도자기 컵 – 그림자가 잘 생기지 않는다.
③ 양산 – 빛이 잘 통과하여 진한 그림자가 생긴다.
④ 유리컵 – 빛이 통과하지 못하여 연한 그림자가 생긴다.
⑤ 자동차 햇빛 가리개 – 빛이 통과하지 못하여 그림자가 생긴다.

7 원 모양 종이를 사용해 그림자를 만들기 위해서 손전등, 스크린, 원 모양 종이를 놓은 모습을 순서대로 쓰시오.

_____

8 그림자 연극은 빛과 스크린 사이에 인형을 넣어 움직일 때 스크린에 생긴 그림자를 이용해 꾸민 연극입니다. 이러한 그림자 연극을 하는 데 관련 있는 빛의 성질은 무엇인지 쓰시오.

빛의 (   )

9 다음은 ㄱ자 모양의 블록으로 만든 여러 가지 모양의 그림자입니다. 알 수 있는 사실은 무엇입니까?

(   )

① 물체를 놓는 방향에 따라 그림자의 모양이 달라진다.
② 물체를 놓는 방향에 따라 그림자의 크기가 달라진다.
③ 물체를 놓는 방향에 따라 그림자의 색깔이 달라진다.
④ 물체를 놓는 방향에 따라 그림자의 진하기가 달라진다.
⑤ 물체를 놓는 방향에 따라 그림자의 개수가 달라진다.

10 손 그림자를 이용해서 재미있는 사진을 만들었습니다. 손 그림자의 크기를 더 작게 만들기 위한 방법으로 바른 것은 무엇인지 ○표 하시오.

손과 전등의 거리를 (가깝게 , 멀게) 한다.

11 손전등과 스크린의 위치는 그대로 두었을 때, 컵의 그림자 크기는 더 크게 하고 야구공의 그림자 크기는 더 작게 하기 위한 방법으로 바른 것은 무엇입니까? (   )

구분	컵 그림자를 크게 하는 방법	야구공 그림자를 작게 하는 방법
①	손전등 쪽에 가깝게 한다.	스크린 쪽에 가깝게 한다.
②	손전등 쪽에 가깝게 한다.	손전등 쪽에 가깝게 한다.
③	스크린 쪽에 가깝게 한다.	손전등 쪽에 가깝게 한다.
④	스크린 쪽에 가깝게 한다.	스크린 쪽에 가깝게 한다.

서술형

12 위 11번 문제에서 스크린과 컵, 야구공을 그대로 두고 그림자 크기를 크게 하기 위해서는 손전등을 어떻게 해야 하는지 쓰시오.

13 거울 속의 친구 모습을 보고 따라하는 놀이를 하였습니다. 거울 속의 친구가 오른쪽 손과 왼쪽 발을 들었다면 내가 들어야 하는 손과 발은 어느 쪽인지 쓰시오.

(   ) 손, (   ) 발

14 실제 모습과 거울에 비친 모습이 같은 글자와 도형으로 바르게 짝지어진 것은 무엇입니까?

( )

구분	글자	도형
①	봄	직각 삼각형
②	몸	정삼각형
③	교	정사각형
④	순	정삼각형
⑤	표	직각 삼각형

15 교실 유리창으로 들어오는 빛을 교실 칠판 쪽으로 방향을 바꾸기 위한 방법으로 바른 것은 무엇입니까? ( )

① 창문에 커튼을 단다.
② 거울을 교실 바닥에 놓는다.
③ 유리판을 이용하여 빛을 통과시킨다.
④ 거울을 이용하여 빛을 칠판 방향으로 반사시킨다.
⑤ 유리판을 이용하여 빛을 칠판 방향으로 반사시킨다.

16 다음 그림과 같이 손전등의 빛이 거울에 부딪쳐 나아가는 빛의 성질을 무엇이라고 하는지 쓰시오.

빛의 ( )

17 잠망경으로 물체를 보았을 때 출발한 빛이 나아가는 길을 차례대로 기호를 쓰시오.

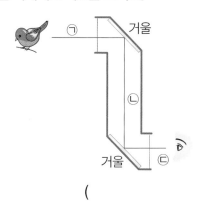

( )

18 거울에 비친 모습이 여러 개인 경우가 아닌 것은 무엇입니까? ( )

① 전신 거울을 볼 때
② 만화경을 보았을 때
③ 두 개의 거울이 마주보고 있을 때
④ 놀이공원에서 거울 미로 체험을 할 때
⑤ 미용실에서 서로 마주 보고 있는 거울을 볼 때

19 일상 생활에서 거울을 이용하는 것에 대한 설명이 바른 것은 ○표, 바르지 않은 것은 ×표 하시오.

(1) 치과에서 거울을 사용하면 윗니 안쪽을 볼 수 있습니다. ( )
(2) 미용실에서 거울 두 개를 이용하여 뒷모습을 볼 수 있습니다. ( )

20 다음 장난감의 작은 구멍을 통해 보았을 때 여러 가지 무늬가 보이게 하기 위해 이용하는 것은 무엇인지 쓰시오.

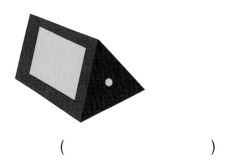

( )

1 불투명 물체와 투명한 물체의 그림자를 비교하는 실험입니다. 도자기 컵과 유리컵의 그림자가 다른 까닭을 쓰시오.

▲ 도자기 컵의 그림자

▲ 유리컵의 그림자

안경에 생긴 그림자

• 안경의 유리는 투명해서 그림자가 연하게 생깁니다.
• 안경의 테는 불투명해서 그림자가 진하게 생깁니다.

2 ㄱ자 모양 블록을 돌려 방향을 바꾸면서 그림자를 만들었습니다. 그림자의 모양이 물체가 놓인 모습에 따라 달라지는 까닭을 빛의 성질과 관련하여 쓰시오.

▲ ㄱ 자 모양의 블록에 빛을 비췄을 때

그림자가 생기는 조건

• 빛과 물체가 있어야 합니다.
• 물체에 빛을 비춰야 합니다.
• 흰 종이와 같은 스크린을 사용하면 그림자를 잘 볼 수 있습니다.
• 손전등 – 물체 – 스크린 순으로 놓아야 그림자가 생깁니다.
• 그림자는 물체 뒤쪽에 생깁니다.

3 손전등과 스크린 사이에 물체를 놓습니다. 손전등 또는 물체의 위치를 조절하여 그림자의 크기를 변화시키려고 합니다. (1)은 그림자의 크기를 크게 하는 방법, (2)는 그림자의 크기를 작게 하는 방법을 쓰시오.

구분		방법
(1)	스크린과 물체를 그대로 두었을 때	
(2)	스크린과 손전등을 그대로 두었을 때	

그림자의 크기를 변화시킬 수 있는 방법

• 손전등의 위치를 조절합니다.
• 물체의 위치를 조절합니다.
• 스크린의 위치를 조절합니다.
• 손전등, 물체, 스크린 사이의 거리에 따라 그림자의 크기가 달라집니다.

3 단원

4 수직으로 세운 거울의 맨 아랫부분에 손전등의 빛이 닿도록 비추면서 빛이 나아가는 모습을 관찰한 것입니다. 이 현상을 우리 생활에서 이용하는 예를 한 가지 쓰시오.

우리 생활에서 거울을 이용한 예

• 현관 앞 전신 거울로 옷맵시를 살펴봅니다.
• 지하철의 벽면 거울은 공간을 넓어 보이게 하거나 내부를 밝게 합니다.
• 신발 가게에서 신발을 살 때 거울에 신발을 신은 모습을 비춰 봅니다.
• 거울을 이용해 건물이나 야외 공원을 만듭니다.
• 거울을 이용해 예술 작품을 만듭니다.

4. 화산과 지진

화산 활동과 지진 표현하기

(1) 화산 활동과 지진 발생의 전과 후의 모습 예

① 화산 주변에서 연기가 나면서 큰 소리와 함께 산꼭대기에서 용암이 흘러내립니다.

② 자동차를 타고 가는데 지진이 발생해 도로가 갈라지고 다리가 무너졌습니다.

(2) 화산 활동과 지진을 몸으로 표현하기

① 화산 활동 과정 **탐구 1**

• 친구들과 손을 잡고 산 모양을 만듭니다.

• 친구들 사이에 있던 친구가 밖으로 뛰어나와 데굴데굴 구르다 멈춥니다. → 마그마가 분출하는 모습을 나타낸 것입니다.

② 지진 발생 과정: 친구들이 누워서 진동을 느끼고 서로 밀다가 멀어지는 모습은 지진으로 갈라진 땅을 표현하는 것입니다.

화산이란 무엇일까요?

(1) 화산

① 땅속의 마그마가 분출하여 생긴 지형입니다. → 땅속 깊은 곳에서 암석이 녹은 것입니다.

② 화산은 크기와 생김새가 다양합니다. → 화산의 경사나 높이가 다릅니다.

③ 화산 꼭대기에는 분화구가 있는 것도 있습니다.

④ 화산 분화구에 물이 고여 커다란 호수나 물웅덩이가 생기기도 합니다.

(2) 우리나라에 있는 화산 **탐구 2**

화산 호수 (백록담)
▲ 한라산

화산 호수(천지)
▲ 백두산

화산 활동으로 만들어진 평지(나리분지)
▲ 울릉도

(3) 세계 여러 지역에 있는 화산 **탐구 3**

▲ 시나붕산(인도네시아)

화산재가 쌓여 있습니다.
▲ 후지산(일본)

용암이 바다로 흘러들어 갑니다.
▲ 킬라우에아산(미국)

탐구 1 마그마가 분출하는 모습

난 땅속에 있는 뜨거운 물질이야.

땅속에서 뜨거운 물질이 올라와.

탐구 2 우리나라에 있는 화산

① 한라산: 산꼭대기에 화산 호수(백록담)가 있습니다.

② 백두산: 산꼭대기에 화산 호수(천지)가 있습니다.

③ 울릉도

• 바다 한가운데에 종 모양으로 솟아 있습니다.

• 성인봉에는 화산 활동으로 만들어진 평지(나리분지)가 있습니다.

탐구 3 세계 여러 지역에 있는 화산

① 인도네시아의 시나붕산: 고깔 모양이고, 분화구에서 화산 활동이 자주 일어납니다.

② 일본의 후지산: 높이가 높고 뾰족하며, 산꼭대기에는 화산 분출로 생긴 분화구가 있습니다.

③ 미국의 킬라우에아산: 완만한 경사를 이루고, 분화구가 여러 개입니다.

세계 여러 화산의 공통점과 차이점

① 공통점
- 마그마가 분출한 흔적이 있습니다.
- 용암이나 화산재가 쌓여 주변 지형보다 높습니다.

② 차이점
- 화산의 경사나 높이가 다릅니다.
- 화산의 생김새가 다양합니다.

화산과 화산이 아닌 산의 모습 비교

화산	• 땅속의 마그마가 분출하여 생긴 지형으로 산꼭대기에 분화구가 있는 것도 있다. • 산꼭대기에 물이 고여 있는 것도 있다.
화산이 아닌 산	마그마가 분출하지 않았으며, 산꼭대기에 분화구가 없다.

▲ 화산이 아닌 산(설악산)

개념을 확인해요

1 친구들과 손을 잡고 산 모양을 만든 후, 친구들 사이에 있던 친구가 밖으로 뛰어나와 데굴데굴 구르다 멈추며 ☐☐ 활동을 표현했습니다.

2 땅속 깊은 곳에서 암석이 녹은 것을 ☐ ☐☐ 라고 합니다.

3 ☐☐ 은 땅속의 마그마가 분출하여 생긴 지형입니다.

4 한라산의 꼭대기에는 화산 호수인 ☐ ☐☐ 이 있습니다.

5 산꼭대기에 화산 호수인 천지가 있는 곳은 ☐☐☐ 입니다.

6 일본의 ☐☐☐ 은 높이가 높고 뾰족하며, 산꼭대기에 분화구가 있습니다.

7 화산 ☐☐☐ 에는 물이 고여 커다란 호수나 물웅덩이가 생기기도 합니다.

8 화산이 아닌 산의 산꼭대기에는 ☐☐ ☐ 가 없습니다.

4. 화산과 지진

🌸 화산 활동으로 나오는 물질에는 어떤 것들이 있을까요?

(1) 화산 분출 모형실험 하기 실험 1

① 실험 방법

- 알루미늄 포일 위에 마시멜로를 놓고 식용 색소를 뿌립니다.
- 알루미늄 포일로 마시멜로를 감싼 뒤 윗부분을 열어 둡니다.
- 마시멜로를 감싼 알루미늄 포일을 은박 접시 위에 올립니다.
- 은박 접시를 삼발이 위에 올려놓은 뒤 알코올램프에 불을 붙이고 관찰합니다.

② 실험 결과: 알루미늄 포일 안에 들어 있던 마시멜로가 뜨거워지면 연기가 나면서 알루미늄 포일 밖으로 마시멜로가 흘러나옵니다.

    └• 화산이 분출할 때 나오는 물질입니다.

(2) 화산 분출물

구분	종류	특징
기체	화산 가스	화산 가스의 대부분은 수증기이다.
액체	용암	땅속 마그마에 포함된 액체 물질이다.
고체	화산재	화산 분출물 중 직경 2 mm 이하의 물질이다.
	화산 암석 조각	크기가 매우 다양하다.

  ▲ 화산 가스   ▲ 용암   ▲ 화산재   ▲ 화산 임석 조각

(3) 화산 분출 모형실험과 실제 화산 활동으로 나오는 화산 분출물 비교하기

모형실험	실제 화산
연기	화산 가스

모형실험	실제 화산
흐르는 마시멜로	용암

모형실험	실제 화산
굳은 마시멜로	화산 암석 조각

실험 1 **화산 분출 모형실험에서 나타나는 현상**

- 알루미늄 포일이 들썩거립니다.
- 화산 모형의 윗부분에서 연기가 피어오릅니다.
- 화산 모형의 윗부분에서 액체인 마시멜로가 흘러나옵니다.
- 흘러나온 마시멜로가 굳습니다.

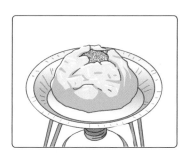

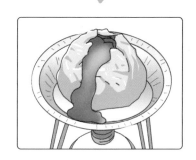

개념을 **확인해요**

● 화산 분출 모습

- 용암이 지표를 따라 흐르거나 고체 화산 분출물, 화산 가스 등과 함께 폭발하듯이 솟구쳐 오르는 화산이 있습니다.
- 마그마에는 여러 가지 기체가 포함되어 있습니다.
- 화산 가스는 대부분 수증기이며, 관찰하기 어렵습니다.
- 화산 암석 조각은 촉감, 모양, 색깔 등이 다릅니다.

- **분출** 액체나 기체 상태의 물질이 뿜어져 나옴.
- **삼발이** 둥근 쇠 테두리에 발이 세 개 달린 기구
- **지표** 지구의 표면으로 육지와 바다로 되어 있음.

1 화산 분출 모형실험을 할 때 알루미늄 포일에 □□□□를 놓고 빨간색 식용 색소를 뿌려 화산 모형을 만듭니다.

2 화산이 분출할 때 나오는 물질을 □□ □□□이라고 합니다.

3 화산 분출물에는 기체인 □□□ □가 있습니다.

4
단원

4 화산 가스의 대부분은 □□□입니다.

5 화산 분출물에는 액체인 □□이 있습니다.

6 화산 분출물에는 고체인 □□□와 화산 암석 조각이 있습니다.

7 화산 분출 모형실험에서 알루미늄 포일 밖으로 흘러나온 마시멜로는 실제 화산 활동에서 □□이 흐르는 것과 같습니다.

8 화산 분출 모형실험에서 알루미늄 포일 밖에서 굳은 마시멜로는 실제 화산 활동에서 □□ □□□□과 같습니다.

4. 화산과 지진

🌸 현무암과 화강암은 어떤 특징이 있을까요?

(1) 현무암과 화강암 비교하기: 흰 종이 위에 현무암과 화강암을 놓고 관찰합니다. **탐구 1**

구분	현무암	화강암
모습		
암석의 색깔	어두운색이다.	밝고, 여러 가지 색이다.
암석을 이루는 알갱이의 크기	맨눈으로 구별하기 어려울 정도로 알갱이의 크기가 매우 작다.	맨눈으로 구별할 수 있을 정도로 알갱이의 크기가 크다.
기타	표면에 크고 작은 구멍이 많이 뚫려 있는 것도 있고, 구멍이 없는 것도 있다.	대체로 밝은 바탕에 검은색 알갱이가 보이고, 반짝이는 알갱이가 있다.

(2) 현무암과 화강암이 만들어지는 장소

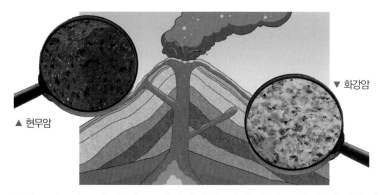

▲ 현무암   ▼ 화강암

① 현무암: 마그마가 지표 가까이에서 식어서 만들어져 알갱이의 크기가 작습니다. —• 색깔이 어둡습니다.

② 화강암: 마그마가 땅속 깊은 곳에서 식어서 만들어져 알갱이의 크기가 큽니다. —• 색깔이 밝습니다.

(3) 우리 주변에서 현무암과 화강암을 봤던 경험 예 **탐구 2**

① 현무암: 제주도에서는 현무암으로 돌담을 쌓고, 맷돌이나 돌하르방을 만듭니다.

② 화강암: 석굴암이나 불국사의 돌계단 등이 화강암으로 만들어졌습니다.

탐구 1 화성암

• 마그마의 활동으로 만들어진 암석입니다.
• 대표적인 암석은 현무암과 화강암입니다.

탐구 2 현무암과 화강암의 이용

▲ 현무암으로 만든 맷돌

▲ 현무암으로 만든 돌하르방

▲ 화강암으로 만들어진 석굴암

현무암

- 암석의 표면에 구멍이 많습니다. 이 구멍은 마그마가 분출하면서 포함하고 있는 휘발성 성분이 빠져나간 흔적입니다.
- 암석에 구멍이 있다고 모두 현무암은 아니며, 구멍이 없는 현무암도 있습니다.

▲ 구멍이 없는 현무암

화강암

- 땅속의 마그마가 굳어져 만들어진 암석입니다.
- 마그마가 서서히 굳어서 만들어졌기 때문에 알갱이의 크기가 커서 눈으로 구분할 수 있습니다.
- 화강암을 이루고 있는 알갱이는 주로 석영, 장석, 흑운모입니다.
- 석영, 장석과 같은 광물로 인해 화강암이 밝게 보입니다.

용 어 풀 이

- **돌하르방** 돌로 만든 할아버지라는 뜻으로, 제주도를 상징함.
- **석영** 화강암을 이루는 광물로 반짝이는 부분
- **장석** 화강암을 이루는 광물 중 흰색이나 분홍색 부분

개념을 확인해요

1 마그마의 활동으로 만들어진 암석을 ☐ ☐☐ 이라고 합니다.

2 현무암과 화강암은 ☐ 종이에 놓고 관찰합니다.

3 ☐☐☐ 은 알갱이를 눈으로 구별할 수 있는 정도로 크기가 큽니다.

4 현무암과 화강암 중 표면에 크고 작은 구멍이 있는 암석은 ☐☐☐ 입니다.

5 ☐☐☐ 은 마그마가 지표 가까이에서 식어서 만들어져 알갱이의 크기가 작습니다.

6 ☐☐☐ 은 마그마가 땅속 깊은 곳에서 식어서 만들어져 알갱이의 크기가 큽니다.

7 ☐☐☐ 으로 돌담을 쌓고, 맷돌이나 돌하르방을 만듭니다.

8 ☐☐☐ 으로 석굴암이나 불국사의 돌계단 등이 만들어졌습니다.

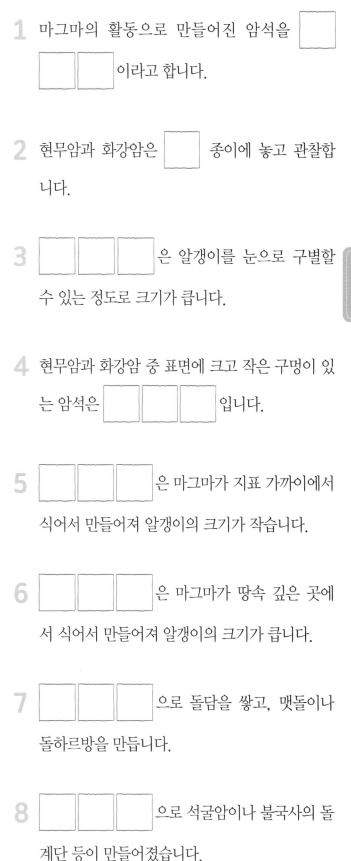

4단원

4. 화산과 지진

🌸 화산 활동은 우리 생활에 어떤 영향을 줄까요?

(1) 화산 활동이 우리 생활에 주는 영향 탐구 1

화산 활동이 우리 생활에 주는 이로움	• 화산 주변의 열을 이용해 전기를 만들고 난방을 한다. →지열 발전 • 화산 주변에 온천을 개발해 관광 자원으로 활용한다. →화산 지대에는 유명한 온천이 많이 있습니다. • 화산 분출물에는 식물의 생장에 필요한 성분이 들어 있어 오랜 시간이 지나면 화산 주변의 땅이 기름져진다. → 화산재에는 식물의 생장에 필요한 성분인 칼륨, 마그네슘, 칼슘 등의 성분이 포함되어 있어 시간이 지나면 토양을 기름지게 합니다. • 마그마가 분출하면서 나오는 물질로 지구 내부에 대한 정보를 얻을 수 있다.
화산 활동이 우리 생활에 주는 피해	• 용암이 흘러 산불이 나고 인명 피해가 발생한다. • 용암이나 화산재가 농경지를 덮는다. • 화산재는 비행기 엔진을 망가뜨려 항공기 운항을 어렵게 한다. • 화산재가 태양 빛을 차단해 동식물에게 피해를 주고, 날씨의 변화가 나타나기도 한다. • 화산재와 화산 가스의 영향으로 호흡기 질병에 걸릴 수 있다. 지형이 변합니다. • 화산 분출로 산사태나 지진 등이 일어난다.

탐구 1 화산 활동이 우리 생활에 주는 영향

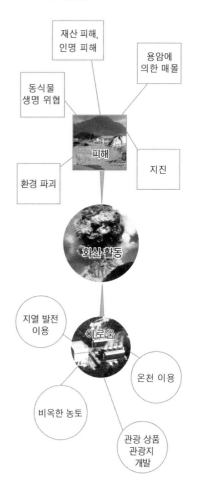

▲ 지열 발전

▲ 화산재가 쌓인 마을

▲ 온천

▲ 용암 동굴

(2) 화산 활동을 이용하는 산업 → 화산 활동은 인간의 힘으로 막을 수 없는 자연재해지만 이를 이용한 산업의 종류도 다양합니다.

① 땅속 높은 열로 온천을 개발하거나 지열 발전을 합니다.

② 화산재를 원료로 사용하는 생활 용품을 개발합니다. → 화산재를 가공해 만든 벽돌
 → 등산복, 화장품 등이 있습니다.

③ 현무암이나 화강암으로 조각 작품을 만들거나 건축 자재를 생산합니다.

화산섬 제주

- 제주도는 동서로 약 73km, 남북으로 약 41km 인 타원형 모양의 화산섬입니다.
- 섬 중심부에는 한라산이 있고, 땅 위에는 크고 작은 360여 개의 작은 화산체인 오름이 있습니다.

▲ 제주도 한라산

출처: 세계자연유산 제주
(http://jejuwnh.jeju.go.kr)

온천

- 일반적으로 온천은 화산 지대에 많이 분포합니다. 화산의 아래쪽에는 마그마가 있기 때문입니다. 한편 화산과 관계 없는 온천도 존재합니다.
- 온천은 온천수가 나오는 지점의 연평균 기온과 비교하여 그보다 온도가 높은 것을 말합니다. 그러므로 온천수가 나오는 지점이 위치하는 위도나 기후에 따라 온천의 온도가 달라질 수 있기 때문에 국가마다 온천의 기준이 다릅니다. 우리나라에서는 대체로 체온을 기준으로 하여 체온보다 온도가 높으면 온천이라고 합니다.

용어 풀이

- ✱ **호흡기** 우리 몸에서 숨을 들이마시고 내쉬는 일에 관여하는 기관
- ✱ **지열** 지구 안에서 땅 표면으로 흘러나오는 열
- ✱ **타원형** 길고 둥근 모양
- ✱ **오름** 큰 화산 옆에 붙어서 생긴 작은 화산 때문에 생겨난 것

개념을 확인해요

1 ☐☐ 활동으로 생긴 화산 분출물은 마을을 뒤덮거나 산불을 발생시켜 피해를 주기도 합니다.

2 ☐☐☐ 와 화산 가스의 영향으로 호흡기 질병 및 날씨의 변화가 나타나기도 합니다.

3 땅속의 높은 열은 온천 개발이나 ☐☐ 발전에 활용합니다.

4 ☐☐☐ 는 비행기 엔진을 망가뜨려 항공기 운항을 어렵게 합니다.

5 ☐☐☐ 는 오랜 시간이 지나면 땅을 기름지게 하여 농작물이 자라는 데 도움을 주기도 합니다.

6 화산 ☐☐ 에 포함된 유황 연기나 일산화 탄소는 생물에게 위험합니다.

7 ☐☐ 분출로 산사태나 지진이 일어납니다.

8 관광지 개발, 지열 발전 등은 ☐☐ 활동을 이용하는 산업입니다.

4. 화산과 지진

🌸 지진이 발생하는 까닭은 무엇일까요?

(1) 지진 발생 모형실험 하기

① 실험 방법

- 양손으로 우드록을 가볍게 잡고 수평 방향으로 양쪽에서 힘을 주어 우드록이 휘어지도록 합니다.
- 양손으로 우드록에 계속 힘을 주어 끊어지도록 합니다.

② 실험 결과 `실험1`

양손으로 우드록을 수평 방향으로 밀었을 때	조금 힘을 주었을 때	우드록이 휘어지기 시작한다.
	계속 힘을 주었을 때	우드록이 끊어진다. →끊어질 때 소리가 나고 떨립니다.
우드록이 끊어질 때 손의 느낌		손에 떨림이 느껴진다.

(2) 지진이 발생하는 원인

① 지진: 땅이 끊어지면서 흔들리는 것입니다.

② 지진이 발생하는 원인

- 땅이 지구 내부에서 작용하는 힘을 오랫동안 받아 휘어지거나 끊어져 발생합니다.
- 지진은 지표의 약한 부분이나 지하 동굴의 함몰, 화산 활동에 의해 발생되기도 합니다.

③ 실제 지진이 발생하면 나타나는 현상 `탐구1`

- 땅이 흔들리거나 갈라지고 건물이 무너집니다.
- 산악 지형에서는 지진으로 산사태가 발생합니다.

(3) 지진 발생 모형실험과 실제 자연 현상 비교하기

지진 발생 모형실험	실제 자연 현상
우드록	땅
양손으로 미는 힘	지구 내부에서 작용하는 힘
우드록이 끊어질 때의 떨림	지진

① 우드록은 짧은 시간 동안 가해진 힘에 의해 끊어집니다.

② 실제 지진은 오랜 시간 동안 지구 내부의 힘이 축적되어 발생합니다.

`실험1` 양손으로 우드록을 수평 방향으로 밀어보기

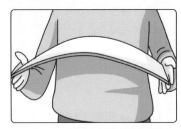

▲ 우드록에 조금 힘을 주었을 때

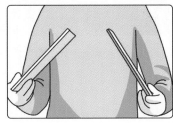

▲ 우드록에 계속 힘을 주었을 때

`탐구1` 실제 지진으로 인한 피해

- 지구 내부에서는 지각이 서로 부딪치거나 밀고, 때로는 포개지는 과정에서 에너지가 발생합니다. 이 에너지가 지각에 쌓이다가 한계에 이르는 순간 약한 부분으로 방출되면서 땅이 갈라지고 흔들리게 됩니다.
- 지진은 지층이 끊어지거나 화산 활동 등에 의해 발생합니다.
- 지각은 탄성을 가지고 있기 때문에 힘을 가하면 서서히 모양이 변하고, 계속해서 힘을 받으면 모양의 변화를 견디지 못하고 약한 부분이 파괴되고 그 면을 중심으로 양쪽 지각이 서로 어긋나 이동하게 됩니다.

▲ 지진으로 끊어진 도로

규모에 따른 영향

- 지진의 세기를 나타낼 때에는 '규모'라는 단위를 사용합니다.
- 규모의 숫자가 클수록 강한 지진입니다.

규모	영향
1.0~2.9	극소수의 민감한 사람만이 느낀다.
3.0~3.9	• 건물 위에 있는 소수의 사람만이 느낀다. • 정지하고 있는 차가 약간 흔들린다.
4.0~4.9	• 그릇, 창문 등이 흔들린다. • 그릇과 창문이 깨지기도 한다.
5.0~5.9	• 건물 벽에 균열이 생기기도 한다. • 모든 사람들이 놀라서 뛰쳐나온다.
6.0~6.9	• 특수 설계된 건축물에 약간의 피해 발생, 심한 공포를 느낀다. • 지하 송수관이 파괴되며, 도움 없이는 걸을 수 없다.
7.0 이상	• 대부분의 건축물이 기초와 함께 부서진다. • 남아 있는 건축물이 거의 없으며 지표면에 균열이 생긴다. • 전면적인 파괴 상황, 지표면에 파동이 보인다.

※ 자료 출처: 대전 광역시 소방 본부
(http://www.dj119.go.kr)

개념을 확인해요

1 지진 발생 모형실험에서 양손으로 우드록을 잡고 밀면 우드록의 □□□ 부분이 볼록하게 올라옵니다.

2 지진 발생 모형실험에서 우드록이 끊어질 때 손에 □□이 느껴집니다.

3 □은 지구 내부에서 작용하는 힘을 오랫동안 받으면 휘어지거나 끊어지기도 합니다.

4 땅이 끊어지면서 흔들리는 것을 □□이라고 합니다.

5 지진 발생 모형실험에서 우드록은 실제 자연 현상에서는 □을 나타냅니다.

6 지진 발생 모형실험에서 □□으로 미는 힘은 실제 자연 현상에서는 □□□에서 □에서 작용하는 힘을 나타냅니다.

7 지진 발생 모형실험에서 우드록이 끊어질 때의 떨림은 실제 자연 현상에서 □□을 의미합니다.

4. 화산과 지진

🌸 **최근 발생한 지진 피해 사례에는 어떤 것이 있을까요?**

> 우리나라에서 지진의 발생 횟수와 규모가 커지고 있는 사실을 보면서 경각심을 느끼게 합니다.

(1) 최근에 우리나라에서 발생한 지진 피해 사례 **탐구 1**

　① 2016년에 경상북도 경주에서 규모 5.8의 지진이 발생했습니다.

　② 2017년과 2018년에는 경상북도 포항에서 규모 5.4와 4.6의
　　지진이 발생했습니다. **탐구 2**

연도	발생 지역	규모	피해 내용
2018	경상북도 포항시	4.6	부상자 발생
2017	경상북도 포항시	5.4	부상자 및 이재민 발생, 건물 훼손
2016	경상북도 경주시	5.8	부상자 발생, 건물 균열, 지붕과 담장 파손

(2) 최근에 다른 나라에서 발생한 지진 피해 사례

　① 최근에 대만에서 지진이 자주 발생했으며 건물이 무너져 인명
　　피해가 생겼습니다.

　② 일본이나 중국, 미국이나 칠레 등 세계 여러 지역에서 큰 규모
　　의 지진이 자주 발생하고 있습니다.

연도	발생 지역	규모	피해 내용
2018	대만	6.0	사망 및 실종자 발생, 호텔 붕괴
2017	일본	5.6	전봇대 파손, 건물 손상
2016	네팔	7.9	사망 및 실종자 발생, 건물 붕괴

(3) 지진 피해 사례 조사 활동으로 알게 된 점

　① 최근 우리나라에서 규모 5.0 이상의 지진이 여러 차례 발생하
　　고 있어 우리나라도 지진의 안전지대가 아닙니다.

　② 다른 나라에서는 규모가 큰 지진이 발생하여 인명과 재산 피
　　해가 일어났습니다.

(4) 지진의 세기 **탐구 3**

　① 지진의 세기는 규모로 나타냅니다.

> 규모가 큰 지진이 발생하면 사람이 다치고 건물과 도로가 무너지는 등 인명 및 재산 피해가 생깁니다.

　② <u>규모의 숫자가 클수록 강한 지진입니다.</u>

탐구 1 우리나라에서 발생한 지진 피해 사례 조사하기

　기상청 날씨누리 누리집(http://www.weather.go.kr)의 지진화산감시센터에 접속해 지진 발생 목록 및 규모 등을 조사합니다.

탐구 2 포항 지진 피해

・2017년 경상북도 포항의 지진으로 건물이 무너지고, 이재민과 부상자 등이 발생했습니다. 또 일부 지역에서는 액상화 현상이 나타났습니다.

・액상화 현상은 지진의 흔들림으로 땅 아래에 있던 흙탕물이 지표면 밖으로 솟아올라 지반이 물렁해지는 현상을 말합니다.

▲ 포항 지진의 피해

탐구 3 규모와 진도

① 규모

・지진이 발생했을 때 방출된 에너지의 총량입니다.

・규모 6.5처럼 소수점 이하 한 자리까지 나타냅니다.

・규모 1이 증가할 때마다 에너지의 크기는 약 30배씩 증가합니다.

② 진도

・어떤 한 지점에서 사람이 느낀 정도 또는 구조물의 피해 정도를 계급화한 것입니다.

・진앙으로부터 떨어진 거리에 따라 차이가 납니다.

● 우리나라 역대 지진 규모 순위

순위	규모	발생 일시	발생 지역
1	5.8	2016.9.12	경북 경주시
2	5.4	2017.11.15	경북 포항시
3	5.3	1980.1.8	평북 서부 의주
4	5.2	2004.5.29	경북 울진군
	5.2	1978.9.16	충북 속리산
6	5.1	2016.9.12	경북 경주시
	5.1	2014.4.1	충남 태안군
8	5.0	2016.7.5	울산 동구
	5.0	2003.3.30	인천 백령도
	5.0	1978.10.7	충남 홍성군

※ 자료 출처: 기상청 날씨누리(http://www.weather.go.kr)

용 어 풀 이

✾ **이재민** 재해를 입은 사람
✾ **지반** 땅의 표면
✾ **방출** 쌓여있던 것을 내놓음
✾ **계급화** 일정한 조건이나 기준으로 나눔
✾ **진앙** 지진이 일어난 곳

개념을 **확인해요**

4 단원

1 우리나라에서 발생한 지진 피해 사례는 ☐ ☐☐ 날씨누리 누리집의 지진화산감시센터에 접속하여 조사할 수 있습니다.

2 최근에 우리나라는 경상북도 경주시와 경상북도 ☐☐ 시에서 지진이 발생하여 부상자가 생기고 재산 피해가 생겼습니다.

3 대만, 일본, 중국, 미국 등 세계 여러 지역에서 큰 규모의 ☐☐ 이 자주 발생하고 있습니다.

4 지진의 세기는 ☐☐ 로 나타냅니다.

5 규모의 숫자가 클수록 강한 ☐☐ 입니다.

6 규모가 5.0인 지진과 7.0인 지진 중 더 강한 지진은 규모는 ☐ 인 지진입니다.

7 규모가 ☐ 지진이 발생하면 사람이 다치고 건물과 도로가 무너지는 등 인명 및 재산 피해가 생깁니다.

8 최근 우리나라에서 규모가 큰 지진이 여러 차례 발생하는 것으로 볼 때 우리나라도 지진의 ☐☐☐☐ 가 아닙니다.

4. 화산과 지진

🌸 **지진이 발생하면 어떻게 해야 할까요?**

• 지진이 발생하면 침착하게 행동하고, 상황과 장소에 맞는 올바른 대처 방법에 따라 행동해야 합니다.

	지진 발생 전	• 비상 용품과 구급 배낭을 준비해 둔다. • 집 안에 있는 흔들리거나 떨어지기 쉬운 물건을 고정한다. • 지진 정보를 얻을 수 있는 방법을 알아 둔다.
지진 발생 시	지진으로 흔들릴 때	• 교실 안에 있을 경우 책상 아래로 들어가 머리와 몸을 보호하고, 책상 다리를 꼭 잡는다. • 승강기 안에 있을 경우 모든 층의 버튼을 눌러 가장 먼저 열리는 층에서 내린다. • 건물 밖에 있을 경우 머리를 보호하고 건물이나 벽 주변에서 떨어진다. • 대형 할인점에 있을 경우 넘어지거나 떨어질 물건으로부터 머리와 몸을 보호한다.
	흔들림이 멈추었을 때	• 학교에서는 머리를 보호하며 선생님의 지시에 따라 넓은 장소로 신속하게 이동한다. • 건물에서는 승강기 대신 계단을 이용해 신속하게 이동한다. • 집에서는 전기와 가스를 차단하고 밖으로 나갈 수 있게 문을 열어 둔다.
	지진 발생 후	• 부상자가 있는지 확인하여 응급 처치를 하거나 구조 요청을 한다. • 집이나 교실로 돌아간 후에는 안전에 유의하여 주변을 확인한다. • 계속해서 재난 방송을 청취하며 올바른 정보에 따라 행동한다.

탐구 1 **지진이 발생했을 때 대처하는 방법**

▲ 책상 아래로 들어가 머리와 몸을 보호하기

▲ 승강기 안에 있는 경우 모든 층의 버튼을 눌러 가장 먼저 열리는 층에서 내리기

▲ 건물 밖에 있는 경우 머리를 보호하고 건물이나 벽 주변에서 떨어져 있기

▲ 대형 할인점에 있을 경우 떨어질 물건으로부터 머리와 몸 보호하기

🌸 **지진에 안전한 건물 모형 만들기**

(1) **지진에 안전한 건물 모형 설계하기:** 지진을 견딜 수 있도록 튼튼한 재료를 사용하고, 지진의 진동을 흡수하도록 만듭니다.

(2) **지진에 안전한 건물 모형 만들기:** 튼튼한 구조 및 재료의 특성을 고려해 건물 모형을 만듭니다.

(3) **지진에 안전한 건물 모형 선발하기:** 일정한 진동을 전달해 가장 오랫동안 무너지지 않는 건물 모형을 뽑습니다.

● 지진에 안전한 건물 모형 ⑩ 흔들흔들 튼튼 건물

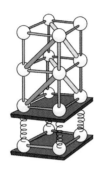

• 스타이로폼 공과 이쑤시개를 연결해 층을 만들고 용수철을 연결했더니 진동을 흡수해 지진을 잘 견뎠습니다.
• 우드록에 건물 모형을 고정하고 용수철을 연결해 바닥에서 충격을 흡수하도록 만들었더니 잘 무너지지 않았습니다.

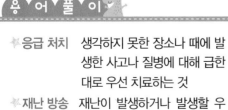

응급 처치	생각하지 못한 장소나 때에 발생한 사고나 질병에 대해 급한 대로 우선 치료하는 것
재난 방송	재난이 발생하거나 발생할 우려가 있는 경우 재난의 예방, 수습과 복구를 위해 실시하는 방송
진동	물체가 떨리는 현상

개념을 **확인해요**

1 지진이 발생하기 전 지진에 대처하기 위해서는 ☐☐ 용품과 구급 배낭을 준비해 둡니다.

2 지진이 발생했을 때, 교실 안에 있을 경우 ☐ ☐ 아래로 들어가 머리와 몸을 보호합니다.

3 지진이 발생했을 때, ☐☐☐ 안에 있을 경우 모든 층의 버튼을 눌러 가장 먼저 열리는 층에서 내립니다.

4\
단원

4 지진의 흔들림이 멈추었을 때 건물에서는 승강기 대신 ☐☐을 이용해 신속하게 이동합니다.

5 지진의 흔들림이 멈추었을 때 학교에서는 ☐ ☐를 보호하며 선생님의 지시에 따라 넓은 장소로 신속하게 이동합니다.

6 지진 발생 후에는 부상자가 있는지 확인하여 ☐☐☐☐를 합니다.

7 지진에 안전한 건물 모형을 설계할 때 지진의 ☐☐을 흡수하도록 만듭니다.

8 지진에 안전한 건물 모형을 만들 때 ☐☐ ☐을 사용하면 충격을 흡수할 수 있습니다.

핵심 1

화산은 마그마가 분출하여 생긴 지형입니다. 화산은 크기와 생김새가 다양하고, 꼭대기에는 분화구가 있는 것도 있습니다. 화산 분화구에는 물이 고여 커다란 호수나 물웅덩이가 생기기도 합니다.

1 ( ) 안에 들어갈 말을 쓰시오.

> ( )은 땅속 깊은 곳에서 암석이 녹은 마그마가 지표면으로 분출하여 만들어진 지형이다.

( )

2 우리나라에 있는 화산이 아닌 것을 모두 고르시오.
( )

① 백두산　　　② 한라산
③ 북한산　　　④ 울릉도
⑤ 지리산

3 일본 후지산에 대한 설명으로 바른 것에 ○표 하시오.

> 일본 후지산의 꼭대기에는 화산 분출로 생긴 (봉우리 , 분화구)가 있다.

4 다음을 읽고 바른 것은 ○표, 바르지 않은 것은 × 표를 하시오.

(1) 화산의 경사나 높이는 비슷합니다. ( )
(2) 화산이 아닌 산은 마그마가 분출하지 않았으며 분화구가 없습니다. ( )

핵심 2

화산이 분출할 때 나오는 물질을 화산 분출물이라고 합니다. 화산 분출물에는 기체인 화산 가스, 액체인 용암, 고체인 화산재와 화산 암석 조각 등이 있습니다.

5 화산이 분출할 때 나오는 물질을 바르게 선으로 연결하시오.

(1) 화산재　•

•㉠

(2) 용암　•

•㉡

(3) 화산 암석 조각　•

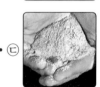
•㉢

6 화산 분출물에 대한 설명으로 바르지 않은 것은 무엇입니까? ( )

① 화산재는 고체이다.
② 화산 가스는 대부분 수증기이다.
③ 화산이 분출할 때 나오는 물질이다.
④ 화산 암석 조각의 크기는 모두 매우 작다.
⑤ 화산 가스, 용암, 화산재, 화산 암석 조각 등이 있다.

7 오른쪽 화산 분출 모형실험에서 나오는 물질인 ㉠은 실제 화산 분출물 중 무엇인지 쓰시오.

( )

핵심 3

현무암은 색깔이 어둡고 마그마가 지표 가까이에서 식어서 만들어져 알갱이의 크기가 작습니다. 화강암은 색깔이 밝고 마그마가 땅속 깊은 곳에서 식어서 만들어져 알갱이의 크기가 큽니다.

8 다음 암석의 이름을 쓰시오.

ㄱ (   )   ㄴ (   )

9 현무암과 화강암의 알갱이 크기를 비교하여 <, =, >로 표시하시오.

현무암 알갱이의 크기	( )	화강암 알갱이의 크기

10 현무암의 특징으로 바른 것은 어느 것입니까?
(   )

① 밝은 색을 띤다.
② 표면에 구멍이 있다.
③ 색깔이 밝고, 여러 가지 색이 있다.
④ 알갱이는 눈으로 구별할 수 있을 정도의 크기이다.
⑤ 마그마가 땅속 깊은 곳에서 서서히 식어서 만들어진다.

11 다음을 만드는 암석의 이름을 쓰시오.

(   )

핵심 4

화산 활동으로 생긴 화산 분출물은 마을을 뒤덮거나 산불을 발생시켜 피해를 주기도 합니다. 그러나 땅속의 높은 열은 온천 개발이나 지열 발전에 활용하기도 하고 화산재는 땅을 기름지게 하여 농작물이 자라는 데 도움을 주기도 합니다.

12 다음과 같은 영향을 주는 화산 분출물은 무엇인지 쓰시오.

> • 땅을 기름지게 한다.
> • 태양 빛을 가려서 동식물에게 피해를 주기도 한다.

(   )

13 화산 활동이 우리 생활에 주는 이로움을 모두 고르시오. (   )

① 산사태가 일어난다.
② 화산재가 땅을 기름지게 한다.
③ 화산재가 산불 방지에 도움을 준다.
④ 땅속의 높은 열은 온천 개발에 활용한다.
⑤ 화산재의 영향으로 날씨 변화가 나타난다.

14 화산이 우리 생활에 주는 영향으로 바르지 않은 것을 기호로 쓰시오.

> ㄱ 화산 분출물은 산불을 발생시켜 피해를 준다.
> ㄴ 화산 가스의 영향으로 화산 발생 지역의 공기가 깨끗해진다.
> ㄷ 화산 주변에 온천을 개발해 관광지로 이용한다.
> ㄹ 화산재의 영향으로 항공기 운항을 어렵게 한다.

(   )

4

단원

핵심 5

땅은 지구 내부에서 작용하는 힘을 **오랫동안 받으면 휘어지거나 끊어지기도 합니다.** 땅이 끊어지면서 흔들리는 것을 **지진**이라고 합니다.

[15~18] 지진 발생 모형실험입니다.

15 위 실험에서 양손으로 우드록을 수평 방향으로 계속 밀면 어떻게 되는지 쓰시오.

_____

16 위 실험 결과 손에서 떨림이 느껴질 때는 언제인지 기호를 쓰시오.

> ㉠ 우드록이 휘어질 때
> ㉡ 우드록이 끊어질 때

( )

17 위 실험에서 사용된 우드록은 실제 자연 현상에서 무엇을 나타내는지 쓰시오.

( )

18 위 실험에 대해 바르게 말한 친구를 쓰시오.

> • 가람: 우드록을 양쪽에서 손으로 미는 힘은 지구 내부에서 작용하는 힘을 의미해.
> • 현지: 지진 발생 모형실험에서 우드록이 끊어지는 것과 실제 지진 모두 짧은 시간 동안 가해진 힘에 의해 발생해.
> • 윤서: 지진은 화산 활동에 의해서만 발생해.

( )

핵심 6

지진의 세기는 규모로 나타내고, 규모의 숫자가 클수록 강한 지진입니다. 규모가 큰 지진이 발생하면 사람이 다치고 건물과 도로가 무너지는 등 인명 및 재산 피해가 생깁니다.

19 지진의 세기를 나타내는 것은 무엇인지 쓰시오.

( )

20 다음 중 가장 강한 지진은 무엇입니까?

( )

① 규모 3.0   ② 규모 4.0
③ 규모 5.0   ④ 규모 6.0
⑤ 규모 7.0

21 최근 우리나라에서 발생한 지진 피해에 대한 설명으로 바른 것을 모두 고르시오.

> ㉠ 규모 5.0 이상의 지진도 발생하고 있다.
> ㉡ 포항과 경주에서 큰 지진 피해가 발생했다.
> ㉢ 지진의 발생 횟수가 점점 줄어들고 있다.
> ㉣ 우리나라는 큰 지진이 일어나지 않으므로 지진의 안전지대이다.

( )

22 지진 피해 사례를 조사하여 알게 된 사실로 바르지 않은 것은 무엇입니까? ( )

① 우리나라도 지진에 대비하는 자세가 필요하다.
② 아시아 지역에서도 큰 규모의 지진이 일어난다.
③ 규모가 큰 지진이 발생하면 인명 피해가 생긴다.
④ 규모가 큰 지진이 발생하면 재산 피해가 생긴다.
⑤ 큰 지진은 다른 나라보다 우리나라에서 주로 발생한다.

지진은 예고 없이 발생하기 때문에 지진에 대비해야 합니다. 지진이 발생하면 침착하게 행동하는 것이 중요하며 상황과 장소에 맞는 올바른 대처 방법에 따라 행동해야 합니다.

23 지진이 발생하기 전에 준비해야 하는 것끼리 바르게 짝지어진 것은 무엇입니까? (   )

① 책, 손전등
② 담요, 게임기
③ 신문, 비상식량
④ 구급약품, 게임기
⑤ 비상식량, 구급약품

24 지진이 발생했을 때 대처 방법으로 바른 것에 ○표 하시오.

> 야외 활동을 할 때에는 높은 건물이나 전신주 등이 (있는 , 없는) 넓은 곳으로 피한다.

25 지진이 발생했을 때, 승강기 안에 있다면 어떻게 해야 하는지 쓰시오.

_____

_____

26 지진이 발생했을 때 교실에 있을 경우 가장 먼저 해야 할 행동은 무엇입니까? (   )

① 구급약품을 찾는다.
② 밖으로 뛰어 나간다.
③ 책상 아래로 들어간다.
④ 가스와 전기를 차단한다.
⑤ 재난 방송을 들을 라디오를 찾는다.

건물을 지을 때에는 지진 발생에 대비해 건물을 설계하고 세워야 합니다. 지진을 견딜 수 있도록 튼튼한 재료, 지진의 진동을 흡수하는 재료를 사용해 지진에 안전한 건물 모형을 만들 수 있습니다.

[27~28] 지진에 안전한 건물 모형을 설계한 것입니다.

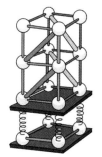

27 오른쪽 건물 모형에서 사용한 재료가 **아닌** 것은 무엇입니까?
(   )

① 수수깡　　② 우드록
③ 용수철　　④ 스펀지
⑤ 이쑤시개

28 위 건물 모형을 만들 때 충격을 흡수하기 위해 사용한 재료는 무엇인지 쓰시오.

(   )

29 지진에 안전한 건물 모형인지 알아보는 방법으로 바른 것을 기호로 쓰시오.

> ㉠ 건물 모형을 바닥으로 떨어뜨려 본다.
> ㉡ 건물 모형을 책상에 고정한 뒤, 책상을 흔들어 본다.

(   )

30 다음 건물에서 대비한 자연 재해는 무엇인지 쓰시오.

> 서울특별시 송파구에 있는 123층 고층 건물은 대한민국에서 가장 높은 건물이다. 이 건물에는 각종 건축 기술이 활용되었으며, 초강도 콘크리트와 철근을 이용해 기초가 다져지고 내진 설계가 되어 있다.

(   )

1 땅속 깊은 곳에서 암석이 녹은 마그마가 지표면으로 분출하여 만들어진 지형은 무엇인지 쓰시오.

( )

2 ( ) 안에 공통으로 들어갈 말은 무엇인지 쓰시오.

- 화산은 ( )가 분출하여 생긴 지형이다.
- 화산이 아닌 산은 ( )가 분출하지 않았다.

( )

3 다음 중 화산인 것을 모두 골라 기호로 쓰시오.

▲ 백두산   ▲ 설악산   ▲ 후지산

( )

4 화산에 대한 설명을 바르게 한 사람은 누구인지 쓰시오.

- 윤지: 화산은 마그마가 분출한 흔적이 있어.
- 석현: 화산은 용암이 흘러내려 주변 지형보다 낮아.
- 민아: 한라산, 북한산, 지리산은 모두 화산이야.

( )

5 화산 분출 모형실험의 순서를 바르게 짝지은 것은 어느 것입니까? ( )

- ㉠ 은박 접시를 삼발이 위에 올려놓는다.
- ㉡ 알루미늄 포일 위에 마시멜로를 놓고 식용 색소를 뿌린다.
- ㉢ 마시멜로를 감싼 알루미늄 포일을 은박 접시 위에 올려놓는다.
- ㉣ 알코올램프에 불을 붙인 뒤 나타나는 현상을 관찰한다.
- ㉤ 알루미늄 포일로 마시멜로를 감싼 뒤 윗부분을 열어 둔다.

① ㉠-㉡-㉢-㉤-㉣   ② ㉠-㉢-㉡-㉤-㉣
③ ㉡-㉢-㉤-㉠-㉣   ④ ㉡-㉤-㉢-㉠-㉣
⑤ ㉢-㉠-㉡-㉤-㉣

[6~7] 다음은 화산 분출 모형실험입니다.

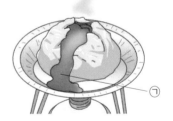

6 화산 분출 모형실험에서 볼 수 있는 모습이 <u>아닌</u> 것은 무엇입니까? ( )

① 알루미늄 포일이 들썩거린다.
② 화산 모형 윗부분에서 연기가 피어오른다.
③ 마시멜로가 은박지 안쪽에서 녹아 없어진다.
④ 화산 모형 윗부분에서 액체인 마시멜로가 흘러나온다.
⑤ 마시멜로가 은박 접시 위로 흘러내린 후 식어 굳는다.

7 화산 분출 모형실험에서 ㉠과 같이 흘러내리는 마시멜로는 실제 화산에서 무엇을 나타내는지 쓰시오.

( )

8 화산 분출물을 고체, 액체, 기체로 쓰시오.

(1) 화산 가스: (   )
(2) 용암: (   )
(3) 화산재: (   )

9 다음을 읽고 바른 것은 ○, 바르지 <u>않은</u> 것은 ×표를 하시오.

(1) 암석을 관찰할 때는 먼저 돋보기를 이용해서 자세히 관찰한 후 눈으로 전체적인 생김새를 관찰합니다. (   )

(2) 암석을 관찰할 때는 검은색 종이 위에 놓고 관찰합니다. (   )

[10~11] 화산이 분출하는 모습입니다.

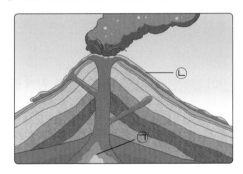

10 ㉠의 위치에서 만들어지는 암석의 특징을 모두 골라 기호를 쓰시오.

보 기
㉠ 현무암   ㉡ 화강암
㉢ 색깔이 어둡다.   ㉣ 색깔이 밝다.

(   )

11 ㉡에서 만들어지는 암석에 대한 설명으로 바르지 <u>않은</u> 것은 무엇입니까? (   )

① 촉감이 거칠거칠하다.
② 알갱이의 크기가 매우 작다.
③ 겉에 크고 작은 구멍이 뚫려 있다.
④ 화산 활동에 의해 만들어진 암석이다.
⑤ 마그마가 서서히 굳으면서 만들어진다.

12 화성암 중에서 (   ) 안에 들어갈 암석이 순서대로 짝지어진 것을 고르시오. (   )

• (   )으로 제주도에서 돌담, 맷돌, 돌하르방을 만든 것을 보았다.
• 석굴암이나 불국사의 돌계단 등이 (   )으로 만들어진 것을 보았다.

① 현무암－이암
② 이암－화강암
③ 이암－현무암
④ 현무암－화강암
⑤ 화강암－현무암

[13~14] 화산이 우리 생활에 주는 영향입니다.

㉠   ㉡   ㉢

▲ 온천   ▲ 화산재가 쌓인 마을   ▲ 지열 발전

13 화산 활동이 우리 생활에 주는 이로움을 모두 골라 기호를 쓰시오.

(   )

서술형

14 위 13번에서 화산 활동이 우리에게 주는 피해를 골라 기호를 쓰고, 그것으로 인한 피해를 한 가지 쓰시오.

_____

_____

[15~16] 지진 발생 모형실험입니다.

㉠

㉡

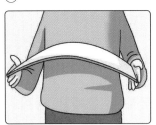

15 위의 실험 모습 중 손의 떨림을 느낄 수 있는 것은 어느 것인지 기호를 쓰시오.

( )

16 ( ) 안에 알맞은 말을 쓰시오.

> 실험에서 우드록은 땅을 나타내고, 양쪽에서 손으로 미는 힘은 ( )을 나타낸다.

( )

17 다음은 신문 기사의 제목입니다. ( ) 안에 들어갈 말을 쓰시오.

> 경상북도 포항에서
> ( ) 5.4의 지진 발생!

( )

18 다음 표에서 최근 우리나라에서 발생한 지진 중 가장 강한 지진이 일어났을 때는 언제인지 쓰시오.

연도	발생 지역	규모	피해 내용
2018	경상북도 포항시	4.6	부상자 발생
2017	경상북도 포항시	5.4	부상자 및 이재민 발생, 건물 훼손
2016	경상북도 경주시	5.8	부상자 발생, 건물 균열, 지붕과 담장 파손

( )

19 지진이 발생한 후 재난 방송 청취를 위해 필요한 비상용품은 어느 것입니까? ( )

① 손전등   ② 라이터
③ 라디오   ④ 통조림
⑤ 소화기

20 지진에 안전한 건물 모형을 설계한 후, 잘 만들었는지 확인하기 위한 방법으로 가장 알맞은 것은 무엇입니까? ( )

① 제작한 건물 모형 위에 책을 떨어뜨린다.
② 제작한 건물 모형에 분무기로 물을 뿌린다.
③ 제작한 건물 모형에 자석을 갖다 대어 본다.
④ 제작한 건물 모형을 책상에 고정하고 흔든다.
⑤ 제작한 건물 모형 옆에서 선풍기 바람을 보낸다.

[1~2] 우리나라에 있는 화산입니다.

▲ 한라산

▲ 백두산

▲ 울릉도

1 위의 화산 중 꼭대기에 호수가 있는 것을 모두 골라 기호를 쓰시오.

( )

2 꼭대기에 평지가 있는 화산은 어느 것인지 기호를 쓰시오.

( )

3 보 기 에서 화산과 화산이 아닌 산의 특징을 분류하여 기호를 쓰시오.

보 기
㉠ 대부분 꼭대기가 뾰족하다.
㉡ 꼭대기에 물이 고여 있는 것도 있다.
㉢ 꼭대기에 분화구가 없다.
㉣ 꼭대기에 분화구가 있는 것도 있다.

(1) 화산인 산	(2) 화산이 아닌 산

4 오른쪽 화산의 특징으로 바르지 않은 것은 무엇입니까? ( )

▲ 킬라우에아산

① 완만한 경사를 이룬다.
② 분화구가 여러 개 있다.
③ 용암이 흐르는 모습을 볼 수 있다.
④ 원뿔 모양으로 높이가 높고 뾰족하다.
⑤ 분화구에서 화산 활동이 일어나고 있다.

5 보 기 의 물질들을 무엇이라고 하는지 쓰시오.

보 기
화산 암석 조각, 용암,
화산재, 화산 가스

( )

6 ㉠, ㉡, ㉢의 화산 분출물을 각각 쓰시오.

㉠

㉡

㉢

㉠: ( )
㉡: ( )
㉢: ( )

7 다음을 읽고 바른 것은 ○표, 바르지 않은 것은 ×표를 하시오.

(1) 화산재와 화산 가스는 모두 기체입니다.

( )

(2) 화산 가스에는 여러 가지 기체가 섞여 있으며 화산 가스의 대부분은 수증기입니다.

( )

(3) 화산 암석 조각은 고체로 크기가 모두 같습니다.

( )

중요

8 화산 분출 모형실험과 실제 화산 활동으로 나오는 화산 분출물을 비교하여 선으로 연결하시오.

화산 분출 모형실험		화산 분출물
(1) 흐르는 마시멜로	•	• ㉠ 용암
(2) 연기	•	• ㉡ 화산 암석 조각
(3) 굳은 마시멜로	•	• ㉢ 화산 가스

9 가람이는 인터넷에서 다음 암석에 대해 자세히 조사하려고 합니다. 검색어로 쓸 수 있는 암석의 이름을 쓰시오.

( )

중요

10 현무암과 화강암의 공통점은 무엇입니까?

( )

① 땅속 깊은 곳에서 만들어진다.
② 제주도에 가면 많이 볼 수 있다.
③ 알갱이가 매우 작으며 색이 어둡다.
④ 화산 가스가 빠져나간 구멍이 있다.
⑤ 마그마의 활동으로 만들어진 화성암이다.

서술형

11 현무암의 특징으로 바르지 <u>않은</u> 것을 골라 기호로 쓰고 바르게 고쳐 쓰시오.

> ㉠ 색깔이 어둡고 구멍이 나 있다.
> ㉡ 표면을 만져보면 까칠까칠하다.
> ㉢ 마그마가 지표 가까이에서 식어서 만들어져 알갱이의 크기가 크다.

(1) 바르지 <u>않은</u> 것: ( )

(2)

_____

_____

12 제주도의 돌하르방을 만든 암석에 대한 설명으로 바른 것은 무엇입니까? ( )

① 어둡고 표면이 거칠다.
② 촉감이 거칠고 반짝이는 알갱이가 있다.
③ 암석에 여러 가지 색깔이 포함되어 있다.
④ 건물의 기둥이나 비석 등을 만드는 데 이용한다.
⑤ 마그마가 땅속 깊은 곳에서 식어서 만들어진 것이다.

응용

13 ( ) 안에 들어갈 말을 차례대로 짝지은 것은 무엇입니까? ( )

> • 화산 활동으로 인한 땅속의 높은 열은 온천을 개발하거나, ( ) 발전에 활용하여 전기를 생산한다.
> • ( )는 땅을 기름지게 하여 농작물이 자라는 데 도움을 주기도 한다.

① 수력, 화산재   ② 수력, 화산 가스
③ 지열, 화산재   ④ 지열, 화산 가스
⑤ 화력, 화산재

14 다음 중 화산을 관광 산업으로 이용한 예에 ○표 하시오.

(1)

▲ 지열 발전

(2)

▲ 용암 동굴

( )   ( )

15 다음과 같은 자연 현상은 무엇인지 쓰시오.

( )

16 지진 발생 모형실험에서 실제 지진이 발생하는 모습을 나타내는 것은 무엇인지 모두 고르시오.

( )

① 양손으로 우드록을 잡는다.
② 우드록이 끊어져도 아무 느낌이 없다.
③ 우드록을 계속 밀어 우드록이 끊어진다.
④ 우드록이 끊어지며 손에 떨림이 전달된다.
⑤ 우드록을 수평 방향으로 밀면 가운데가 휘어진다.

17 다음 표를 보고 가장 강한 지진이 일어난 지역은 어디인지 쓰시오.

연도	발생 지역	규모	피해 내용
2018	대만	6.0	사망 및 실종자 발생, 호텔 붕괴
2017	일본	5.6	전봇대 파손, 건물 손상
2016	네팔	7.9	사망 및 실종자 발생, 건물 붕괴

( )

18 포항과 경주의 지진 중 세기가 더 큰 곳과 까닭을 쓰시오.

연도	발생 지역	규모	피해 내용
2018	포항시	4.6	부상자 발생
2017	포항시	5.4	부상자 및 이재민 발생, 건물 훼손
2016	경주시	5.8	부상자 발생, 건물 균열, 지붕과 담장 파손

19 지진이 발생했을 때 바르게 행동한 사람은 누구입니까? ( )

① 민준: 지진이 발생하자 바로 밖으로 뛰어 나갔다.
② 수아: 지하철에 있을 때 문을 바로 열어 탈출했다.
③ 하늘: 야외 활동을 할 때 높은 건물 쪽으로 피했다.
④ 나연: 구급약품이나 비상식량 가방을 준비하러 갔다.
⑤ 성호: 교실 책상 밑으로 들어가 머리를 보호했다.

20 지진의 흔들림이 멈추었을 때 집에서 해야 할 일은 어느 것입니까? ( )

① 난방을 켠다.
② 선풍기를 켠다.
③ 가스 밸브를 잠근다.
④ 수돗물을 틀어 놓는다.
⑤ 방 문을 다 닫아 놓는다.

1 화산이 분출하는 모습을 나타낸 것은 어느 것인지 기호를 쓰시오.

> ㉠ 친구들과 손을 잡고 산 모양을 만든다.
> ㉡ 친구들 사이에 있던 친구가 밖으로 뛰어나와 데굴데굴 구르다 멈춘다.
> ㉢ 친구들이 누워서 진동을 느끼고 서로 밀다가 멀어진다.

(   )

2 우리나라에 있는 화산 중 꼭대기에 평지가 있는 것은 어느 것입니까? (   )

① 한라산   ② 백두산
③ 울릉도   ④ 설악산
⑤ 북한산

3 화산의 모습과 특징을 바르게 선으로 연결하시오.

(1) 후지산 ・   ・㉠ 산꼭대기에 호수가 있다.

(2) 백두산 ・   ・㉡ 완만한 경사를 이루고, 분화구가 여러 개이다.

(3) 킬라우에아산 ・   ・㉢ 높이가 높고 뾰족하며 산꼭대기에 분화구가 있다.

4 화산에 대한 설명으로 바른 것은 ○표, 바르지 않은 것은 ×표 하시오.

(1) 화산의 꼭대기에는 분화구가 없습니다.

(   )

(2) 화산 분화구에 물이 고여 커다란 호수나 물 웅덩이가 생기기도 합니다. (   )

(3) 화산은 땅속에서 마그마가 굳어서 생긴 지형입니다. (   )

5 화산 분출 모형실험을 할 때 흐르는 용암을 실감나게 표현하기 위해 마시멜로와 함께 사용하는 재료는 무엇입니까? (   )

① 식초   ② 소금
③ 점화기   ④ 알루미늄 포일
⑤ 빨간색 식용 색소

6 화산 분출물에 대한 설명으로 바르지 않은 것은 어느 것인지 기호를 쓰시오.

> ㉠ 화산 가스는 기체고, 대부분 수증기이다.
> ㉡ 용암은 고체이며, 마그마가 지표면을 뚫고 나온 것이다.
> ㉢ 화산재와 화산 암석 조각은 고체인 화산 분출물이다.

(   )

7 화산 분출 모형실험에서 나오는 연기가 실제 화산에서 나타내는 것은 무엇입니까? (   )

① 용암   ② 화산재
③ 마그마   ④ 화산 가스
⑤ 화산 암석 조각

8 다음에서 '나'는 화산 분출물 중 무엇인지 쓰시오.

> '나'는 땅속에서 너무 뜨거워 땅으로 나왔어. '나'는 붉은색이고 부글거리면서 땅 위를 흐르는데 마치 초콜릿이 녹은 것처럼 보여.

(   )

9 다음에서 설명하는 암석은 무엇인지 쓰시오.

> • 마그마의 활동으로 만들어진 암석이다.
> • 대표적으로 현무암과 화강암이 있다.

(   )

10 현무암과 화강암의 공통적인 특징은 무엇입니까?

(   )

① 암석이 부드럽다.
② 암석의 색깔이 어둡다.
③ 알갱이의 크기가 크다.
④ 암석이 땅속 깊은 곳에서 만들어졌다.
⑤ 암석이 마그마의 활동으로 만들어졌다.

서술형

11 화강암을 이루고 있는 알갱이의 크기가 현무암보다 큰 까닭을 쓰시오.

_____

12 다음과 같이 우리 주변에서 본 암석의 특징은 무엇입니까? (   )

① 퇴적암이다.
② 밝은색의 암석이다.
③ 알갱이의 크기가 크다.
④ 만져 본 느낌이 매끄럽다.
⑤ 겉표면에 크고 작은 구멍이 있다.

13 화산 활동이 우리 생활에 주는 이로운 점은 무엇입니까? (   )

① 지진이 일어난다.
② 산불이 일어난다.
③ 지열 발전에 활용한다.
④ 집과 농경지가 묻힌다.
⑤ 항공기 운항이 어렵다.

14 화산 분출물 중 다음과 같은 영향을 주는 것은 무엇인지 쓰시오.

> • 땅이 기름져진다.
> • 호흡기 질병에 걸릴 수 있다.
> • 햇빛을 가려 날씨가 변한다.

(   )

15 다음 실험과 같이 우드록을 수평 방향으로 계속 밀었을 때 우드록이 끊어지고 소리가 나는 현상은 실제 자연에서 무엇인지 쓰시오.

(   )

16 지진에 대한 설명으로 바르지 않은 것은 무엇입니까? (   )

① 지진은 갑자기 가해진 힘에 의해 일어난다.
② 지진 모형실험에서 우드록은 땅을 의미한다.
③ 지구 내부에서 작용하는 힘 때문에 일어난다.
④ 우드록에 힘을 주었을 때 우드록이 끊어질 때 떨림은 지진이다.
⑤ 양손으로 우드록을 손으로 계속 미는 것은 지구 내부에서 작용하는 힘을 나타낸다.

17 (   ) 안에 공통적으로 들어갈 말을 쓰시오.

> 2010년 아이티 공화국에서는 (   ) 7.0의 강력한 지진이 일어나 많은 인명피해가 있었으며 2016년 에콰도르에서는 (   ) 7.8의 지진으로 700여 명이 사망하였다.

(   )

18 지진이 발생하기 전에 해야 할 일로 바르지 않은 것은 무엇입니까? (   )

① 지진에 안전한 건물을 짓는다.
② 구급약품, 비상식량 등을 준비한다.
③ 무거운 물건은 위쪽으로 올려놓는다.
④ 손전등, 휴대용 라디오 등을 준비한다.
⑤ 지진이 발생하였을 때의 대피 장소를 미리 알아둔다.

19 학교에서 지진이 발생했을 때 대피 방법으로 바른 것을 모두 골라 기호를 쓰시오.

> ㉠ 창문으로 뛰어 내린다.
> ㉡ 선생님의 지시에 따라 행동한다.
> ㉢ 책상 밑으로 들어가 머리와 몸을 보호한다.
> ㉣ 교실에 있는 책장 옆에 서서 책장을 꼭 잡는다.

(   )

🖊️서술형

20 지진에 안전한 건물 모형을 설계할 때 다음과 같이 용수철을 사용한 까닭은 무엇인지 한 가지 쓰시오.

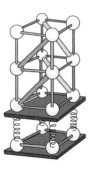

1 화산의 특징으로 바르지 <u>않은</u> 것은 무엇입니까? ( )

① 화산의 생김새는 다양하다.
② 분화구에 물이 고이기도 한다.
③ 한라산과 백두산에는 분화구가 있다.
④ 대부분의 화산은 꼭대기가 뾰족하다.
⑤ 경사가 급한 것도 있고, 완만한 것도 있다.

2 ( ) 안에 공통으로 들어갈 말은 무엇인지 쓰시오.

- ( )은 땅속 깊은 곳에서 마그마가 분출하여 생긴 지형이다.
- ( )은 용암이나 화산재가 쌓여 주변 지형보다 높다.
- ( )이 아닌 산은 분화구가 없다.

( )

3 다음 산에 대한 설명으로 바른 것을 모두 고르시오. ( )

▲ 백두산

▲ 울릉도 성인봉

① 두 지형 모두 산꼭대기에 호수가 있다.
② 백두산은 산꼭대기가 뾰족한 모습이다.
③ 두 지형 모두 화산 활동으로 인해 생겼다.
④ 울릉도 성인봉은 산꼭대기에 평지가 있다.
⑤ 두 지형 모두 분화구를 여러 개 볼 수 있다.

4 오른쪽 화산 분출 모형실험에서 볼 수 있는 모습이 <u>아닌</u> 것은 무엇입니까? ( )

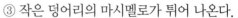

① 알루미늄 포일이 들썩거린다.
② 화산 모형 윗부분에서 연기가 피어오른다.
③ 작은 덩어리의 마시멜로가 튀어 나온다.
④ 흘러나온 마시멜로는 모두 증발하여 없어진다.
⑤ 화산 모형 윗부분에서 액체인 마시멜로가 흘러 나온다.

5 위 4번 화산 분출 모형실험에서 나오는 연기는 실제 화산 분출물에서 무엇인지 쓰시오.

( )

6 화산 분출물에 대한 설명으로 바른 것은 ○표, 바르지 않은 것은 ×표 하시오.

(1) 화산 암석 조각은 고체입니다. ( )
(2) 화산 가스는 기체입니다. ( )
(3) 용암에서 기체가 빠져나간 액체는 마그마입니다. ( )

7 현무암과 화강암이 만들어지는 장소를 기호로 쓰시오.

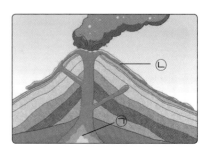

(1) 현무암이 만들어지는 곳: ( )
(2) 화강암이 만들어지는 곳: ( )

8 현무암과 화강암의 알갱이의 크기가 다른 까닭은 무엇입니까? ( )

① 마그마의 색깔 때문이다.
② 마그마의 온도 때문이다.
③ 마그마의 부피 때문이다.
④ 마그마가 식는 빠르기 때문이다.
⑤ 마그마가 흐르는 속도 때문이다.

9 현무암에 구멍이 많은 까닭은 무엇입니까?

( )

① 굳으면서 갈라지기 때문이다.
② 마그마가 천천히 굳기 때문이다.
③ 화산 가스가 빠져나갔기 때문이다.
④ 벌레들이 구멍을 뚫고 들어갔기 때문이다.
⑤ 풍화 작용으로 인해 구멍이 생기기 때문이다.

10 암석과 우리 주변에서 암석으로 만들어진 것을 바르게 선으로 연결하시오.

(1) 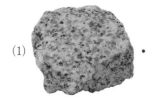 •

• ㉠ 불국사의 돌계단

(2)  •

• ㉡ 제주도의 돌하르방

[11~12] 다음은 화산 활동이 우리 생활에 주는 영향입니다.

㉠  ㉡

㉢  ㉣

11 위에서 화산 활동이 우리 생활에 주는 이로움을 모두 골라 기호를 쓰시오.

( )

🖊️ 서술형

12 위 ㉠은 화산 활동이 우리 생활에 주는 영향 중 무엇을 나타낸 것인지 쓰시오.

_____

_____

13 다음 재난 문자와 관련한 자연 현상은 무엇인지 쓰시오.

긴급 재난 문자

[기상청] 16:49 경상북도 포항시 북구 북쪽 8km 지역 규모 4.6 지진 발생 안전에 주의 바랍니다.

( )

14 양손으로 우드록을 수평 방향으로 밀어 지진 발생 모형실험을 하였습니다. 지진 발생 모형실험과 실제 자연 현상을 비교하였을 때 나타내는 현상을 쓰시오.

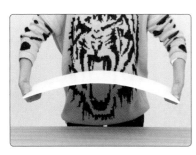

(1) 우드록: (   )
(2) 양손으로 미는 힘: (   )

15 오른쪽 자연 현상을 나타낸 실험 모습은 어느 것인지 기호를 쓰시오.

ㄱ

ㄴ

(   )

16 (   ) 안에 들어갈 말을 쓰시오.

지진 발생 모형실험에서는 짧은 시간 동안 가해진 힘에 의해 끊어지지만, 실제 지진은 오랜 시간 동안 (   )이 축적되어 발생한다.

(   )

17 다음에서 설명하는 것은 무엇인지 쓰시오.

- 지진이 발생했을 때 나타내는 단위이다.
- 숫자가 클수록 강한 지진이다.
- 숫자 1이 증가할 때마다 방출된 에너지의 크기는 약 30배씩 증가한다.

(   )

18 지진 피해 사례를 조사하고 알게 된 사실로 바르지 않은 것은 무엇입니까? (   )

① 우리나라도 지진에 대비해야 한다.
② 지진의 규모가 클수록 피해도 크다.
③ 우리나라는 지진에 안전한 지역이다.
④ 우리나라에서도 규모 5.0 이상의 지진이 발생했다.
⑤ 일본, 중국, 미국 등 여러 나라에서 지진이 발생했다.

4 단원

19 지진이 발생했을 때 대처하는 방법으로 바른 것은 ○표, 바르지 않은 것은 ×표 하시오.

(1) 지진의 흔들림이 멈췄을 때는 승강기를 이용해 신속하게 대피합니다. (   )
(2) 교실에서는 책상 밑으로 들어가 머리와 몸을 보호하고 책상 다리를 꼭 잡습니다.

(   )

🖊 서술형
20 지진이 발생한 후에 부상자가 있는 것을 확인하면 어떻게 해야 하는지 한 가지 쓰시오.

 다음은 화산 분출 모형실험 과정을 나타낸 것입니다. 이 실험의 결과를 쓰시오.

- 알루미늄 포일 위에 마시멜로를 놓고 식용 색소를 뿌린다.
- 알루미늄 포일로 마시멜로를 감싼 뒤 윗부분을 열어 둔다.
- 마시멜로를 감싼 알루미늄 포일을 은박 접시 위에 올려놓는다.
- 은박 접시를 삼발이 위에 올려놓는다.
- 알코올램프에 불을 붙인 뒤 나타나는 현상을 관찰한다.

화산 분출 모형실험과 실제 화산 활동 비교

화산 분출 모형실험	실제 화산 활동
연기	화산 가스
흐르는 마시멜로	용암
굳은 마시멜로	화산 암석 조각

2 다음은 화성암의 대표적인 암석인 현무암입니다. 현무암의 특징을 세 가지 쓰시오.

(1)

(2)

(3)

화강암의 특징

- 밝고 여러 가지 색입니다.
- 알갱이의 크기가 큽니다.
- 대체로 밝은 바탕에 검은색 알갱이가 보입니다.
- 반짝이는 알갱이가 있습니다.
- 마그마가 땅속 깊은 곳에서 서서히 식어서 만들어집니다.

3 다음은 화산 활동이 우리 생활에 주는 영향입니다. 우리 생활에 주는 이로운 점을 골라 기호를 쓰고, 그 이외의 이로운 점을 한 가지 더 쓰시오.

▲ 산불

▲ 농작물 피해

▲ 지열 발전

▲ 온천 개발

화산 활동의 피해

• 화산 분출물이 마을을 뒤덮어 피해를 줍니다.
• 화산 분출물이 산불을 발생시켜 피해를 줍니다.
• 화산재와 화산 가스의 영향으로 호흡기 질병이 생깁니다.
• 화산 분출물로 인해 날씨의 변화가 생깁니다.
• 농작물이 피해를 입습니다.
• 항공기 운항에 방해를 줍니다.

4 최근에 우리나라에서 발생한 지진 피해 사례입니다. 이 자료를 통해 느낀 점을 한 가지 쓰시오.

연도	발생 지역	규모	피해 내용
2018	경상북도 포항시	4.6	부상자 발생
2017	경상북도 포항시	5.4	부상자 및 이재민 발생, 건물 훼손
2016	경상북도 경주시	5.8	부상자 발생, 건물 훼손, 지붕과 담장 파손

지진 발생 전과 후의 대처 방법

① 지진 발생 전
  • 흔들리는 물건을 고정합니다.
  • 구급약품을 준비합니다.
  • 비상 식량을 준비합니다.
② 지진 발생 후
  • 부상자를 응급 조치합니다.
  • 재난 방송을 청취합니다.

5. 물의 여행

🌸 물을 주지 않아도 되는 실내 정원

(1) 만드는 방법

① 투명한 플라스틱 컵에 꽃삽으로 거름흙을 $\frac{1}{3}$ 정도 넣습니다.

② 그 위에 식물을 세우고, 식물의 뿌리가 충분히 묻힐 정도로 다시 거름흙을 넣습니다. ──→식물을 세울 때에는 줄기를 잡고 세웁니다.

③ 물이 담긴 분무기로 식물과 거름흙에 물을 뿌립니다.

④ 다른 플라스틱 컵을 ③의 플라스틱 컵 위에 거꾸로 올리고, 그 사이를 셀로판테이프로 붙입니다.

(2) 물을 계속 주지 않아도 식물이 자라는 까닭: 처음 만들 때 분무기를 이용해 주었던 물이 증발하여 밖으로 나가지 못하고 플라스틱 컵 안에 머물기 때문입니다.

🌸 물은 어떻게 여행할까요?

(1) 물의 순환 과정 실험 1

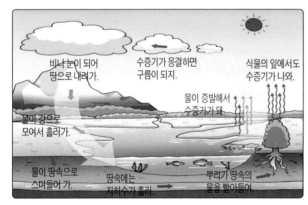

① 땅에 내린 빗물은 호수와 강, 바다, 땅속에 머물다가 공기 중으로 증발하거나 식물의 뿌리로 흡수되었다가 잎에서 수증기가 됩니다.

② 공기 중의 수증기가 하늘 높이 올라가 응결하면 구름이 되고, 다시 비나 눈이 되어 바다나 육지로 내립니다.

③ 땅에 내린 비나 눈은 땅속으로 스며들거나 강으로 흘러들어 바다로 흘러갑니다.

(2) 물의 순환

① 물의 상태가 변하면서 육지, 바다, 공기 중, 생명체 등 여러 곳을 끊임없이 돌고 도는 과정입니다.

② 물은 순환하지만 지구 전체 물의 양은 변하지 않습니다.
  └─→물은 상태가 변하면서 순환합니다.

실험 1 물의 순환 실험 장치

실험 방법

• 조각 얼음 다섯 개를 투명한 플라스틱 컵에 담고 지퍼 백에 담아 지퍼를 닫습니다.

• 전자저울로 지퍼 백의 무게를 잽니다.

• 햇볕이 잘 드는 창문에 지퍼 백을 셀로판테이프로 고정하여 물의 순환 실험 장치를 만듭니다.

• 3일 동안 물의 순환 실험 장치에서 어떤 변화가 나타나는지 관찰합니다.

• 3일이 지난 뒤 지퍼 백을 떼어 내 전자저울로 무게를 재고 처음 측정한 무게와 비교해 봅니다.

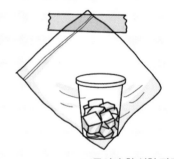

▲ 물의 순환 실험 장치

3일 동안 물의 순환 실험 장치에서의 변화

• 햇볕이 잘 들어오는 창문에 매달아 놓으면 얼음이 녹기 시작합니다.

• 플라스틱 컵 안의 얼음은 녹고 지퍼 백 위쪽에는 물방울이 맺힙니다.

• 지퍼 백 안쪽에 맺힌 물방울이 흘러내려 바닥에 모입니다.

• 플라스틱 컵 안의 물의 양은 줄어들고 컵 밖의 물의 양은 늘어납니다.

• 물의 순환 실험 장치의 처음 무게와 3일이 지난 뒤의 무게는 같습니다.

개념을 **확인해요**

● 물의 순환 실험 장치를 통해 지구에서의 물의 순환 과정 추리하기

- 플라스틱 컵 안에 있던 얼음은 녹아서 물이 되고, 이 물은 증발하여 수증기가 되어 지퍼 백 안에 머무릅니다.
- 지퍼 백 안의 수증기는 지퍼 백 밖의 차가운 공기 때문에 응결하여 지퍼 백 안쪽 면을 타고 아래로 떨어지고, 이런 현상이 반복해서 일어납니다.
- 물의 순환 실험 장치의 처음 무게와 3일이 지난 뒤의 무게는 같습니다.
- 얼음, 물, 수증기 등 물의 상태가 변하면서 끊임없이 돌고 돌지만, 실험 전후의 무게가 같다는 것을 통해 물의 전체 양은 변하지 않는다는 것을 알 수 있습니다.
- 지구에서도 물은 순환하지만 지구 전체 물의 양은 변하지 않습니다.

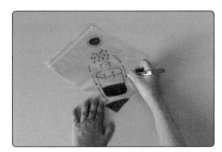

▲ 물의 순환 실험 장치의 물의 순환 과정을 그림으로 그리기

용 어 풀 이

✵ 정원   집안에 있는 뜰이나 꽃밭
✵ 거름흙   영양분이 많아 식물이 잘 자라는 흙
✵ 순환   주기적으로 반복되거나 되풀이되어 돎.

1 식물이 살아가는 데는 ☐ , 공기, 햇빛 등이 필요합니다.

2 강이나 바다에서 물은 ☐☐ 상태입니다.

3 물은 공기 중에서는 기체 상태의 ☐☐ 로 상태가 바뀝니다.

4 물은 ☐☐ 가 변하면서 끊임없이 이동합니다.

5 땅에 내린 빗물은 호수와 강, 바다, 땅속에 머물다가 공기 중으로 ☐☐ 합니다.

6 물이 상태가 변하면서 육지, 바다, 공기 중, 생명체 등 여러 곳을 끊임없이 돌고 도는 과정을 ☐☐☐☐ 이라고 합니다.

7 물은 ☐☐ 하지만 지구 전체 물의 양은 변하지 않습니다.

8 물의 순환 실험 장치의 처음 무게와 3일이 지난 뒤의 무게는 ☐☐☐☐ .

5 단원

5. 물의 여행

🌸 물은 어떻게 이용될까요?

(1) 다양하게 이용되는 물 예 ──→물건과 주변을 깨끗하게 만들고, 생명을 유지시킵니다.

① 공장에서 물건을 만들 때 이용합니다.

② 흐르는 물이 만든 다양한 지형을 관광 자원으로 이용합니다.

③ 생선이 상하지 않도록 얼음을 이용합니다.

④ 물이 떨어지는 높이 차이를 이용해 전기를 만듭니다.

⑤ 농작물을 키웁니다.

⑥ 물건과 주변을 깨끗하게 만듭니다.

⑦ 생명을 유지시킵니다.

(2) 물의 중요성

① 물은 식물이나 동물의 몸속을 순환하면서 생명을 유지시킵니다.

② 빗물이 땅속에 스며들어 나무와 풀을 자라게 합니다.

🌸 물 부족 현상을 어떻게 해결할까요?

(1) 세계 여러 나라에서 물이 부족한 까닭 [탐구1]

① 아프리카와 같이 비가 적게 내리고 물이 빨리 증발되는 지역이 있습니다.

② 인구의 증가와 산업 발달로 물 이용량이 늘고, 물이 심하게 오염되어 사람이 이용할 수 있는 깨끗한 물의 양이 줄었습니다.

(2) 물 부족 현상을 해결하는 방법 [탐구2] ──→우리가 이용한 물을 다시 이용할 수 있을 때까지는 시간이 많이 걸리므로 물을 아껴 쓰고 소중히 다루어야 합니다.

① 기름기가 있는 그릇은 휴지로 닦고 설거지를 합니다.

② 빨래는 모아서 한꺼번에 합니다.

③ 물이 심각하게 부족할 경우 인공 강우처럼 구름에 화학 약품을 뿌려 비를 내리도록 합니다. ──→일시적으로 가뭄을 해소할 수 있고, 스모그를 없애 하늘을 맑게 하는 데 쓰입니다.

④ 단독 주택이나 공용 시설에는 빗물 저장조를 설치해서 청소할 때 이용합니다. ──→샴푸나 세제를 많이 사용하지 않는 것도 물 부족 현상을 해결하는 방법입니다.

🌸 물의 순환을 이용해 물 모으는 장치 설계하기 예 [실험1]

① 토의한 내용을 바탕으로 물 모으는 장치의 모양을 정해 봅니다.

② 물 모으는 장치를 구체적으로 그려 봅니다.

③ 설계도에 각 부분별로 설명을 써 봅니다.

④ 물 모으는 장치의 특징이 잘 드러나도록 이름을 정해 봅니다.

[탐구1] **나라별 물 부족 현황**

• 중국, 인도, 아프리카 등은 물이 부족해질 가능성이 있거나 물이 부족한 나라입니다.

• 우리나라도 물이 부족한 나라입니다.

• 이용할 수 있는 물이 풍부한 곳이 있는가 하면 심각하게 부족한 곳도 있습니다.

[탐구2] **빗물 저금통**

• 물을 아껴 쓰기 위해 빗물을 모아 화단에 물을 주는 빗물 저금통을 활용합니다.

• 빗물 저금통은 건물 옥상에서 배수관으로 내려가는 빗물이 모이도록 연결관으로 물길을 만든 것입니다.

• 빗물 저금통에 모아진 빗물은 텃밭에 물을 주거나 화장실 변기에 연결해서 쓰기도 합니다.

[실험1] **물 모으는 장치 예**

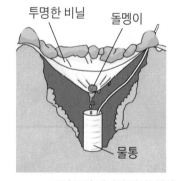

투명한 비닐　　돌멩이

물통

▲ 꼬깔 모양 과자의 변신! 워터콘

• 햇볕이 잘 드는 곳에 위의 그림처럼 구덩이를 파서 설치하면 흙에서 증발한 수증기가 응결되어 투명한 비닐에 맺힌 물이 아래로 떨어져 물통에 모입니다.

• 파 놓은 구덩이의 모양이 꼬깔 모양의 과자를 닮아서 '워터콘'이라고 합니다.

오염된 물을 정화해 물을 모으는 장치

• 행복한 대야: 물가까지 다가가는 동안 뜨거운 햇살을 피하게 해 주는 모자이면서 동시에, 물에 담가 외부의 흙탕물을 여과하여 정화된 물을 내부에 모으게 하는 장치입니다.

• 워터콘: 오염된 물이나 흙탕물에 워터콘을 덮고 기다리면 태양열로 인해 증류되고, 내부의 벽면을 따라 물이 바닥에 모이게 됩니다.

출처: 물정보포털(http://www.water.or.kr)

물 모으는 장치 - 와카워터

• 이탈리아의 디자이너 아르투로 비토리(Arturo Vittori)가 아프리카 에티오피아 아이들을 돕기 위해 만든 것입니다.

• 낮과 밤의 기온 차가 큰 아프리카의 지역적 특성을 활용하여 이슬을 새로운 식수원으로 생각했습니다.

• 와카워터가 공기 중에서 물을 만들어 내는 원리는 낮과 밤의 기온 차이가 커지면 풀잎에 이슬이 맺히는 것과 같은 원리입니다.

• 사막의 큰 일교차로 인해 밤새 맺힌 이슬이 그물을 타고 흘러내려가 바닥에 있는 그릇으로 물이 모이는 것입니다.

용 어 풀 이

❋ 유지 어떤 상태나 상황을 그대로 보존하거나 변함없이 계속하여 지탱함.
❋ 인공 강우 사람이 구름의 씨를 뿌려서 구름의 성질을 변화시켜 인공적으로 비를 내리게 하는 것
❋ 배수관 물을 나누어 보내주는 관
❋ 고깔 위 끝이 뾰족하게 생긴 모자

개념을 확인해요

1 공장에서 물건을 만들 때 ☐ 을 이용합니다.

2 농작물을 키울 때 ☐ 을 이용합니다.

3 ☐☐ 이 많아져 물 이용량이 늘어나면서 물이 점점 부족해지고 있습니다.

4 ☐☐ 이 오염되어 이용할 수 있는 깨끗한 물이 줄어들고 있습니다.

5 우리나라도 ☐ 이 부족한 나라 중 하나입니다.

6 인구 증가와 산업 발달로 ☐ 이용량이 늘었습니다.

7 우리가 이용했던 물을 다시 이용할 수 있을 때까지 ☐☐ 과 ☐☐ 이 많이 듭니다.

8 물을 아껴 쓰기 위해 빗물을 모아 화단에 물을 주는 ☐☐ 저금통을 활용합니다.

5
단원

식물이 살아가는 데에는 물, 공기, 햇빛 등이 필요하며, 투명한 플라스틱 컵을 이용해 계속 물을 주지 않아도 되는 실내 정원을 꾸밀 수 있습니다.

1 오른쪽 그림을 보고 ( ) 안에 알맞은 말을 쓰시오.

투명한 플라스틱 컵이나 페트병을 이용해서 계속 물을 주지 않아도 되는 ( )을 꾸밀 수 있다.

( )

2 다음을 읽고 바른 것은 ○표, 바르지 않은 것은 ×표를 하시오.

(1) 실내 정원을 꾸미는 데 적당한 식물은 성장 속도가 느린 식물입니다. ( )

(2) 검은색 용기를 이용하여 다양한 형태로 실내 정원을 만들 수 있습니다. ( )

3 실내 정원에 물을 주지 않아도 되는 까닭으로 ( ) 안에 들어갈 말을 쓰시오.

처음 만들 때 주었던 물이 ( )하여 밖으로 나가지 못하고 플라스틱 컵 안에 머물기 때문이다.

( )

물은 한곳에 머무르지 않고 모습을 바꾸며 자유롭게 돌아다닙니다. 머물러 있는 곳에 따라 물의 상태도 달라집니다.

[4~7] 다음은 방울이의 여행 이야기입니다.

난 친구들과 함께 바다에서 헤엄을 치고 놀다가 어느 따스한 오후에 하늘로 올라가게 되었어. 하늘 높이 올라가니 점점 추워졌고, 나는 (㉠)이(가) 되어 있었어. 나는 바람의 도움으로 이곳저곳을 여행하고 다녔지.

바람을 타고 더 높은 곳으로 올라가던 어느 날, 갑자기 내가 주변의 친구들과 엉겨 붙더니 땅으로 '툭' 떨어지지 뭐야? (㉡)가(이) 되어 내린 거야. 그런데 다른 친구들은 눈으로 높은 산에 내리기도 했어.

4 위 이야기의 '나'는 누구인지 쓰시오.

( )

5 방울이가 하늘로 올라갈 때의 상태는 무엇인지 쓰시오.

( )

6 위의 ㉠과 ㉡에 들어갈 말을 쓰시오.

㉠: ( )
㉡: ( )

7 방울이가 ㉠과 ㉡으로 바뀌었을 때 각각의 상태를 쓰시오.

㉠: ( )
㉡: ( )

물은 상태가 변하면서 육지, 바다, 공기 중, 생명체 등 여러 곳을 끊임없이 돌고 도는데, 이러한 과정을 물의 순환이라고 합니다. 물은 순환하지만 지구 전체 물의 양은 일정하게 유지됩니다.

8 물의 상태가 변하면서 육지, 바다, 공기 중, 생명체 등 여러 곳을 끊임없이 돌고 도는 과정을 무엇이라고 하는지 쓰시오.

( )

9 공기 중의 수증기가 하늘 높이 올라가 응결하여 변하는 것은 무엇인지 쓰시오.

( )

10 ( ) 안에 알맞은 말을 차례대로 쓰시오.

> 땅에 내린 빗물은 공기 중으로 증발하거나 식물의 ( )로 흡수되었다가 ( )을 통하여 공기 중으로 되돌아간다.

( )

11 ( ) 안에 알맞은 말을 쓰시오.

> 땅 위에 내린 비는 땅속으로 스며들거나 강으로 모여서 흘러가 결국 ( )로 흘러간다.

( )

물의 순환 실험 장치에서 얼음, 물, 수증기 등 물의 모습과 상태가 변하면서 끊임없이 돌고 돌지만, 물의 전체 양은 변하지 않습니다.

12 물의 순환 과정을 알아 보는 모습으로 바르지 <u>않은</u> 것을 기호로 쓰시오.

> ㉠ 조각 얼음 다섯 개를 투명한 플라스틱 컵에 넣고 지퍼 백에 담은 뒤 지퍼를 닫는다.
> ㉡ 지퍼 백을 전자저울에 올려두고 무게를 잰다.
> ㉢ 그늘진 창문에 지퍼 백을 셀로판테이프로 고정해 매달아 놓는다.
> ㉣ 3일 동안 물의 순환 실험 장치에서 어떤 변화가 나타나는지 관찰한다.
> ㉤ 3일이 지난 뒤 지퍼 백을 다시 떼어 내 전자저울로 무게를 재고 처음 측정한 무게와 비교한다.

( )

5단원

13 위 12번 실험에서 1일이 지난 뒤 지퍼 백 안쪽에 나타난 현상으로 ( ) 안에 알맞은 말을 쓰시오.

> 컵 안의 얼음은 녹고 지퍼 백 위쪽에는 ( )이 맺힌다.

( )

14 위 12번 실험에서 3일이 지난 뒤 무게를 비교하여 <, =, >로 표시하시오.

처음 지퍼 백의 무게	( )	3일이 지난 후 지퍼 백의 무게

핵심 5

물은 공장에서 물건을 만들 때, 얼음을 이용할 때, 전기를 만들 때, 물건과 주변을 깨끗하게 만들 때, 농작물을 키울 때, 생명을 유지할 때, 관광 자원 등으로 다양하게 이용됩니다.

15 ( ) 안에 공통으로 들어갈 말을 쓰시오.

> • 세수하거나 밥을 먹을 때 ( )을 이용한다.
> • 수영을 할 때 ( )을 이용한다.
> • 입을 통해 마신 ( )은 몸속을 순환하며 영양분을 운반하고 노폐물을 땀이나 오줌으로 내보낸다.

( )

16 물이 이용되는 것을 바르게 선으로 연결하시오.

(1) 관광 자원으로 이용 •

• ㉠

(2) 전기를 만든다. •

• ㉡

17 물의 이용에 대한 설명으로 바르지 <u>않은</u> 것을 골라 기호를 쓰시오.

> ㉠ 우리가 이용한 물은 한 번 이용하고 나면 사라진다.
> ㉡ 식물과 동물 몸속에 있는 물은 순환하면서 생명을 유지할 수 있도록 해 준다.
> ㉢ 물은 땅속에 스며들어 나무와 풀을 자라게 해 준다.

( )

핵심 6

지구에 있는 물은 양이 일정하고 상태가 변하면서 계속 순환합니다. 그러나 이용할 수 있는 물이 부족하여 어려움에 처한 나라들이 있으며, 우리나라도 물이 부족한 나라입니다.

18 우리나라가 물 부족 국가이면 ○표, 물 부족 국가가 아니면 ×표를 하시오.

( )

19 나라별 물 부족 현황에 대한 설명으로 바른 것은 무엇입니까? ( )

① 모든 나라의 물의 양은 풍부하다.
② 모든 나라의 물의 양은 부족하다.
③ 예전에는 물이 부족했지만 점점 풍부해졌다.
④ 인구 증가로 인해 물의 사용량이 줄어들었다.
⑤ 이용할 수 있는 물이 풍부한 곳과 심각하게 부족한 곳이 있다.

20 산업화 발달로 인해 이용할 수 있는 물이 부족해진 경우를 나타낸 것을 기호로 쓰시오.

㉠  ㉡

( )

21 ( ) 안에 들어갈 말을 쓰시오.

> 인구가 증가해 물 이용량은 늘어나지만, 하수 처리 시설은 부족하여 물 ( )이 심각해져 물이 부족해진다.

( )

핵심 7

물이 부족하여 어려움에 처한 나라를 도울 수 있는 물 부족 현상을 해결할 수 있는 방법은 여러 가지가 있습니다.

22 물 부족 현상을 해결하는 방법 중 우리가 실천할 수 있는 일은 어느 것입니까? (   )

① 책을 많이 읽는다.
② 샴푸를 조금만 사용한다.
③ 가족과 대화를 많이 한다.
④ 컴퓨터 게임을 조금만 한다.
⑤ 샤워할 때 물을 계속 틀어 놓는다.

23 다음 중 바르게 설명한 것은 ○표, 바르지 않은 것은 ×표를 하시오.

(1) 지구에서 가장 많은 물은 땅 밑에 있다.
(   )

(2) 물은 끊임없이 순환하지만 물 부족 현상을 겪는 곳이 있다.
(   )

24 빗물 저금통에 대한 설명으로 바른 것은 무엇입니까? (   )

① 바닷물을 식수로 바꾸는 장치이다.
② 빗물을 모았다가 재활용하는 것이다.
③ 빗물을 한꺼번에 모아서 바로 버리는 장치이다.
④ 이용한 물을 즉시 하수구로 흘러가게 하는 장치이다.
⑤ 공기 중의 수증기를 응결시켜 물방울을 모으는 장치이다.

25 물 부족 현상을 해결하기 위해 가정에서 해야 할 일을 한 가지 쓰시오.

핵심 8

물의 순환 과정과 지역의 특성을 생각하여 생활에 이용할 수 있는 물을 효과적으로 모으는 장치를 설계할 수 있습니다.

26 물 모으는 장치가 필요한 까닭을 잘못 설명한 친구는 누구인지 쓰시오.

> • 다빈: 물 이용량은 점점 늘어나지만 정화 시설이 부족해서 깨끗한 물을 이용할 수 없는 나라가 있기 때문이야.
> • 하늘: 물이 넉넉한 나라에서 물을 더 저장해 두기 위해서야.
> • 윤우: 물 자원을 효과적으로 관리하고 이용하기 위해서야.

(   )

27 물을 모으는 장치인 와카워터에 대한 설명입니다. (   ) 안에 들어갈 말은 무엇입니까? (   )

> 와카워터는 공기 중의 수증기가 (   )되어 그물에 맺힌 이슬이 그물을 타고 흘러 바닥에 있는 그릇에 모이도록 한 장치이다.

① 증발   ② 응결
③ 가열   ④ 수축
⑤ 녹게

28 물 모으는 장치를 설계하기 전 생각해야 할 것이 아닌 것은 무엇입니까? (   )

① 설치할 장소
② 필요한 재료
③ 모양이나 형태
④ 물 모으는 방법
⑤ 바다까지의 거리

5 단원

1 오른쪽 물을 주지 않아도 되는 실내 정원을 만드는 순서를 바르게 짝지은 것은 무엇입니까? ( )

┌─────────────────────────────────┐
│ ㉠ 식물을 세우고, 식물의 뿌리가 묻힐 정도 │
│ 로 다시 거름흙을 넣는다. │
│ ㉡ 투명한 플라스틱 컵에 꽃삽으로 거름흙을 │
│ $\frac{1}{3}$ 정도 넣는다. │
│ ㉢ 물이 담긴 분무기로 식물과 거름흙에 물 │
│ 을 뿌린다. │
│ ㉣ 다른 플라스틱 컵을 플라스틱 컵 위에 거 │
│ 꾸로 올리고, 그 사이를 셀로판테이프로 │
│ 붙인다. │
└─────────────────────────────────┘

① ㉡-㉠-㉢-㉣　　② ㉡-㉠-㉣-㉢
③ ㉡-㉢-㉠-㉣　　④ ㉡-㉢-㉣-㉠
⑤ ㉡-㉣-㉠-㉢

2 ( ) 안에 공통으로 들어갈 말을 쓰시오.

┌─────────────────────────────────┐
│ • 실내 정원은 주변 온도가 낮거나 아침 저 │
│ 녁으로 추울 때는 플라스틱 컵 안쪽 벽에 │
│ 서 ( )을 관찰할 수 있다. │
│ • 햇볕이 잘 드는 곳에 다시 옮겨 두면 플라 │
│ 스틱 컵 안쪽 벽에 있던 ( )이 줄 │
│ 어든다. │
└─────────────────────────────────┘

( )

서술형

3 위 1번의 실내 정원에 물을 계속 주지 않아도 잘 자라는 까닭은 무엇인지 쓰시오.

4 방울이의 여행 이야기에서 잎을 나온 방울이가 이동할 곳은 어디입니까? ( )

┌─────────────────────────────────┐
│ 　어디선가 잡아당기는 힘이 느껴지더니 가 │
│ 느다란 관으로 빨려 들어갔어. 정신을 차리 │
│ 고 주위를 둘러보니 나무줄기 속이더라고. │
│ 한참 동안 줄기 속을 여행하다가 잎을 통해 │
│ 밖으로 나왔지. │
└─────────────────────────────────┘

① 땅　　　　　　　② 강
③ 바다　　　　　　④ 하늘
⑤ 동굴

5 다음을 읽고 바르게 설명한 것에는 ○표, 바르지 않은 것에는 ×표 하시오.

⑴ 나무의 몸속에는 액체 상태의 물이 있습니다.
( )

⑵ 땅속에는 기체 상태의 수증기가 있습니다.
( )

6 다음 설명에서 '나'는 무엇인지 쓰시오.

┌─────────────────────────────────┐
│ • '나'는 상태나 모습이 변하며 이동한다. │
│ • '나'는 강, 바다, 공기 중, 구름, 사람의 몸 │
│ 속에 있다. │
│ • '나'는 머무르는 곳에 따라 이름이 달라진 │
│ 다. │
└─────────────────────────────────┘

( )

7 다음은 현지가 인터넷에서 검색하여 찾은 내용입니다. 현지가 검색한 검색어는 무엇인지 쓰시오.

┌─────────────────────────────────┐
│ 　물의 상태가 변하면서 육지, 바다, 공기 │
│ 중, 생명체 등 여러 곳을 끊임없이 돌고 도는 │
│ 과정이다. │
└─────────────────────────────────┘

( )

8 물의 순환 과정을 통해 알 수 있는 것입니다. 알맞은 말에 ○표를 하시오.

> 물은 순환하지만 지구 전체 물의 양은 (변하지 않는다 , 늘어난다).

주의

9 오른쪽 물의 순환 실험 장치를 햇볕이 잘 드는 창문에 셀로판테이프로 고정하였습니다. 3일 동안 나타나는 변화로 바르지 <u>않은</u> 것은 어느 것인지 기호를 쓰시오.

> ㉠ 컵 안의 얼음이 녹고 지퍼 백 위쪽에 물방울이 맺힌다.
> ㉡ 지퍼 백 안쪽에 맺힌 물방울이 흘러내려 바닥에 모인다.
> ㉢ 컵 안의 물의 양이 계속 늘어난다.

(   )

10 위 9번은 지퍼 백 안에서의 물의 순환 과정을 설명한 것입니다. ( ) 안에 들어갈 말을 차례대로 짝지은 것은 무엇입니까? (   )

> • 플라스틱 컵 안에 있던 얼음은 녹아서 물이 되고, 이 물은 (   )하여 수증기가 된다.
> • 지퍼 백 안의 수증기는 지퍼 백 밖의 차가운 공기 때문에 (   )하여 다시 아래로 떨어지는 현상이 반복해서 일어난다.

① 증발, 증발   ② 증발, 응결
③ 응결, 증발   ④ 응결, 증발
⑤ 응결, 냉각

[11~12] 다음은 물의 다양한 이용 모습입니다.

㉠    ㉡

㉢    ㉣

11 농작물을 키울 때 물을 이용하는 모습은 어느 것인지 기호로 쓰시오.

(   )

5 단원

12 ㉡을 보고 ( ) 안에 알맞은 말을 쓰시오.

> 물이 떨어지는 높이 차이를 이용해 (   )를 만들 수 있다.

(   )

13 물의 이용에 대한 설명으로 바른 것을 모두 고르시오. (   )

① 물은 이용하고 나면 사라진다.
② 우리가 이용한 물은 우리에게 다시 올 수 없다.
③ 물은 우리 생활에서 다양하게 이용되므로 중요하다.
④ 식물에게 물을 주면 물은 식물의 몸속에 계속 저장되어 있다.
⑤ 물은 끊임없이 이동하면서 생명체에게 필요한 영양분을 공급해 준다.

14 다음은 식물을 키우기 위해 물을 이용하였을 때, 물의 이동 과정입니다. ( ) 안에 들어갈 물이 이동한 곳은 어디인지 쓰시오.

> 식물에 뿌린 물 → 흙 속의 물 → 식물
> ( )로 흡수된 물 → 식물의 잎에서
> 공기 중으로 나온 수증기

( )

15 나라별 물 부족 현황에 대한 설명으로 ( ) 안에 알맞은 말을 쓰시오.

> 중국, 인도, 아프리카, 우리나라 등은 물이
> ( )해질 가능성이 있거나 물이
> ( )한 나라이다.

( )

서술형

16 다음 그림을 보고 물이 부족한 까닭은 무엇인지 쓰시오.

_____

_____

17 물 부족 현상을 해결할 방법으로 바른 것은 무엇입니까? ( )

① 빨래는 수시로 자주 한다.
② 양치질할 때 흐르는 물에 양치한다.
③ 머리를 감을 때 샴푸를 여러 번 사용한다.
④ 빗물 저장 장치를 설치해서 청소할 때 이용한다.
⑤ 기름기가 있는 그릇은 세제를 많이 사용하여 설거지한다

18 다음에서 절약하는 것은 무엇인지 쓰시오.

> • 세면대에서 이용한 물을 모아두었다가 변기물을 내리는 데 이용한다.
> • 접시를 씻은 후 화분에 걸어 놓으면 접시에서 흘러내리는 물이 화분에 공급된다.

( )

19 물 모으는 장치가 필요한 곳은 어디입니까?
( )

① 비가 잘 내리는 지역
② 눈이 많이 내리는 지역
③ 홍수가 잘 일어나는 지역
④ 비가 잘 내리지 않는 지역
⑤ 물이 풍부해서 잘 이용할 수 있는 지역

20 다음 장치의 특징은 어느 것입니까? ( )

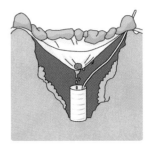

① 물을 모은다.
② 비가 많이 내리게 한다.
③ 더러운 물을 빨리 정화시킨다.
④ 공기 중의 수증기를 응결한다.
⑤ 바닷물을 증발시켜 식수로 만든다.

1 오른쪽 실내 정원을 만든 다음 날 아침 투명한 플라스틱 컵 안쪽에서 관찰할 수 있는 것은 무엇인지 쓰시오.

( )

서술형

2 위 1번 실내 정원을 만들 때 다른 플라스틱 컵을 플라스틱 컵 위에 거꾸로 올린 뒤 그 사이를 셀로판 테이프로 붙이는 까닭은 무엇인지 쓰시오.

_____

_____

[3~5] 다음은 방울이가 이동하는 과정입니다.

3 땅속을 이동하는 방울이의 상태를 쓰시오

( )

4 방울이가 나무줄기 속을 여행하다가 잎을 통해 밖으로 나와 이동하는 곳은 어디인지 쓰시오.

( )

5 방울이가 머물렀던 장소 중에서 상태가 다른 하나는 무엇입니까? ( )

① 강 ② 바다
③ 공기 중 ④ 사람의 몸속
⑤ 나무 줄기 속

[6~7] 다음은 물이 이동하는 모습입니다.

6 땅과 식물, 호수나 바다 등에서 물이 증발해 수증기가 되는 과정은 어느 것인지 기호를 쓰시오.

( )

7 ㉠의 과정에서 일어나는 변화로 ( ) 안에 들어갈 말은 무엇입니까? ( )

> 하늘 높이 올라간 수증기는 ( )하여 구름이 된다.

① 증발 ② 응결
③ 가열 ④ 흡수
⑤ 냉각

8 ( ) 안에 들어갈 말을 차례대로 쓰시오.

> • ( ) 속의 물방울이 너무 많이 모이면 비가 되어 내린다.
> • 땅에 내린 빗물이 증발하면 ( )로 변해 공기 중으로 흩어진다.

( )

9 물의 상태가 변하면서 육지, 바다, 공기 중, 생명체 등 여러 곳을 끊임없이 돌고 도는 과정을 무엇이라고 하는지 쓰시오.

( )

10 다음을 읽고 바른 것은 ○표, 바르지 않은 것은 × 표 하시오.

(1) 물은 상태가 변하면서 이동합니다. ( )
(2) 물은 항상 똑같은 이름으로 불립니다.
( )
(3) 물의 순환에 따라 지구 전체의 물의 양도 달라집니다. ( )

11 오른쪽과 같이 얼음을 넣은 플라스틱 컵을 지퍼 백에 담아 지퍼를 닫았을 때 물의 순환 과정으로 바르지 않은 것은 무엇입니까? ( )

① 햇볕이 잘 드는 창문에 고정하면 얼음이 녹는다.
② 컵 안의 얼음이 녹으면 지퍼 백 위쪽에 물방울이 맺힌다.
③ 지퍼 백 안쪽에 맺힌 물방울이 흘러내려 바닥에 모인다.
④ 컵 안의 물의 양은 줄어들고, 컵 밖의 물의 양은 늘어난다.
⑤ 컵 안의 물의 양은 늘어나고, 컵 밖의 물의 양은 줄어든다.

12 앞 11번 지퍼 백을 창문에 고정하기 전 무게가 95g이었습니다. 3일이 지난 뒤에 지퍼 백을 떼서 전자저울로 무게를 재면 얼마입니까? ( )

① 94g
② 95g
③ 96g
④ 97g
⑤ 98g

13 지구에서의 물의 순환 과정에 대한 설명으로 바르지 않은 것은 무엇입니까? ( )

① 밤에도 물은 순환한다.
② 지구 전체의 물의 양은 일정하다.
③ 물은 상태가 변하면서 계속 순환한다.
④ 물의 순환으로 이용할 수 있는 물의 양이 늘어난다.
⑤ 물은 여러 곳을 돌아다니며 우리 생활에 도움을 준다.

14 다음은 물을 어떻게 이용하는 경우입니까?
( )

① 생선을 보관한다.
② 농작물을 키운다.
③ 전기를 생산한다.
④ 주변을 깨끗하게 정리한다.
⑤ 다양한 지형을 관광 자원으로 이용한다.

15 다음과 관련된 물의 이용은 무엇입니까?
( )

> 사람은 물 없이 살 수 없다. 우리 몸 자체도 70%가 물이며, 음식을 먹지 않고는 몇 주 동안이나 살 수 있어도 물을 마시지 않고는 며칠밖에 살 수 없다.

① 생명을 유지한다.
② 주변을 정리한다.
③ 전기를 생산한다.
④ 농작물을 재배한다.
⑤ 물건을 만들 때 이용한다.

서술형

16 오른쪽과 같이 물을 이용하는 경우는 무엇인지 쓰시오.

_____

_____

17 '나라별 물 부족 현황'에 대한 설명으로 바르지 <u>않은</u> 것은 무엇입니까? ( )

●● 물이 충분해요.　　● 물이 부족할 수 있어요.
● 물이 부족해요.　　● 물이 많이 부족해요.

▲ 나라별 물 부족 현황

① 중국은 물 부족 가능 국가이다.
② 우리나라는 물 부족 국가이다.
③ 아프리카의 대부분 국가들은 물이 충분하다.
④ 아메리카 대륙의 나라들은 물이 충분한 편이다.
⑤ 세계 여러 지역마다 이용할 수 있는 물의 양은 다르다.

18 세계 여러 나라에서 물이 부족한 까닭으로 바르지 <u>않은</u> 것은 무엇입니까? ( )

① 인구 증가로 물 이용량이 늘어났기 때문이다.
② 산업 발달로 물 이용량이 늘어났기 때문이다.
③ 물 자원 절약을 위해 모두가 노력하기 때문이다.
⑤ 환경 오염으로 이용 가능한 물의 양이 줄었기 때문이다.
④ 기후에 따라 이용할 수 있는 물의 양이 다르기 때문이다.

19 물 부족 현상을 해결하기 위한 물 절약 약속 카드의 내용으로 바르지 <u>않은</u> 것은 어느 것입니까?
( )

5
단원

① 샤워 시간을 줄인다.
② 화단에는 허드렛물을 준다.
③ 물은 계속 틀어놓지 않는다.
④ 세제를 많이 사용하지 않는다.
⑤ 목욕은 물을 욕조에 받아서 한다.

20 다음 장치를 이용해 모으는 것은 무엇인지 쓰시오.

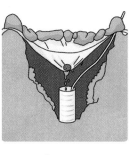

( )

1 다음 방울이의 이동 과정을 보고 물의 이동의 특징에는 어떤 특징이 있는지 한 가지 쓰시오.

_____

_____

방울이가 이동한 장소와 상태

방울이가 머물렀던 장소	방울이의 상태
강	액체 상태의 물
공기 중	기체 상태의 수증기
하늘	액체 상태의 물, 기체 상태의 수증기
비	액체 상태의 물
땅속	액체 상태의 물
식물	액체 상태의 물

2 조각 얼음 다섯 개를 투명한 플라스틱 컵에 넣고 지퍼 백에 담은 뒤, 지퍼를 닫고 햇볕이 잘 드는 창문에 셀로판테이프로 고정하였습니다. 지퍼 백 안에서의 물의 순환을 쓰시오.

_____

_____

물의 순환

• 물이 상태가 변하면서 육지, 바다, 공기 중, 생명체 등 여러 곳을 끊임없이 돌고 도는 과정을 말합니다.

• 물의 순환으로 지구 전체 물의 양은 일정하게 유지됩니다.

3 다음은 물이 부족한 까닭을 나타낸 모습입니다. 그림의 두 가지 경우 외에 물이 부족한 까닭을 한 가지 쓰시오.

_____

물이 부족한 까닭

• 환경이 오염되어서 이용 가능한 물의 양이 줄어들었습니다.
• 사람들이 물을 아껴 쓰지 않아서 물의 양이 줄어들었습니다.
• 도시가 발달하고 사람이 많아져 물 이용량이 늘어나게 되었습니다.
• 지역이나 기후에 따라 이용할 수 있는 물의 양이 다릅니다.

 4 다음과 같이 설계한 장치로 물을 모으는 방법은 무엇인지 쓰시오.

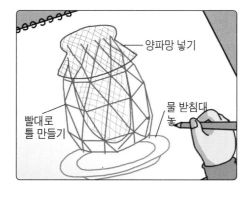

_____

_____

_____

물 모으는 장치가 필요한 까닭

• 물 이용량은 점점 늘어나지만 정화 시설이 부족해서 깨끗한 물을 이용할 수 없는 나라가 있습니다.
• 물 자원을 효과적으로 관리하고 이용하기 위해서입니다.

세상에서 괴상한 생물

❀ 언제나 방어 태세 중인 복서게

복서게는 양쪽 집게발에 특이한 글러브를 낀 듯한 모습을 하고 있습니다. 이 특이한 글러브는 말미잘이고 마치 권투선수가 글러브를 낀채 방어하는 모습과 같아 복서게라고 이름이 지어졌습니다. 이러한 말미잘 글러브는 복서게가 먹이를 빼앗거나 적을 내쫓을 때 유용하게 사용하고 있습니다.

▲ 복서게

❀ 큰 덩치의 개미사냥꾼 큰개미핥기

큰개미핥기는 강력하고 날카로운 앞발로 개미나 흰개미의 집을 헤쳐 개미들을 잡아먹습니다. 길고 휘기 쉽고 빨리 움직이며 끈적이는 침으로 덮인 혀로 개미를 입에 털어넣습니다. 이빨이 없기 때문에 같이 섭취하는 돌 부스러기의 도움으로 먹이를 소화시킵니다.

큰개미핥기는 1분에 150회 이상 혀를 움직일 수 있고 다 자란 큰개미핥기는 하루에 약 3만 마리의 개미나 흰개미를 먹습니다.

▲ 큰개미핥기

❀ 흉내문어

문어는 똑똑한 동물러 알려져 있고 한번 어떤 문제를 해결하면 기억하여, 비슷한 문제가 생겼을 경우 같은 방법으로 해결합니다. 그런데 이러한 문어가 다른 동물의 모습으로 흉내까지 낼 수 있습니다. 이 흉내문어의 몸에는 갈색과 하얀색의 줄무늬가 있고 적을 만나면 넙치나 바다뱀 등을 흉내 내어 위험을 피하며 대략 수십 종의 다른 동물의 모습으로 변신할 수 있습니다.

▲ 흉내문어

주사를 맞는 위치, 그때그때 달라요.

왜 어떤 주사는 엉덩이에, 어떤 주사는 팔에 맞는 걸까요? 우리가 약을 먹을 경우 약이 몸에 들어가서 흡수가 되어야만 효과가 나타납니다. 약이 몸속으로 들어가 흡수되고 혈관에 들어가 혈액에 섞이면 그 혈액이 몸속 구석구석가지 운반된 뒤에야 약의 효과가 나타납니다. 따라서 약의 효과를 빠르게 내야 할 때나 약을 먹기 어려운 상황일 때는 주사를 맞아야 합니다.

주사를 맞는 곳은 크게 혈관, 근육, 피부로 나눌 수 있습니다. 혈관에 놓는 주사가 몸에 흡수되는 속도가 가장 빠르고, 다음으로 근육, 피부의 순서입니다. 흡수가 빠를수록 약의 강도가 세거나 몸에 맞지 않을 경우 부작용이 나타날 수 있기 때문에 주사를 맞을 때는 주의해야 합니다. 손등이나 팔목, 팔꿈치 안쪽의 혈관에 주사 바늘을 꽂는 것은 정맥 주사입니다. 정맥 주사는 약의 효과가 빠르고 확실합니다. 하지만 약이 갑자기 몸속에 들어가기 때문에 주사액이 너무 강하거나 몸에 맞지 않으면 몸 상태가 안 좋아질 수 있고 심한 경우에는 목숨을 잃을 수도 있습니다.

흔히 맞는 엉덩이 주사는 근육 주사입니다. 근육에는 혈관이 많기 때문에 근육에 주사를 맞으면 흡수가 빠릅니다. 보통 엉덩이 근육에 맞는 경우가 많지만 팔의 바깥 위쪽에도 근육 주사를 맞을 수 있습니다. 하지만 같은 주사라도 팔보다는 엉덩이에 맞는 것이 더 효과가 빠릅니다. 주사를 맞은 뒤 눌러주면 흡수가 더 잘 됩니다.

피부에 놓는 주사는 피부에 퍼진 가느다란 혈관으로 약이 스며들어서 굵은 혈관으로 흘러 들어가기 때문에 효과는 느리지만 다른 주사보다 부작용이 일어날 위험은 적습니다. 흡수가 천천히 되어야 하는 경우에 사용합니다. 따라서 주사를 맞은 뒤에 누르거나 문지르지 않아야 합니다.

100점
예상문제

과학 4-2

3~4
학년군

1회 (1~2단원) ··· 150

2회 (1~2단원) ··· 153

3회 (3~5단원) ··· 156

4회 (3~5단원) ··· 159

5회 (1~5단원) ··· 162

6회 (1~5단원) ··· 165

1 식물의 생활

1 다음에서 설명하는 식물은 무엇인지 쓰시오.

> • 잎은 손바닥 모양이고 깊게 갈라져 있다.
> • 잎의 끝은 뾰족하다.
> • 잎의 가장자리가 톱니 모양이다.

( )

2 잎의 분류 기준으로 바르지 <u>않은</u> 것은 어느 것입니까? ( )

① 잎의 크기가 큰가?
② 잎의 모양이 길쭉한가?
③ 잎맥이 그물 모양인가?
④ 잎의 개수가 한 개인가?
⑤ 잎의 가장자리가 톱니 모양인가?

서술형

3 풀과 나무의 차이점을 한 가지 쓰시오.

_____

_____

4 다음 중 잎이 물에 떠 있는 식물은 어느 것입니까? ( )

① 연꽃 　　② 부들
③ 마름 　　④ 물수세미
⑤ 나사말

5 물속에 잠겨서 사는 검정말의 특징으로 바른 것은 어느 것입니까? ( )

▲ 검정말

① 잎의 크기가 크다.
② 잎자루가 통통하다.
③ 줄기가 굵고 단단하다.
④ 잎이 대부분 물에 떠 있다.
⑤ 줄기가 물의 흐름에 따라 잘 휜다.

6 다음은 부레옥잠의 잎자루를 자른 모습입니다. 수많은 구멍은 무엇인지 쓰시오.

( )

7 선인장과 바오바브나무가 살고 있는 사막 환경으로 바른 것은 어느 것입니까? ( )

① 햇볕이 강하다.
② 물이 풍부하다.
③ 비가 많이 온다.
④ 모래 폭풍이 불지 않는다.
⑤ 낮과 밤의 온도 차가 작다.

8 선인장이 사막 환경에서 살 수 있는 특징은 무엇입니까? (   )

① 뿌리가 가늘고 길다.
② 크고 넓은 잎이 있다.
③ 다른 식물보다 키가 크다.
④ 굵은 줄기에 물을 보관하고 있다.
⑤ 다른 식물보다 많은 잎을 가지고 있다.

9 도꼬마리 열매의 특징을 활용해서 만들 수 있는 것은 무엇입니까? (   )

① 방향제
② 찍찍이 테이프
③ 자동차 코팅제
④ 날개가 하나인 선풍기
⑤ 물이 스며들지 않는 옷

10 다음 생활용품을 설계하는 데 활용된 식물은 어느 것입니까? (   )

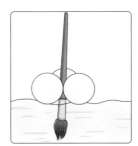

▲ 물에 뜨는 붓

① 솔방울   ② 선인장
③ 부레옥잠   ④ 도꼬마리 열매
⑤ 끈끈이주걱

11 주스가 든 비닐장갑을 비커에 넣고 얼음과 소금을 번갈아 넣었을 때, 주스는 어떤 변화가 있는지 기호를 쓰시오.

> ㉠ 아무 변화가 없다.
> ㉡ 주스가 얼어서 딱딱해진다.

(   )

12 손에 묻은 물이 시간이 지나면 사라지는 까닭은 무엇입니까? (   )

① 바닥으로 떨어졌기 때문이다.
② 공기 중으로 흩어졌기 때문이다.
③ 몸속으로 스며들었기 때문이다.
④ 다른 식물의 속으로 들어갔기 때문이다.
⑤ 작은 곤충이 물을 빨아먹었기 때문이다.

13 다음을 읽고 액체 상태인 물의 특징으로 바르면 ○표, 바르지 않으면 ×표를 하시오.

⑴ 일정한 모양이 있습니다.   (   )
⑵ 손에 잡히지 않습니다.   (   )
⑶ 눈에 보이지 않습니다.   (   )
⑷ 담는 그릇에 따라 모양이 변합니다.
(   )

100점
예상
문제

14 오른쪽 플라스틱 시험관의 물이 얼었을 때 물의 부피는 어느 것인지 기호를 쓰시오.

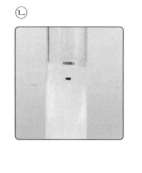

ⓐ ⓑ

( )

15 식품 건조기에 넣은 사과 조각의 특징으로 바른 것을 모두 고르시오. (   )

① 지퍼 백에 넣은 사과보다 더 달다.
② 지퍼 백에 넣은 사과보다 더 달지 않다.
③ 지퍼 백에 넣은 사과보다 축축하고 부드럽다.
④ 지퍼 백에 넣은 사과보다 건조하고 딱딱하다.
⑤ 지퍼 백에 넣은 사과보다 조각의 크기가 작다.

16 우리 주변에서 물이 증발하는 예는 어느 것입니까?
(   )

① 운동 후 흘린 땀이 마른다.
② 한겨울에 계량기가 터진다.
③ 페트병에 물을 넣고 얼리면 페트병이 커진다.
④ 운동장에서 페트병 안에 든 얼음물이 녹는다.
⑤ 국이 끓고 있는 냄비 뚜껑 안쪽에 물방울이 맺힌다.

서술형

17 증발과 끓음의 차이점을 한 가지 쓰시오.

_____

_____

18 주스와 얼음을 넣은 플라스틱 컵을 책상 위에 세 시간 동안 두었을 때 나타나는 변화로 바른 것은 무엇입니까? (   )

① 주스의 색깔이 변했다.
② 플라스틱 컵이 찌그러졌다.
③ 플라스틱 컵의 무게가 줄어들었다.
④ 플라스틱 컵 표면에 구멍이 생겼다.
⑤ 플라스틱 컵 표면에 작은 물방울이 맺혔다.

19 다음과 같은 현상을 무엇이라고 하는지 쓰시오.

( )

서술형

20 우리 생활에서 물이 수증기로 상태가 변화된 예를 한 가지 쓰시오.

_____

_____

1 식물의 생활

1 식물의 잎을 채집할 때 주의할 점을 한 가지 쓰시오.

_____

_____

2 다음 식물의 잎을 분류한 기준은 무엇입니까?
( )

| 소나무, 강아지풀 | 단풍나무, 토끼풀, 은행나무 |

① 잎의 개수가 한 개인가?
② 잎의 끝 모양이 뾰족한가?
③ 잎의 전체적인 모양이 길쭉한가?
④ 잎의 가장자리가 톱니 모양인가?
⑤ 잎의 전체적인 생김새가 손 모양인가?

3 풀의 특징은 무엇입니까? ( )

① 뿌리가 굵다.
② 줄기와 잎만 있다.
③ 나무보다 키가 작다.
④ 모두 여러해살이 식물이다.
⑤ 모두 겨울철에 줄기를 볼 수 있다.

4 다음 식물의 공통적인 특징으로 바르지 <u>않은</u> 것은 무엇입니까? ( )

| 소나무, 밤나무, 떡갈나무, 단풍나무 |

① 잎이 초록색이다.
② 줄기가 굵고 단단하다.
③ 뿌리, 줄기, 잎이 있다.
④ 모두 한해살이 식물이다.
⑤ 겨울철에 줄기를 볼 수 있다.

5 다음 중 잎이 물 위로 높이 자라는 식물을 골라 기호를 쓰시오.

㉠

▲ 부레옥잠

㉡

▲ 생이가래

㉢

▲ 연꽃

㉣

▲ 나사말

( )

6 부레옥잠의 특징을 모두 고르시오. ( )

① 잎이 뾰족하다.
② 공기주머니가 있다.
③ 잎자루가 통통하게 생겼다.
④ 한 개의 굵고 긴 뿌리가 있다.
⑤ 잎의 가장자리가 톱니 모양이다.

7 생물이 오랜 기간에 걸쳐 주변 환경에 적합하게 변화되어 가는 것을 무엇이라고 하는지 쓰시오.

( )

8 사막에 사는 선인장의 잎이 가시 모양인 까닭을 모두 고르시오. (   )

① 물의 증발을 막을 수 있다.
② 비가 많이 오는 날씨에 견딜 수 있다.
③ 바람이 많이 불고 추운 날씨에 적합하다.
④ 물이 필요한 다른 동물의 공격을 피할 수 있다.
⑤ 동물이 먹을 수 있는 맛있는 열매를 잘 맺는다.

9 느릅나무 잎의 생김새를 우리 생활에서 활용한 예는 무엇입니까? (   )

① 세탁기
② 가시 철조망
③ 찍찍이 테이프
④ 빗물을 모으는 장치
⑤ 날개가 하나인 선풍기

10 비에 젖지 않는 연꽃잎의 특징을 활용한 예를 보기에서 찾아 쓰시오.

보기

물이 스며들지 않는 옷, 이불, 방향제, 수건, 해충 퇴치제

(   )

2 물의 상태 변화

11 다음에서 설명하는 물의 상태는 무엇인지 쓰시오.

• 모양이 일정하다.
• 차갑고 단단하다.
• 손으로 잡을 수 있다.

(   )

12 햇볕을 받은 고드름에 대한 설명으로 바르지 않은 것은 어느 것입니까? (   )

① 고드름은 고체인 얼음이다.
② 고드름이 녹으면 액체인 물이 된다.
③ 고드름이 녹으면 기체인 수증기가 된다.
④ 고드름이 녹아 떨어진 물은 시간이 지나면 기체인 수증기가 된다.
⑤ 고드름이 녹아 떨어진 물은 시간이 지나면 공기 중으로 흩어진다.

13 플라스틱 시험관에 물을 넣고 얼음이 든 비커에 꽂을 때 물을 빨리 얼리기 위해 비커에 넣어야 하는 것은 무엇입니까? (   )

① 물   ② 소금
③ 설탕   ④ 밀가루
⑤ 알코올

서술형

14 우리 주변에서 물이 얼어 부피가 늘어나는 예를 한 가지 쓰시오.

_____

_____

15 물이 얼어 있는 플라스틱 시험관의 무게가 13g일 때, 얼음이 완전히 녹은 플라스틱 시험관의 무게는 얼마인지 쓰시오.

( )

서술형

16 식품 건조기에 넣은 과일 조각이 마르고 크기가 작아진 까닭은 무엇인지 쓰시오.

_____

_____

17 물이 끓을 때 물속에서 생기는 기포의 상태는 어느 것인지 기호를 쓰시오.

> ㉠ 액체 상태의 물
> ㉡ 고체 상태의 얼음
> ㉢ 기체 상태의 수증기

( )

18 증발과 끓음의 공통점은 어느 것입니까?
( )

① 물의 온도가 낮아진다.
② 물의 높이가 높아진다.
③ 물의 무게가 증가한다.
④ 물이 얼음으로 상태가 변한다.
⑤ 물이 수증기로 상태가 변한다.

19 우리 주변에서 응결의 예가 <u>아닌</u> 것은 어느 것입니까? ( )

① 안경에 김이 서린다.
② 맑은 날 풀잎에 물방울이 맺힌다.
③ 베란다에 널어놓은 빨래가 마른다.
④ 추운 겨울에 유리창 안쪽에 물방울이 맺힌다.
⑤ 욕실의 차가운 거울 표면에 물방울이 맺힌다.

20 다음은 물의 상태 변화를 이용한 예입니다. 물이 얼음으로 상태가 변화된 예를 모두 골라 기호를 쓰시오.

> ㉠ 음식을 찐다.
> ㉡ 얼음과자를 만든다.
> ㉢ 이글루를 만든다.
> ㉣ 인공 눈을 만든다.
> ㉤ 가습기를 이용한다.
> ㉥ 스팀다리미를 사용한다.

( )

1 흰 종이에 공의 그림자를 만들기 위해서 필요한 준비물을 모두 고르시오. (   )

① 공
② 색연필
③ 손전등
④ 검은색 종이
⑤ 셀로판테이프

2 손전등과 스크린 사이에 다음 물체를 놓고 손전등으로 빛을 비췄을 때 다음과 같은 그림자가 생기는 컵은 어느 것인지 쓰시오.

> 연하고 흐릿한 그림자가 생긴다.

▲ 도자기 컵   ▲ 유리컵

(   )

3 안경의 그림자에 대한 설명입니다. 알맞은 말에 ○표 하시오.

> 안경의 유리는 투명해서 (연한 , 진한)그림자가 생기고, 안경의 테는 불투명해서 (연한 , 진한) 그림자가 생긴다.

4 물체와 스크린은 그대로 두고 손전등을 움직여 그림자의 크기를 커지게 하려면, 손전등은 어느 쪽으로 움직여야 하는지 기호를 쓰시오.

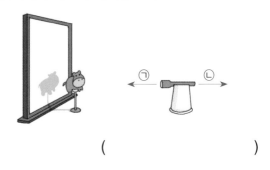

(   )

5 다음의 글자를 거울에 비췄을 때 어떻게 보이는지 쓰시오.

토마토 ➡

서술형

6 버스 운전기사는 거울을 통해 승객이 안전하게 내리는 것을 확인할 수 있는 까닭은 무엇인지 쓰시오.

_____

_____

7 우리 생활에서 거울을 이용하는 예가 아닌 것은 무엇입니까? (   )

① 옷 가게에서 옷 입은 모습을 본다.
② 승강기 안에서 옷맵시를 살펴본다.
③ 미용실에서 자른 머리가 괜찮은지 본다.
④ 자동차에서 다른 자동차의 위치를 본다.
⑤ 친구들과 운동장에서 축구를 할 때 사용한다.

8 화산에 대한 설명입니다. ( ) 안에 들어갈 알맞은 말을 쓰시오.

> 화산은 땅속 깊은 곳에서 암석이 녹은 ( )가 지표면으로 분출하여 생긴 지형이다.

( )

9 세계 여러 화산의 공통점으로 바른 것은 어느 것입니까? ( )

① 분화구가 없다.
② 경사가 모두 같다.
③ 생김새가 모두 같다.
④ 마그마가 분출한 흔적이 있다.
⑤ 용암이나 화산재가 쌓여 주변 지형보다 낮다.

10 화강암의 특징으로 바르지 <u>않은</u> 것은 어느 것입니까? ( )

① 밝은 색이다.
② 알갱이의 크기가 매우 크다.
③ 반짝이는 밝은 색 알갱이가 있다.
④ 크고 작은 구멍이 있는 것도 있다.
⑤ 알갱이의 크기를 맨눈으로 구별할 수 있다.

11 석굴암이나 불국사의 돌계단에서 봤던 암석은 무엇인지 쓰시오.

( )

 서술형

12 화산 활동이 우리 생활에 주는 피해를 한 가지 쓰시오.

_____

_____

13 우드록을 이용해 지진 발생 모형실험을 하는 모습입니다. 우드록을 양손으로 미는 힘은 실제 자연 현상에서 무엇을 의미합니까? ( )

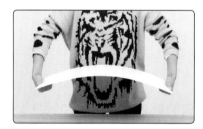

① 땅
② 지진
③ 지하수
④ 땅속의 암석
⑤ 지구 내부에서 작용하는 힘

14 승강기 안에 있을 때 지진이 발생하면 해야 하는 행동을 바르게 이야기한 친구는 누구인지 쓰시오.

> • 수지: 침착하게 승강기를 타고 1층까지 내려와야 해.
> • 용태: 모든 층의 버튼을 눌러 가장 먼저 열리는 층에서 내린 뒤 계단을 이용해야 해.
> • 재용: 지진이 멈출 때까지 승강기 안에서 얌전히 있어야 해.

( )

100점 예상 문제

5 물의 여행

서술형

15 다음은 물을 주지 않아도 되는 실내 정원입니다. 실내 정원에 물을 주지 않아도 식물이 살 수 있는 까닭을 쓰시오.

_____

_____

16 물의 순환 과정에서 물이 이동한 장소와 물의 상태가 바르게 짝지어진 것은 어느 것입니까?

(   )

① 강 – 고체 상태의 얼음
② 바다 – 액체 상태의 물
③ 구름 – 기체 상태의 수증기
④ 공기 중 – 고체 상태의 얼음
⑤ 나무의 몸속 – 기체 상태의 수증기

17 물의 순환 실험 장치를 만들고 무게를 재었을 때 97g이었습니다. 3일이 지난 뒤의 무게는 얼마인지 쓰시오.

(   )

18 물이 이용되는 경우가 <u>아닌</u> 것은 어느 것입니까?

(   )

① 물건을 깨끗하게 만든다.
② 생선이 상하지 않도록 한다.
③ 생명을 유지할 수 있게 한다.
④ 자동차가 움직일 수 있도록 한다.
⑤ 다양한 지형을 만들어 관광 자원으로 이용한다.

19 세계 여러 나라에서 물 부족 현상을 겪고 있는 까닭으로 바른 것은 어느 것입니까? (   )

① 환경이 오염되었기 때문이다.
② 사람의 수가 줄어들었기 때문이다.
③ 물이 땅속으로 빨리 스며들기 때문이다.
④ 햇볕이 강해져 물이 많이 증발하기 때문이다.
⑤ 물을 많이 먹는 동물의 수가 늘어났기 때문이다.

20 물 모으는 장치가 필요한 까닭으로 바른 것의 기호를 쓰시오.

> ㉠ 도시가 발달해서 이용 할 수 있는 물의 양이 늘어났기 때문이다.
> ㉡ 비와 눈이 많이 내려서 이용 가능한 물이 줄어들었기 때문이다.
> ㉢ 물을 아껴 쓰지 않아 물이 부족한 곳이 있기 때문이다.

(   )

3 그림자와 거울

1 그림자가 생기는 조건 중 다음 그림을 보고 알 수 있는 것을 쓰시오.

▲ 햇빛이 비칠 때　　▲ 구름이 햇빛을 가렸을 때

2 도자기 컵과 유리컵의 그림자가 <u>다른</u> 까닭으로 바른 것은 어느 것입니까? (　　　)

① 빛이 직진하기 때문이다.
② 물체의 색깔이 다르기 때문이다.
③ 물체의 모양이 다르기 때문이다.
④ 빛이 물체를 만나면 반사하기 때문이다.
⑤ 빛이 물체를 통과하는 정도가 다르기 때문이다.

3 ㄱ자 모양 블록을 오른쪽과 같이 놓았을 때 스크린에 생긴 그림자의 모양으로 바른 것은 어느 것입니까? (　　　)

① 　② 　③

④ 　⑤

4 그림자의 크기가 커지는 경우는 어느 것인지 기호를 쓰시오.

> ㉠ 물체와 스크린은 그대로 두고 손전등을 물체에서 멀게 한다.
> ㉡ 물체와 스크린은 그대로 두고 손전등을 물체에 가깝게 한다.

(　　　　　)

5 '과학'이라는 글자가 씌여진 옷을 입고 거울을 보았을 때의 모습으로 바른 것의 기호를 쓰시오.

㉠　　　　　　㉡

(　　　　　)

6 칠판에 종이 과녁판을 붙이고 거울을 사용해 손전등의 빛을 종이 과녁판의 가운데에 비추는 데 이용한 빛의 성질은 무엇인지 쓰시오.

(　　　　　)

7 세 개의 거울로 빛을 반사시켜 여러 가지 모양의 무늬를 관찰하는 장난감의 이름을 쓰시오.

(　　　　　)

4 화산과 지진

8 화산 분출물 중 액체인 것은 어느 것입니까?

( )

① 용암
② 화산재
③ 화산탄
④ 화산 가스
⑤ 화산 암석 조각

9 화산 분출 모형실험과 실제 화산 활동으로 나오는 화산 분출물을 비교하여 쓰시오.

(1) 연기: ( )
(2) 굳은 마시멜로: ( )
(3) 흐르는 마시멜로: ( )

10 ㉠에서 만들어지는 화성암의 이름을 쓰시오.

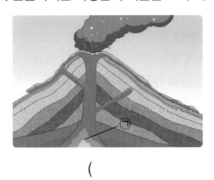

( )

11 화산 활동이 주는 이로운 점이 <u>아닌</u> 것은 어느 것입니까? ( )

① 온천을 개발한다.
② 지열 발전에 이용한다.
③ 농작물이 자라는 데 도움을 준다.
④ 화산 분출물이 산불을 발생시킨다.
⑤ 화산재를 원료로 한 생활용품을 만든다.

12 양손으로 우드록을 수평 방향으로 밀면 우드록이 끊어질 때 손에 떨림이 느껴집니다. 이것은 실제 자연 현상에서 무엇을 의미하는지 쓰시오.

( )

13 다음은 우리나라에서 발생한 지진 피해 사례입니다. 표에서 가장 약한 지진이 발생한 때는 언제인지 쓰시오.

연도	발생 지역	규모	피해 내용
2018	경상북도 포항시	4.6	부상자 발생
2017	경상북도 포항시	5.4	부상자 및 이재민 발생, 건물 훼손
2016	경상북도 경주시	5.8	부상자 발생, 지붕과 담장 파손

( )

14 지진이 발생했을 때 대처 방법으로 바르지 <u>않은</u> 것은 어느 것입니까? ( )

① 재난 방송을 청취한다.
② 신속하게 넓은 공터로 대피한다.
③ 승강기를 타고 빨리 건물 밖으로 나온다.
④ 집 안에서는 가스 밸브를 잠그고 화재를 예방한다.
⑤ 교실에서는 책상 아래로 들어가 머리와 몸을 보호한다.

15 물을 주지 않아도 되는 실내 정원을 꾸미는 방법을 순서대로 기호를 쓰시오.

> ㉠ 투명한 플라스틱 컵에 꽃삽으로 거름흙을 $\frac{1}{3}$정도 넣는다.
> ㉡ 다른 플라스틱 컵을 거름흙을 넣은 플라스틱 컵에 거꾸로 올린 뒤 셀로판테이프로 붙인다.
> ㉢ 물에 담긴 분무기로 식물과 거름흙에 물을 뿌린다.
> ㉣ 거름흙을 넣은 플라스틱 컵에 식물을 세운 뒤 식물의 뿌리가 충분히 묻힐 정도로 다시 거름흙을 넣는다.

(   )

16 다음 이야기에서 방울이가 머물렀던 장소를 순서대로 ㉠과 ㉡에 쓰시오.

> 난 친구들과 함께 바다에서 헤엄을 치며 놀고 있었지. 그런데 어느 따스한 오후에 친구들과 함께 수증기가 되어 하늘로 올라가게 되었어. 하늘 높이 올라가니 점점 추워지고 무서웠어. 그래서 잠깐 눈을 감았다가 떴는데, 세상에! 나는 구름이 되어 있었어!

(㉠   ) → (하늘   ) → (㉡   )

㉠: (   )
㉡: (   )

17 다음은 무엇에 대한 설명인지 쓰시오.

> 물의 상태가 변하면서 육지, 바다, 공기 중, 생명체 등 여러 곳을 끊임없이 도는 과정이다.

(   )

18 조각 얼음 다섯 개를 투명한 플라스틱 컵에 담고 지퍼 백에 넣은 뒤 지퍼를 닫았습니다. 얼음이 녹기 전에 지퍼 백의 무게를 재었을 때 무게와 3일이 지나 얼음이 녹아 물이 된 지퍼 백의 무게를 비교하였을 때 무게가 같은 까닭은 무엇인지 쓰시오.

▲ 창문에 매달기 전   ▲ 3일이 지난 뒤

_____

19 물이 중요한 까닭을 한 가지 쓰시오.

_____

100점 예상 문제

20 초등학교 4학년인 태용이는 물이 부족한 나라를 돕기 위해 물을 아껴 쓰려고 합니다. 물을 아껴 쓰는 방법이 아닌 것은 어느 것입니까? (   )

① 샴푸를 많이 사용하지 않는다.
② 빗물을 모아 화단에 물을 준다.
③ 욕조에 물을 채워 목욕을 하지 않는다.
④ 양치를 할 때 컵에 물을 받아 사용한다.
⑤ 책을 많이 읽고, 컴퓨터 게임을 하지 않는다.

5회 100점 예상문제

1 식물의 생활

1 다음에서 설명하는 식물의 이름은 무엇입니까?
( )

> • 바늘처럼 잎의 끝이 뾰족하다.
> • 잎이 한곳에 두 장씩 뭉쳐난다.

① 소나무 　　　　② 토끼풀
③ 단풍나무 　　　④ 강아지풀
⑤ 은행나무

2 물속에 잠겨서 사는 식물은 어느 것입니까?
( )

① 창포 　　　　　② 부들
③ 검정말 　　　　④ 물상추
⑤ 개구리밥

3 선인장이 사막에 살 수 있는 까닭으로 바른 것을 모두 고르시오. ( )

① 키가 크다.
② 줄기가 굵다.
③ 잎이 넓고 크다.
④ 잎이 가시 모양이다.
⑤ 뿌리가 수염뿌리이다.

4 바오바브나무가 사막 환경에 적응한 결과 생긴 특징을 바르게 이야기를 한 친구의 이름을 쓰시오.

> • 현주: 줄기가 굵어서 물을 많이 저장할 수 있어.
> • 혜민: 잎의 수가 적어서 바람에 잘 흔들리지 않아.
> • 정민: 눈이 많이 내리는 환경에서 눈을 많이 흡수할 수 있어.

( )

2 물의 상태 변화

서술형

5 얼음을 손바닥에 올려놓았을 때 일어나는 변화를 쓰시오.

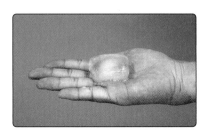

6 물이 끓고 나면 물이 끓기 전보다 물의 높이가 줄어드는 까닭으로 바른 것을 기호로 쓰시오.

> ㉠ 물이 수증기로 상태가 변하여 무게가 늘어났기 때문이다.
> ㉡ 물이 수증기로 상태가 변하여 공기 중으로 퍼져 나갔기 때문이다.

( )

7 주스와 얼음을 넣은 플라스틱 컵의 무게가 370g이었습니다. 시간이 지난 뒤 다시 무게를 측정하면 얼마입니까? ( )

① 360g 　　　　② 365g
③ 368g 　　　　④ 370g
⑤ 371g

8 다음에서 이용한 물의 상태 변화는 무엇인지 **보기** 에서 골라 기호를 쓰시오.

> 얼음과자를 만든다.

보기
㉠ 물이 수증기로 상태가 변화된 예
㉡ 물이 얼음으로 상태가 변화된 예

( )

3 그림자와 거울

9 그림자가 생기는 조건으로 바른 것을 모두 골라 기호로 쓰시오.

> ㉠ 물체에 빛을 비춰야 한다.
> ㉡ 사람의 손이 반드시 있어야 한다.
> ㉢ 손전등 – 스크린 – 물체의 순서가 되어야 한다.
> ㉣ 스크린이 없어도 빛과 물체가 있으면 그림자가 생긴다.

( )

10 우리 생활에서 물체의 그림자가 생기는 것을 이용해 생활을 편리하게 한 예끼리 짝지은 것은 어느 것입니까? ( )

① 가방, 그늘막
② 수영복, 양산
③ 냉장고, 색안경
④ 모자, 스팀다리미
⑤ 암막, 자동차의 햇빛 가리개

11 원 모양 종이에 빛을 비추면 원 모양의 그림자가 생기고, 세모 모양 종이에 빛을 비추면 세모 모양의 그림자가 생깁니다. 이때 이용되는 빛의 성질을 쓰시오.

( )

12 스크린과 손전등은 그대로 두고 물체의 위치를 ㉠ 방향으로 움직였습니다. 그림자의 크기는 어떻게 되는지 쓰시오.

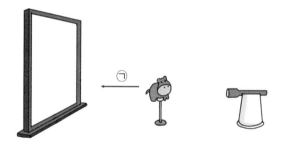

100점
예상
문제

4 화산과 지진

13 다음과 같이 표현한 자연 현상의 모습은 무엇입니까? ( )

> 친구들이 누워서 진동을 느끼고 서로 밀다가 멀어진다.

① 땅이 갈라지는 모습
② 건물이 무너지는 모습
③ 화산재가 날리는 모습
④ 마그마가 분출하는 모습
⑤ 용암이 흘러내리는 모습

14 화산의 특징으로 바른 것은 어느 것입니까?

( )

① 모든 화산은 생김새가 비슷하다.
② 모든 화산은 경사나 높이가 같다.
③ 화산재가 분출하여 생긴 지형이다.
④ 분화구에 물이 고여 있는 것도 있다.
⑤ 용암이나 화산재가 쌓여 주변 지형보다 낮다.

서술형

15 화산인 한라산과 화산이 아닌 북한산의 차이점을 한 가지 쓰시오.

▲ 한라산   ▲ 북한산

---

16 보기 에서 화강암의 특징을 모두 골라 기호를 쓰시오.

보기
㉠ 어두운 색이다.
㉡ 땅속 깊은 곳에서 서서히 식어서 만들어졌다.
㉢ 대체로 밝은 바탕에 검은색 알갱이가 보인다.
㉣ 알갱이의 크기가 맨눈으로 구별하기 어려울 정도로 매우 작다.

( )

17 지진에 안전한 건물 모형을 설계한 것입니다. 지진의 진동을 흡수하도록 사용한 재료는 무엇인지 쓰시오.

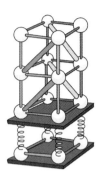

( )

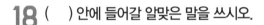

5   물의 여행

18 ( ) 안에 들어갈 알맞은 말을 쓰시오.

물이 상태가 변하면서 육지, 바다, 공기 중, 생명체 등 여러 곳을 끊임없이 돌고 도는 과정을 '물의 ( )'이라고 한다.

( )

서술형

19 물 부족 현상을 해결할 수 있는 방법 중 우리가 실천할 수 있는 것을 한 가지 쓰시오.

---

20 아프리카 에티오피아에서 낮과 밤의 기온 차이를 이용해 물을 모으는 탑의 이름을 쓰시오.

( )

1 식물의 생활

1 잎의 개수가 한 개인 것과 여러 개인 것으로 식물을 분류할 때 빈칸에 들어갈 식물은 무엇입니까?

( )

잎의 개수가 한 개인 것	잎의 개수가 여러 개인 것
강아지풀, 단풍나무, 은행나무	

① 연꽃　　　　　② 국화
③ 대나무　　　　④ 토끼풀
⑤ 감나무

서술형

2 들이나 산에서 사는 식물의 공통적인 특징을 한 가지 쓰시오.

_____

_____

3 강이나 연못에서 사는 식물 중 물에 떠서 사는 식물의 특징으로 바른 것은 어느 것입니까? ( )

① 키가 크다.
② 잎과 줄기가 튼튼하다.
③ 뿌리가 물속의 땅에 있다.
④ 수염처럼 생긴 뿌리가 있다.
⑤ 줄기가 물의 흐름에 따라 잘 휜다.

4 부레옥잠의 잎자루에 있는 공기주머니의 역할은 무엇입니까? ( )

① 줄기를 튼튼하게 한다.
② 땅속에서 살 수 있게 한다.
③ 물에 떠서 살 수 있게 한다.
④ 뿌리가 수염처럼 자라게 한다.
⑤ 물속에 잠겨서 살 수 있게 한다.

2 물의 상태 변화

5 액체 상태인 물의 특징을 모두 골라 기호를 쓰시오.

┌─────────────────────────────────┐
│ ㉠ 흐른다.　　　　　㉡ 손에 잡힌다. │
│ ㉢ 눈에 보인다.　　　㉣ 모양이 일정하다. │
└─────────────────────────────────┘

( )

6 우리 주변에서 다음과 같은 부피 변화가 나타나는 경우는 어느 것입니까? ( )

┌─────────────────────────────────┐
│ 한겨울에 수도관에 설치된 계량기가 터졌다. │
└─────────────────────────────────┘

① 물을 가득 넣어 얼린 페트병이 커졌다.
② 튜브형 얼음과자가 녹아 공간이 생겼다.
③ 가스레인지에 올려놓은 냄비의 국이 끓었다.
④ 비가 온 뒤 젖은 길이 시간이 지나자 말랐다.
⑤ 욕실의 차가운 거울 표면에 물방울이 생겼다.

서술형

7 맑은 날 아침 풀잎이나 거미줄에 물방울이 맺히거나 추운 겨울 유리창 안쪽에 물방울이 맺히는 변화가 일어난 까닭을 쓰시오.

_____

_____

100점
예상
문제

8 물이 수증기로 상태가 변화된 예는 어느 것입니까?
( )

① 이글루를 만든다.
② 인공 눈을 만든다.
③ 얼음과자를 만든다.
④ 얼음 작품을 만든다.
⑤ 스팀다리미로 옷의 주름을 편다.

3 그림자와 거울

9 손전등과 스크린 사이에 도자기 컵을 놓고 손전등의 빛을 비췄을 때 진하고 선명한 그림자가 생기는 까닭은 무엇입니까? ( )

① 도자기 컵이 빛을 흡수하기 때문이다.
② 빛이 도자기 컵을 대부분 통과하기 때문이다.
③ 빛이 도자기 컵을 통과하지 못하기 때문이다.
④ 빛이 도자기 컵을 만나면 굴절하기 때문이다.
⑤ 빛이 도자기 컵을 만나면 반사하기 때문이다.

서술형

10 구급차의 앞부분에 숫자를 좌우로 바꾸어 쓴 까닭은 무엇인지 쓰시오.

11 거울 한 개를 사용하여 손전등의 빛을 종이 과녁판에 비추었을 때 빛이 나아가는 길을 그려 보시오.

12 다음에서 설명하는 것은 무엇인지 쓰시오.

• 우리가 흔히 사용하는 생활용품이다.
• 사람들이 자신의 모습을 보거나 주변에 있는 다른 모습을 볼 때 사용한다.

( )

4 화산과 지진

13 다음과 같이 지표로 분출한 마그마에서 가스 성분이 빠져나가고 남은 액체 상태의 화산 분출물은 무엇인지 쓰시오.

( )

14 화산재가 우리 생활에 주는 이로움은 어느 것입니까? (   )

① 물을 오염시킨다.
② 땅을 기름지게 한다.
③ 농작물에 피해를 준다.
④ 항공기 운항에 차질이 생긴다.
⑤ 동물에게 호흡기 질병이 생긴다.

[15~16] 다음은 다른 나라에서 발생한 지진 피해 사례입니다.

연도	발생 지역	㉠	피해 내용
2018	대만	6.0	사망자 및 실종자 발생, 호텔 붕괴
2017	일본	5.6	전봇대 파손, 건물 손상
2016	네팔	7.9	사망자 및 실종자 발생, 건물 붕괴

15 ㉠에 들어갈 말을 쓰시오.

(   )

16 위 표에서 가장 강한 지진이 발생한 나라는 어디인지 쓰시오.

(   )

서술형

17 학교 교실 안에 있는 경우 지진이 발생했을 때 대처 방법을 한 가지 쓰시오.

─────────────────

5 물의 여행

18 물을 이용하는 경우가 <u>아닌</u> 것은 어느 것입니까?
(   )

① 물을 마셔 갈증을 해소한다.
② 농작물을 키우기 위해서 물을 뿌린다.
③ 공장에서 물을 사용하여 물건을 만든다.
④ 기차를 타고 할머니, 할아버지 댁에 간다.
⑤ 물이 떨어지는 높이 차이를 이용해 전기를 만든다.

19 물이 부족한 까닭이 <u>아닌</u> 것은 무엇입니까?
(   )

① 사람들이 물을 아껴 쓰기 때문이다.
② 산업 발달로 이용 가능한 물이 줄었기 때문이다.
③ 인구가 증가하여 물 이용량이 많아졌기 때문이다.
④ 지역이나 기후에 따라서 이용 가능한 물의 양이 다르기 때문이다.
⑤ 물 이용량은 늘어났지만 사람들이 아껴 쓰지 않기 때문이다.

100점 예상 문제

20 다음은 아침에 맺힌 이슬로 물을 모으는 장치입니다. 어떤 지역에 설치해야 합니까? (   )

① 서늘한 지역
② 그늘진 지역
③ 매우 건조한 지역
④ 비가 많이 내리는 지역
⑤ 낮과 밤의 기온 차이가 큰 지역

메모 Memo

선생님이 **강력 추**천하는

개념 PLUS
단원평가

8종 검정 교과서

완벽 분석

과학

종합평가

4·2

3~4학년군

교육의 길잡이·학생의 동반자
(주)교학사

1 ( ) 안에 공통으로 알맞은 말을 쓰시오.

> • 여러 가지 식물을 특징에 따라 ( )할 수 있다.
> • 식물을 잎의 생김새에 따라 ( )할 때에는 잎의 전체적인 모양, 끝 모양, 가장자리 모양, 잎맥의 모양 등을 기준으로 ( )할 수 있다.

( )

2 식물의 잎을 분류하는 기준으로 알맞지 <u>않은</u> 것은 어느 것입니까? ( )

① 잎의 모양이 예쁜가?
② 잎의 끝 모양이 뾰족한가?
③ 잎맥의 모양이 그물 모양인가?
④ 잎의 가장자리 모양이 매끈한가?
⑤ 잎의 전체적인 모양이 바늘 모양인가?

3 잎의 구조를 나타낸 것입니다. 잎에서 선처럼 보이는 ㉠은 무엇인지 쓰시오.

( )

🔍 관련 교과서 돋보기

잎의 구조

잎맥

잎몸

잎자루

잎몸

잎맥

4 다음은 식물의 잎을 어떤 분류 기준으로 분류한 것입니까? ( )

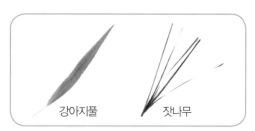

강아지풀   잣나무

목련   떡갈나무   감나무

① 잎의 촉감
② 잎의 끝 모양
③ 잎의 전체적인 모양
④ 잎의 가장자리 모양
⑤ 잎자루에 달린 잎의 개수

5 풀과 나무에 대한 설명입니다. ( ) 안의 알맞은 말에 ○표 하시오.

> (풀 , 나무)은 대부분 한해살이 식물이며 키가 작고 줄기가 가늘며, (풀 , 나무)는 모두 여러해살이 식물이며 대부분 키가 크고 줄기가 굵다.

6 풀과 나무의 특징을 비교한 것으로 바르지 <u>않은</u> 것은 어느 것입니까? ( )

① 나무는 풀보다 키가 크다.
② 풀은 나무보다 줄기가 가늘다.
③ 풀은 겨울철에 줄기를 볼 수 없지만, 나무는 볼 수 있다.
④ 풀은 필요한 양분을 스스로 만들지만 나무는 만들지 못한다.
⑤ 풀은 대부분 한해살이 식물이고, 나무는 모두 여러해살이 식물이다.

7 다음과 같은 특징을 모두 갖고 있는 식물은 어느 것입니까? ( )

> • 키가 크다.
> • 줄기가 굵고 단단하다.
> • 여러해살이 식물이다.

① 명아주 ② 떡갈나무
③ 민들레 ④ 강아지풀
⑤ 닭의장풀

8 소나무의 특징으로 바른 것은 어느 것입니까?
( )

① 한해살이 식물이다.
② 민들레보다 키가 작다.
③ 줄기를 만져 보면 거칠다.
④ 잎의 가장자리가 톱니 모양이다.
⑤ 잎은 전체적으로 끝이 더 넓은 달걀 모양이다.

9 부레옥잠에 대한 설명으로 바르지 않은 것을 골라 기호를 쓰시오.

> ㉠ 잎자루가 공처럼 볼록하다.
> ㉡ 뿌리가 수염처럼 생겼다.
> ㉢ 볼록한 잎자루 위에 둥근 잎몸이 있다.
> ㉣ 잎의 표면이 거칠고 가는 털이 많다.

( )

서술형

10 부레옥잠의 잎자루를 칼로 자른 뒤 물이 담긴 수조에 넣고 물속에서 손가락으로 누를 때 어떤 현상이 나타나는지 쓰시오.

11 물에 떠서 사는 식물의 특징으로 바른 것은 어느 것입니까? ( )

① 꽃이 물속에서 핀다.
② 잎이 물 위로 높이 자란다.
③ 물의 흐름에 따라 잘 휘어진다.
④ 물속의 땅에 뿌리를 내리고 있다.
⑤ 수염처럼 생긴 뿌리가 물속에 뻗어 있다.

🔍 **관련 교과서 돋보기**

강이나 연못에 사는 식물
• 잎이 물 위로 높이 자라는 식물: 물가나 물속의 땅에 뿌리를 내리고, 잎과 꽃이 물 위로 높이 자랍니다.
• 잎이 물에 떠 있는 식물: 물속의 땅에 뿌리를 내리고 잎과 꽃이 물 위에 떠 있습니다.
• 물에 떠서 사는 식물: 수염처럼 생긴 뿌리가 물속에 뻗어 있습니다.
• 물속에 잠겨서 사는 식물: 잎과 줄기가 물의 흐름에 따라 잘 휘어집니다.

12 강이나 연못에서 식물이 사는 곳과 식물의 종류를 선으로 연결하시오.

(1) 물에 떠서 사는 식물 •
(2) 잎이 물 위로 높이 자라는 식물 •

• ㉠ 갈대, 부들, 연꽃
• ㉡ 개구리밥, 부레옥잠, 생이가래

13 사막 환경에 대한 설명으로 바르지 않은 것은 어느 것입니까? ( )

① 물이 풍부하다.
② 비가 적게 오고 건조하다.
③ 낮과 밤의 온도 차가 크다.
④ 낮에는 햇볕이 강해서 뜨겁다.
⑤ 모래로 이루어져 있고, 모래 폭풍이 분다.

14 사막에 적응한 식물의 모습과 해당하는 식물을 선으로 연결하시오.

(1) 크고 두꺼운 잎속에 물을 저장한다. •

• ㉠

▲ 선인장

(2) 잎이 가시 모양이다. •

• ㉡

▲ 용설란

15 오른쪽 식물의 특징을 모두 고르시오. (,)

① 갯벌에 산다.
② 줄기에 물을 저장한다.
③ 수염 같은 뿌리가 있다.
④ 잎은 뾰족한 가시 모양이다.
⑤ 키가 작고 줄기가 통통하다.

▲ 통통마디

🔍 관련 교과서 돋보기

바닷가에 사는 식물
• 갯벌: 통통마디, 해홍나물 등이 살며 바닷물을 빨아들인 다음 소금은 다시 내보내고 물만 이용합니다.
• 바닷가 모래땅: 갯메꽃, 해당화 등이 살며 갯메꽃은 잎 표면이 단단하고 광택이 나며, 줄기가 옆으로 뻗어 나갑니다.

16 ◦보기◦의 식물들이 사는 곳의 환경으로 바른 것을 모두 고르시오. (,)

◦보기◦
남극구슬이끼, 북극버들

① 온도가 낮다.
② 햇빛이 강하다.
③ 바람이 많이 분다.
④ 물속에 염분이 많다.
⑤ 물이 적고 기온이 높다.

17 가시철조망을 만드는 데 활용된 장미 덩굴의 특징은 무엇입니까? ( )

① 줄기가 굵다.
② 잎이 광택이 난다.
③ 꽃에서 향기가 난다.
④ 줄기에 가시가 있다.
⑤ 꽃에 끈끈한 물질이 있다.

18 식물의 특징을 모방하여 생활에서 활용한 예로 바른 것을 모두 골라 기호를 쓰시오.

㉠ 우엉 열매 가시의 갈고리 모양을 모방하여 단추, 끈을 대신하는 찍찍이 테이프를 만든다.
㉡ 단풍나무 열매가 빙글빙글 돌아가며 멀리 날아가는 특징을 모방하여 기능성 옷을 만든다.
㉢ 연잎 표면에 난 작은 돌기를 모방하여 창문의 유리에 뿌리는 유리 코팅제를 만든다.

( )

19 물이 스며들지 않는 방수복을 만드는 데 활용한 식물은 무엇입니까? ( )

① 연잎
② 우엉 열매
③ 단풍나무 열매
④ 비로야자의 주름
⑤ 덩굴장미의 가시

20 도꼬마리 열매와 찍찍이 테이프의 모습을 보고 ( ) 안에 알맞은 말을 쓰시오.

▲ 도꼬마리 열매

▲ 찍찍이 테이프

도꼬마리 열매와 찍찍이 테이프는 끝이 ( ) 모양이어서 동물의 털이나 옷 등에 쉽게 붙을 수 있다.

( )

1 ( ) 안에 알맞은 물의 상태를 쓰시오.

> 물은 고체인 (㉠), 액체인 (㉡), 기체인 (㉢)의 세 가지 상태가 있다.

㉠: ( )
㉡: ( )
㉢: ( )

2 조각 얼음을 손바닥에 올려놓고 시간이 지나면 어떻게 됩니까? ( )

① 얼음의 크기가 커진다.
② 얼음이 더 차가워진다.
③ 얼음이 더 단단해진다.
④ 얼음이 녹아 물이 된다.
⑤ 손바닥에 묻은 물은 다시 얼음이 된다.

3 액체인 물의 특징을 모두 골라 기호를 쓰시오.

> ㉠ 흐른다.
> ㉡ 차갑고 단단하다.
> ㉢ 담는 그릇에 따라 모양이 변한다.
> ㉣ 손에 잡히지 않는다.

( )

4 오른쪽과 같이 플라스틱 시험관에 물을 넣고 물의 높이를 표시한 후 물을 얼렸을 때 물이 언 후의 물의 높이는 어느 것인지 기호를 쓰시오.

( )

🔍 **관련 교과서 돋보기**

물이 얼 때의 부피와 무게 변화 관찰
• 시험관에 물 높이를 표시할 때는 눈높이에서 합니다.
• 시험관을 비커에 꽂아 얼릴 때는 유성 펜으로 표시한 선이 얼음에 잠기도록 합니다.

5 물이 들어 있는 페트병을 냉동실에 넣어 얼리면 페트병이 볼록해지는 현상과 같은 예는 어느 것입니까?

( )

① 과일을 말린다.
② 젖은 빨래를 말린다.
③ 처마 밑의 고드름이 녹았다.
④ 스팀다리미로 옷의 주름을 폈다.
⑤ 추운 겨울날 수도 계량기가 얼어 터졌다.

6 얼음이 녹을 때의 부피와 무게 변화에 대해 바르게 말한 친구는 누구인지 ○표 하시오.

(1) 민수–얼음이 녹으면 무게가 줄어들어.
( )
(2) 경일–얼음이 녹으면 부피가 줄어들어.
( )
(3) 석주–얼음이 녹으면 부피가 늘어나. ( )
(4) 희경–얼음이 녹으면 무게가 늘어나. ( )

7 꽁꽁 얼어 있던 튜브형 얼음과자가 녹으면서 다음과 같이 변한 까닭은 무엇입니까? ( )

▲ 얼음과자가 얼었을 때   ▲ 얼음과자가 녹았을 때

① 물의 무게가 늘어났기 때문에
② 물의 부피가 늘어났기 때문에
③ 물의 부피가 줄어들었기 때문에
④ 물의 무게가 줄어들었기 때문에
⑤ 물의 무게가 변하지 않기 때문에

서술형

8 비커에 물을 넣고 뚜껑을 덮지 않은 채 하루 동안 두었을 때 물이 조금 줄어들었습니다. 줄어든 물은 어떻게 되었는지 쓰시오.

_____

9 물의 표면에서 물이 수증기로 변하는 현상을 무엇이라고 하는지 쓰시오.

(   )

10 우리 생활에서 물이 증발하는 예가 <u>아닌</u> 것은 어느 것입니까? (   )

① 땀을 말릴 때
② 감을 말릴 때
③ 젖은 머리카락을 말릴 때
④ 바닷물에서 소금을 얻을 때
⑤ 뜨거운 냄비의 뚜껑 안쪽에 물방울이 맺힐 때

[11~12] 비커에 물을 반 정도 넣고 유성 펜으로 물의 높이를 표시한 후 물을 가열하였습니다.

▲ 물이 끓기 전   ▲ 물이 끓을 때

11 물이 끓을 때 물속에서 생기는 기포는 물이 무엇으로 변한 것입니까? (   )

① 물   ② 산소
③ 얼음   ④ 수증기
⑤ 이산화 탄소

서술형

12 앞 11번에서 물이 끓고 난 후의 물의 높이를 물이 끓기 전과 비교하여 쓰시오.

_____

_____

13 유리 냄비에서 물이 끓는 모습이 <u>아닌</u> 것은 어느 것입니까? (   )

① 처음에는 변화가 거의 없다.
② 물의 높이가 시간이 지날수록 낮아진다.
③ 물이 끓기 시작하면 기포가 점점 줄어든다.
④ 물이 끓으면서 생긴 기포는 위로 올라간다.
⑤ 물이 끓을 때 물속에서 생긴 기포는 물이 수증기로 변한 것이다.

14 서로 관계있는 것끼리 선으로 연결하시오.

(1) 물이 수증기로 상태가 변한다. •

(2) 물 표면에서만 물이 수증기로 변한다. •   • ㉠ 증발

(3) 물의 양이 매우 천천히 줄어든다. •   • ㉡ 끓음

(4) 물 표면과 물속에서 물이 수증기로 변한다. •

15 ◦보기◦에서 페트병 표면에 생긴 물방울은 어디에서 온 것입니까? (   )

┌─◦보 기◦─────────────────────┐
│ 보연이가 냉동실에서 꺼낸 차가운 페트병을 책 │
│ 상에 놓아두면 페트병 표면에 물방울이 맺힌다. │
└────────────────────────────┘

① 책상   ② 페트병
③ 공기 중   ④ 보연이 손
⑤ 페트병 속

16 뜨거운 차를 마실 때 안경이 뿌옇게 흐려지는 것은 어떤 현상입니까? (   )

① 증발   ② 응결
③ 끓음   ④ 거름
⑤ 흡수

┌─ 관련 교과서 돋보기 ──────────────────┐
│ 수증기가 응결하는 현상 예   │
│ • 냉장고에서 차가운 물병을 꺼내 놓으면 물병 표면에 물방 │
│ 울이 맺히는 것   │
│ • 이른 아침 풀잎에 이슬이 맺히는 것   │
│ • 가열한 냄비의 뚜껑 안쪽에 물방울이 맺히는 것   │
│ • 물이 끓을 때 하얗게 보이는 김   │
└─────────────────────────────────┘

[17~18] 플라스틱병에 주스와 얼음을 넣고 마개로 막은 다음 플라스틱병을 접시에 올려놓고 전자저울로 무게를 측정하였습니다.

◦서술형◦

17 시간이 지난 뒤 접시에 올려놓은 플라스틱병의 무게를 측정하였을 때 처음과 비교하면 어떤 변화가 나타나는지 쓰시오.

18 앞 17번 정답과 같은 무게 변화가 나타나는 까닭은 무엇입니까? (   )

① 플라스틱병 속의 얼음이 녹았기 때문에
② 플라스틱병 속의 물이 증발했기 때문에
③ 플라스틱병 속의 얼음이 주스 위에 뜨기 때문에
④ 플라스틱병 속의 주스와 얼음이 서로 섞였기 때문에
⑤ 공기 중의 수증기가 응결하여 차가운 플라스틱병 표면에 맺혔기 때문에

19 물의 어떤 상태 변화를 이용한 것인지 선으로 연결하시오.

(1) ┌인공 눈\n만들기┐ •   • ㉠ ┌수증기 → 물┐

(2) ┌제습기┐ •   • ㉡ ┌물 → 수증기┐

(3) ┌가습기┐ •   • ㉢ ┌물 → 얼음┐

20 물이 얼음으로 상태가 변하는 현상을 이용한 경우는 어느 것인지 기호를 쓰시오.

┌────────────────────────────┐
│ ㉠ 구겨진 옷을 스팀다리미로 다린다.   │
│ ㉡ 집 안이 건조할 때 방 안에 젖은 수건을 걸어 │
│   둔다.   │
│ ㉢ 여러 개의 얼음 조각을 붙여 작품을 만든다.   │
└────────────────────────────┘

(   )

3. 그림자와 거울

1 흰 종이에 공의 그림자를 만들려면 무엇이 필요한지 모두 고르시오. (, ,)

① 공
② 종이컵
③ 손전등
④ 흰 종이
⑤ 초시계

관련 교과서 돋보기

그림자가 생기는 조건
• 빛과 물체가 필요합니다.
• 빛은 물체를 바라보는 방향으로 비추어야 합니다.

2 손전등의 빛을 물체에 비추었을 때 스크린에 그림자가 생기게 하려면 물체를 어느 위치에 놓아야 하는지 기호를 쓰시오.

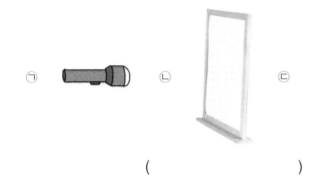

㉠ ㉡ ㉢

( )

3 운동장에서 그림자밟기 놀이를 할 때 술래가 내 그림자를 밟지 <u>않게</u> 하는 방법을 모두 고르시오.
(,)

① 운동장에 눕는다.
② 철봉에 매달린다.
③ 해를 등지고 도망간다.
④ 해를 바라보고 도망간다.
⑤ 건물의 그림자 속으로 들어간다.

4 빛을 대부분 통과시켜 그림자가 연하게 생기는 물체는 어느 것입니까? ( )

① 인형
② 모자
③ 양산
④ 책가방
⑤ 투명 플라스틱 컵

[5~6] 손전등과 스크린 사이에 도자기 컵과 유리컵을 각각 놓고 손전등으로 빛을 비춰 보았습니다.

(가)

▲ 도자기 컵을 놓을 때

(나)

▲ 유리컵을 놓을 때

5 위 실험에서 손전등의 빛이 도자기 컵과 유리컵을 통과하는 정도를 바르게 설명한 것을 모두 고르시오.
(,)

① 유리컵을 대부분 통과한다.
② 도자기 컵을 대부분 통과한다.
③ 유리컵을 대부분 통과하지 못한다.
④ 도자기 컵을 대부분 통과하지 못한다.
⑤ 도자기 컵과 유리컵 모두 빛의 세기에 따라 달라진다.

6 위 실험에서 진하고 선명한 그림자가 생기는 것은 어느 것인지 기호를 쓰시오.

( )

관련 교과서 돋보기

그림자의 진하기
• 빛이 나아가다가 투명한 물체를 만나면 빛이 대부분 통과하기 때문에 연한 그림자가 생깁니다.
• 빛이 나아가다가 불투명한 물체를 만나면 빛이 통과하지 못하기 때문에 진한 그림자가 생깁니다.

7 손전등, 삼각형 모양 종이, 스크린을 차례대로 놓고 손전등 빛을 비추었을 때, 스크린에는 어떤 모양의 그림자가 생깁니까? (   )

8 위 **7**번에서 손전등과 스크린 사이에 둥근 기둥 모양 블록을 놓았을 때 만들 수 있는 그림자 모양은 어느 것인지 ○표 하시오.

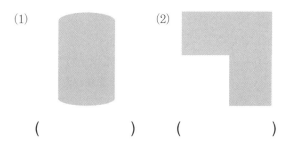

(1)   (   )   (2)   (   )

9 다음에서 설명하는 것은 무엇인지 (   ) 안에 알맞은 말을 쓰시오.

> 태양이나 손전등에서 나온 빛은 사방으로 곧게 나아간다. 이렇게 빛이 곧게 나아가는 성질을 (   )이라고 한다.

(   )

[10~12] 손전등과 스크린 사이에 종이 인형을 놓고 손전등 빛을 비춰 보았습니다.

10 종이 인형과 스크린을 그대로 두고, 손전등을 ㉠ 방향으로 움직이면 종이 인형의 그림자 크기는 어떻게 변합니까? (   )

① 커진다.   ② 작아졌다가 커진다.
③ 작아진다.   ④ 커졌다가 작아진다.
⑤ 그대로이다.

11 손전등을 ㉠과 ㉡ 중 어느 쪽으로 움직일 때, 종이 인형의 그림자 크기가 작아지는지 기호를 쓰시오.

(   )

12 위 실험으로 무엇을 알 수 있습니까? (   )

① 손전등을 움직이면 그림자가 사라진다.
② 손전등을 움직이면 그림자의 모양이 달라진다.
③ 손전등을 움직여도 그림자의 크기는 변하지 않는다.
④ 손전등과 물체 사이의 거리에 따라 그림자의 크기가 달라진다.
⑤ 손전등과 물체 사이의 거리에 관계없이 그림자의 크기는 항상 같다.

13 종이 거울에 비친 글자 카드의 모습입니다. 글자 카드에 쓰인 글자를 읽어 쓰시오.

(   )

[14~15] 거울 앞에 인형을 세우고 거울에 비친 인형의 모습을 관찰하여 보았습니다.

서술형

14 오른쪽 실험에서 실제 인형과 거울에 비친 인형의 모습을 보고 공통점을 한 가지 쓰시오.

_____

15 위 14번 실험에 대한 설명으로 바른 것은 어느 것입니까? (   )

① 실제 인형은 왼쪽 손을 올렸다.
② 거울에 비친 인형은 오른쪽 손을 올렸다.
③ 거울에 비친 인형은 실제 인형과 색깔이 다르다.
④ 거울에 비친 인형은 실제 인형과 다른 쪽 손을 올렸다.
⑤ 거울에 비친 인형은 실제 인형과 상하가 바뀌어 보인다.

16 손전등의 빛이 거울의 아랫부분에 닿도록 비추었을 때 빛이 나아가는 모습을 바르게 설명한 것은 어느 것입니까? (   )

① 빛이 거울 속으로 흡수된다.
② 빛이 거울에 부딪쳐 어두워진다.
③ 빛이 거울을 통과해 계속 나아간다.
④ 빛이 거울에 부딪쳐 다른 방향으로 반사된다.
⑤ 빛이 거울에 부딪쳐 여러 방향으로 나아간다.

관련 교과서 돋보기

빛이 거울에 부딪쳐 나아가는 모습 관찰
• 준비물: 흰 종이, 평면거울, 손전등, 집게 두 개
• 실험 방법
  – 흰 종이를 깔고 거울을 수직으로 세운 뒤 손전등의 불을 켭니다.
  – 손전등의 빛이 거울의 아랫부분에 닿도록 비춥니다.
  – 손전등의 빛을 눈에 직접 비추지 않도록 주의합니다.

17 (   ) 안에 알맞은 말을 쓰시오.

거울은 (   )을/를 이용해 물체의 모습을 비추는 도구이다.

(   )

18 미용실에서 내 뒷머리를 거울을 이용해 볼 수 있는 까닭은 무엇입니까? (   )

① 빛은 한 방향으로 곧게 나아가기 때문에
② 거울은 빛의 방향을 바꿀 수 있기 때문에
③ 거울은 물체의 크기를 크게 보이게 하기 때문에
④ 빛이 거울에 부딪치면 물체가 작게 보이기 때문에
⑤ 빛이 거울에 부딪치면 여러 방향으로 나아가기 때문에

19 다음은 어떤 물체를 사용했을 때의 좋은 점인지 쓰시오.

• 학교에 가기 전에 나의 모습을 볼 수 있다.
• 어머니께서 운전하실 때 이것을 이용하여 뒤에 오는 차를 확인할 수 있다.
• 승강기 안에 이것을 설치하여 실내를 넓어 보이게 한다.

(   )

20 자동차 옆 거울의 쓰임새를 가장 바르게 설명한 것은 어느 것입니까? (   )

① 옷을 입은 모습을 볼 때
② 나의 머리 모양을 볼 때
③ 차 뒤쪽의 모습을 볼 때
④ 세수를 하고 얼굴을 볼 때
⑤ 입안의 잘 보이지 않는 곳을 볼 때

1 ( ) 안에 알맞은 말을 쓰시오.

> 땅속 깊은 곳에 암석이 녹아 있는 것을 마그마라고 한다. ( )은/는 이러한 마그마가 지표 밖으로 분출하여 생긴 지형이다.

( )

2 화산 활동으로 만들어진 곳이 <u>아닌</u> 것은 어느 것입니까? ( )

① 백두산 ② 지리산
③ 한라산 ④ 시나붕산
⑤ 베수비오산

3 화산의 특징으로 바른 것은 어느 것입니까? ( )

① 모두 주변 지형보다 낮다.
② 화산의 생김새는 모두 같다.
③ 화산의 경사나 높이는 모두 같다.
④ 화산의 분화구는 항상 말라 있다.
⑤ 화산의 꼭대기에 분화구가 있는 것도 있다.

4 화산 분출 모형실험입니다. 이 실험에서 볼 수 <u>없는</u> 모습은 어느 것입니까? ( )

> • 알루미늄 포일로 화산 모형을 만든 뒤 모형에 설탕을 넣고 은박 접시 위에 올려놓는다.
> • 위 은박 접시를 삼발이 위에 올려놓고 알코올램프로 가열한다.
> • 설탕이 녹으면 탄산수소 나트륨을 넣는다.

① 윗부분에서 연기가 난다.
② 흘러나온 물질이 식어 굳는다.
③ '퍽퍽'하고 터지는 소리가 난다.
④ 화산 모형 밖으로 물질이 흘러나온다.
⑤ 흘러나온 물질이 모두 기체로 변한다.

5 화산이 분출할 때 나오는 물질이 <u>아닌</u> 것은 어느 것입니까? ( )

① 용암 ② 얼음
③ 화산재 ④ 화산 가스
⑤ 화산 암석 조각

6 다음에서 설명하는 것은 무엇입니까? ( )

> • 화산 분출물이다.
> • 대부분 수증기이다.
> • 여러 가지 기체를 포함하고 있다.

① 용암 ② 마그마
③ 화산재 ④ 화산 가스
⑤ 화산 암석 조각

> 관련 교과서 돋보기
>
> 화산 가스
> • 수증기, 이산화 탄소, 일산화 탄소, 이산화 황, 황화 수소를 포함한 많은 가스가 화산 활동이 일어나는 동안 분출됩니다.
> • 수증기는 분출된 화산 가스의 90 % 이상을 차지합니다.
> • 화산 가스는 용암과 화산 암석 조각의 분출 전이나 도중 또는 후에도 분출됩니다.

7 화산 분출물의 상태를 바르게 선으로 연결하시오.

(1) 용암 •

(2) 화산재 •

(3) 화산 가스 •

(4) 화산 암석 조각 •

• ㉠ 고체

• ㉡ 액체

• ㉢ 기체

[8~9] 화산 활동으로 암석이 만들어지는 장소입니다.

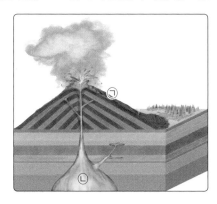

8 위 ㉠ 위치에서 만들어지는 암석의 모습은 어느 것인지 ○표 하시오.

(1)
(2)

(   )   (   )

현무암과 화강암
- 현무암: 마그마가 땅 위로 분출하여 지표 부근에서 빠르게 식으면서 굳어진 것으로 알갱이 크기가 작습니다.
- 화강암: 마그마가 땅속 깊은 곳에서 느리게 식으면서 굳어진 것으로 알갱이 크기가 큽니다.

---

9 ㉡ 위치에서 만들어지는 암석의 특징이 <u>아닌</u> 것은 어느 것입니까? (   )

① 밝은색을 띤다.
② 건축 재료로 주로 사용한다.
③ 화산 가스가 빠져나간 구멍이 많이 있다.
④ 마그마가 서서히 식어 알갱이의 크기가 크다.
⑤ 땅속 깊은 곳에서 마그마가 느리게 식으면서 굳어진 것이다.

10 현무암과 화강암 중 어떤 암석으로 만든 것인지 쓰시오.

제주도 돌하르방, 돌담, 맷돌, 화분

(   )

11 화산 활동이 우리 생활에 주는 피해는 어느 것입니까? (   )

① 화산 주변에 온천을 개발한다.
② 화산 주변을 관광지로 개발한다.
③ 화산재의 영향으로 호흡기 질병에 걸릴 수 있다.
④ 화산재는 오랜 시간이 지나면 땅을 기름지게 한다.
⑤ 땅속의 높은 열을 이용하여 지열 발전을 할 수 있다.

12 화산 활동을 이용하는 경우를 ◦보기◦에서 모두 골라 기호를 쓰시오.

┌─보기─
│ ㉠ 온천 개발 산업   ㉡ 지열 발전 산업
│ ㉢ 항공기 개발 사업   ㉣ 지하철 연장 사업
└─

(   )

◦서술형◦

13 위 12번 정답은 화산 활동을 우리 생활에 어떻게 활용하는 예인지 쓰시오.

_____

[14~15] 지진이 발생하는 까닭을 모형실험으로 알아보았습니다.

㉠
㉡

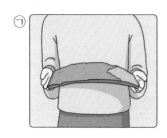

14 위 지진 발생 모형실험에서 지진이 발생하는 순간을 나타내는 것은 어느 것인지 기호를 쓰시오.

(   )

15 앞 14번에서 지진 발생 모형실험과 실제 자연 현상을 비교하여 선으로 연결하시오.

(1) 우드록 · · ㉠ 지진

(2) 양손으로 미는 힘 · · ㉡ 지구 내부에서 작용하는 힘

(3) 우드록이 끊어 질 때의 떨림 · · ㉢ 땅

과학 교과서 돋보기

지진 발생 모형 실험
• 준비물: 우드록, 찰흙, 보안경 등
• 우드록에 찰흙으로 땅 모양을 만듭니다.
• 우드록을 양손으로 잡고 수평 방향으로 밉니다.
• 우드록에 계속 힘을 주어 끊어질 때까지 밉니다.

16 지진에 대한 설명으로 바르지 <u>않은</u> 것은 어느 것입니까? (   )

① 지진 발생은 막을 수 있다.
② 지진이 발생하면 진동을 느낀다.
③ 지진이 발생하면 건물이 무너지기도 한다.
④ 지진은 화산 활동에 의해 발생하기도 한다.
⑤ 지진이 발생하면 땅이 휘어지거나 끊어지기도 한다.

17 지진 피해 사례를 조사할 때 반드시 조사하지 <u>않아도</u> 되는 것은 무엇입니까? (   )

① 지진의 규모
② 지진이 발생한 날짜
③ 지진으로 인한 피해
④ 지진이 발생한 위치
⑤ 지진이 발생한 날의 날씨

서술형

18 우리나라에서 발생한 지진 피해 사례입니다. 가장 강한 지진을 쓰고, 그렇게 생각하는 까닭을 쓰시오.

구분	연도	발생 지역	규모	피해 내용
㉠	2018	경상북도 포항시	4.6	부상자 발생
㉡	2017	경상북도 포항시	5.4	부상자 및 이재민 발생, 건물 훼손
㉢	2016	경상북도 경주시	5.8	부상자 발생, 건물 균열, 지붕과 담장 파손

(1) 가장 강한 지진: (   )

(2) 까닭: _____

_____

19 지진이 발생했을 때 교실 안에 있었다면 가장 먼저 해야 할 행동은 무엇입니까? (   )

① 구급약품을 찾는다.
② 학교 전기를 차단한다.
③ 학교 밖으로 뛰어나간다.
④ 친구들과 교무실로 뛰어간다.
⑤ 책상 아래로 들어가 몸을 웅크린다.

20 지진이 발생했을 때 대처하는 방법으로 바른 것은 ○표, 바르지 않은 것은 ×표 하시오.

(1) 흔들림이 멈추면 계단 대신 승강기를 이용하여 빨리 이동한다. (   )
(2) 지진이 발생했을 때 승강기 안에 있을 경우 가장 높은 층으로 이동한다. (   )
(3) 흔들림이 멈추면 계단으로 이동하고 넓은 곳으로 대피한다. (   )

[1~3] 실험 과정을 보고 물음에 답하시오.

> ㉠ 플라스틱 컵 바닥에 젖은 모래를 비스듬히 눌러 담고 벽면을 따라 물을 천천히 붓는다.
> ㉡ 모래 위에 조각 얼음을 올려놓는다.
> ㉢ 컵 뚜껑을 뒤집어 구멍을 랩으로 덮어 막고 조각 얼음 일곱 개를 넣은 뒤 플라스틱 컵 위에 올려놓는다.
> ㉣ 열 전구 스탠드를 플라스틱 컵에서 약 20 cm 정도 떨어진 곳에 놓고 불을 켠다.

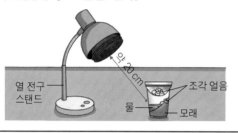

1 위 실험은 무엇을 알아보기 위한 것입니까? (   )

① 물이 얼 때의 부피 변화
② 물이 얼 때의 무게 변화
③ 얼음이 녹을 때의 부피 변화
④ 얼음이 녹을 때의 무게 변화
⑤ 물의 상태 변화와 이동 과정

2 위 실험을 할 때 필요한 실험 도구가 <u>아닌</u> 것은 어느 것입니까? (   )

① 랩   ② 조각 얼음
③ 열 전구 스탠드   ④ 알코올램프
⑤ 플라스틱 컵과 뚜껑

3 플라스틱 컵 안에서 일어나는 변화가 <u>아닌</u> 것은 어느 것입니까? (   )

① 모래 위의 얼음이 모두 녹았다.
② 뚜껑 속 얼음이 녹아 물이 되었다.
③ 플라스틱 컵 안쪽이 뿌옇게 흐려진다.
④ 플라스틱 컵 안쪽 벽면에 물방울이 맺힌다.
⑤ 플라스틱 컵 안에 있는 물은 모두 증발한다.

4 물의 순환 모형을 만들 때 필요하지 <u>않은</u> 것은 어느 것입니까? (   )

① 유성 펜   ② 자석
③ 지퍼 백   ④ 식용 색소
⑤ 셀로판테이프

5 위 **4**번 물의 순환 모형을 햇빛이 잘 드는 유리창에 붙여 놓았습니다. 2일~3일 동안 나타나는 변화로 바른 것에 ○표 하시오.

(1) 지퍼 백 안쪽에 물방울이 맺힌다. (   )
(2) 파란색이었던 물의 색깔이 변한다. (   )

> 🔍 관련 교과서 **돋보기**
>
> 물의 순환 모형 만들기
> • 지퍼 백에 태양, 구름, 육지, 나무 등을 유성 펜으로 그립니다.
> • 파란색 식용 색소를 탄 물을 지퍼 백에 $\frac{1}{5}$ 정도 넣고, 지퍼 백의 입구를 꼭 닫습니다.
> • 지퍼 백을 햇빛이 잘 드는 유리창에 셀로판테이프로 붙입니다.

6 물의 순환 과정입니다. 각각의 기호에 알맞은 말을 ◦보기◦에서 골라 쓰시오.

> ◦보기◦
>
> 구름, 비나 눈, 수증기

㉠: (   )
㉡: (   )
㉢: (   )

서술형

7 앞 6번 물의 순환 과정을 통해 알 수 있는 사실을 한 가지 쓰시오.

_____

_____

8 지구에서의 물의 순환 과정에 대한 설명으로 바른 것은 무엇입니까? (   )

① 밤에는 물이 순환하지 않는다.
② 지구 전체의 물의 양은 변한다.
③ 물의 상태는 변하지 않으며 순환한다.
④ 물은 여러 곳을 이동하며 우리 생활에 도움을 준다.
⑤ 물의 순환으로 이용할 수 있는 물의 양이 늘어난다.

9 (   ) 안에 공통으로 알맞은 말을 쓰시오.

> • 꽃을 키울 때 (   )을 이용한다.
> • 음식물이 담겨 있던 접시를 닦을 때 (   )을 이용한다.

(   )

> 🔍 **관련 교과서 돋보기**
>
> **물의 이용 예**
> • 우리 몸이나 물건을 깨끗이 할 때 물을 이용합니다.
> • 생명을 유지하는 데 물이 꼭 필요합니다.
> • 꽃이나 농작물을 키울 때 물을 이용합니다.
> • 전기를 만들 때 물을 이용합니다.
> • 음식을 찔 때 수증기를 이용합니다.
> • 생선을 신선하게 보관할 때 물을 얼려 이용합니다.

10 물이 동물이나 식물에게 중요한 까닭은 무엇입니까?
(   )

① 성장을 멈추게 하기 때문에
② 생명을 유지시켜 주기 때문에
③ 위험으로부터 보호해 주기 때문에
④ 여러 곳으로 이동시켜 주기 때문에
⑤ 지표면의 모양을 유지시켜 주기 때문에

11 물의 중요성에 대한 설명으로 바르지 않은 것은 어느 것입니까? (   )

① 물이 없으면 농사를 짓기 어렵다.
② 물은 생명을 유지할 수 있게 한다.
③ 물건을 이동할 때 물이 꼭 필요하다.
④ 청소할 때 물을 이용하여 깨끗하게 할 수 있다.
⑤ 높은 곳에서 물이 떨어지는 힘을 이용해 전기를 생산한다.

12 물을 이용하는 예 중 떨어지는 물을 이용하여 전기를 만드는 경우는 어느 것입니까? (   )

①  ②

③  ④

⑤

서술형

13 물의 모든 역할을 대신할 수 있는 물질이 있는지 쓰고, 그렇게 생각한 까닭도 쓰시오.

(1) 대신할 물질: (   )

(2) 까닭: _____

_____

14 생명을 유지하기 위해 물이 이용되는 경우는 어느 것입니까? (   )

① 물을 마신다.
② 아침에 일어나 이를 닦고 세수를 한다.
③ 화장실을 사용한 후 변기에 물을 내린다.
④ 물이 떨어지는 힘을 이용해 전기를 만든다.
⑤ 물이 만든 지형을 관광 자원으로 이용한다.

15 세계 곳곳에서 물 부족 현상이 나타나는 까닭으로 바르지 않은 것은 어느 것입니까? (   )

① 인구가 늘어나고 있어서
② 비가 충분히 내리지 않아서
③ 물의 오염이 심해지고 있어서
④ 사람들이 물을 아껴 쓰지 않아서
⑤ 산업이 발달하면서 물 사용량이 줄어들어서

16 물이 부족해지면 일어날 수 있는 일 중 알맞지 않은 것은 어느 것입니까? (   )

① 물을 사용하는 시설을 이용하기 어렵다.
② 물 대신 우유를 마셔 물 부족을 해결한다.
③ 농작물이 시들어 곡식이나 열매를 얻기 힘들다.
④ 강이나 호수가 말라 동물이나 식물이 살 수 없다.
⑤ 마실 수 있는 깨끗한 물이 줄어들어 사람이 살아가기 힘들다.

서술형

17 내가 다니고 있는 학교에 물이 나오지 않는다면 어떤 일이 생길지 한 가지 쓰시오.

_____

_____

18 물 부족 현상을 해결하기 위한 여러 가지 방법 중 물을 아껴 쓰는 방법에는 ○표, 깨끗한 물을 모으는 방법에는 △표 하시오.

(1) 샤워할 때 물을 계속 틀어놓지 않는다.
(   )

(2) 오염된 물을 깨끗하게 걸러서 모으는 행복한 대야를 활용한다. (   )

(3) 태양열로 오염된 물을 증발시킨 뒤 수증기를 응결시켜 물을 모은다. (   )

(4) 변기에 물의 양을 조절하는 장치를 설치한다.
(   )

19 물 부족 현상을 해결할 방법으로 바르지 않은 것은 어느 것입니까? (   )

① 양치를 할 때 컵을 사용한다.
② 빨래는 모아서 한꺼번에 한다.
③ 빗물을 모아 화단에 물을 준다.
④ 머리를 감을 때 샴푸를 여러 번 사용한다.
⑤ 기름기가 있는 그릇은 휴지로 닦은 후 설거지를 한다.

20 물 부족 현상을 해결하기 위한 오른쪽과 같은 장치의 원리를 설명한 것입니다. (   ) 안에 알맞은 말을 쓰시오.

> 밤에 기온이 내려가면 공기 중의 수증기가 (   )하는 원리로 물을 모은다.

(   )

관련 교과서 돋보기

와카워터
• 사막의 큰 일교차로 인해 밤새 맺힌 이슬이 그물을 타고 흘러내려가 바닥에 있는 그릇으로 물이 모입니다.
• 와카워터가 공기 중에서 물을 만들어 내는 원리는 낮과 밤의 기온 차이가 커지면 풀잎에 이슬이 맺히는 것과 같은 원리입니다.

1 식물의 잎을 채집하여 분류할 때 바른 태도가 <u>아닌</u> 것은 어느 것입니까? ( )

① 위험한 행동은 하지 않는다.
② 높은 나무에 올라가지 않는다.
③ 땅에 떨어진 잎을 주워서 사용한다.
④ 잎은 필요한 양보다 많이 채집한다.
⑤ 다른 가지나 잎이 다치지 않도록 한다.

2 잎의 생김새에서 잎자루는 어느 부분인지 기호를 쓰시오.

(   )

3 잎의 생김새가 다음과 같은 식물은 어느 것입니까?
( )

> • 손바닥 모양이고 깊게 갈라져 있다.
> • 끝은 뾰족하고 가장자리가 톱니 모양이다.

① 소나무   ② 토끼풀
③ 벚나무   ④ 강아지풀
⑤ 단풍나무

🔍 **관련 교과서 돋보기**

잎의 생김새
• 소나무: 가늘고 길쭉한 잎이 두 개 모여 있습니다.
• 토끼풀: 둥글고 작으며 가장자리가 톱니 모양입니다.
• 벚나무: 둥근 모양이고 가장자리가 톱니 모양입니다.
• 강아지풀: 가늘고 길쭉합니다.

〈서술형〉

4 분류 기준에 따라 식물의 잎을 분류하였을 때 잘못 분류한 식물은 어느 것인지 ○표 하시오.

| 분류 기준: 잎의 가장자리가 매끈한가? |

그렇다.   그렇지 않다.

강아지풀
등나무

단풍나무
벚나무
연꽃

5 산이나 들에 사는 식물을 〈보기〉에서 모두 골라 기호를 쓰시오.

〈보기〉

㉠ 나사말   ㉡ 밤나무   ㉢ 토끼풀
㉣ 강아지풀   ㉤ 용설란   ㉥ 부레옥잠

(   )

6 들이나 산에서 사는 나무의 공통적인 특징이 <u>아닌</u> 것은 어느 것입니까? ( )

① 대부분 줄기가 가늘다.
② 뿌리, 줄기, 잎이 있다.
③ 모두 여러해살이 식물이다.
④ 필요한 양분을 스스로 만든다.
⑤ 대부분 키가 크고 줄기가 굵다.

7 들이나 산에서 사는 식물에 대한 설명이 바르면 ○표, 바르지 <u>않으면</u> ×표 하시오.

(1) 대부분 땅에 뿌리를 내리며 줄기와 잎이 잘 구분된다. (   )

(2) 풀은 대부분 키가 크고, 나무는 대부분 키가 작다. (   )

(3) 풀은 대부분 한해살이 식물이고 나무는 모두 여러해살이 식물이다. (   )

서술형

8 민들레와 단풍나무의 공통점과 차이점을 한 가지씩 쓰시오.

▲ 민들레 ▲ 단풍나무

(1) 공통점: _____

_____

(2) 차이점: _____

_____

서술형

9 부레옥잠의 잎자루를 자른 모습입니다. 부레옥잠 잎자루의 특징을 한 가지 쓰시오.

10 부레옥잠의 잎자루를 세로로 자른 다음 물이 담긴 수조에 넣고 손가락으로 누를 때 나타나는 현상은 무엇입니까? ( )

① 물이 줄어든다.
② 잎의 크기가 커진다.
③ 잎자루의 크기가 커진다.
④ 잎자루로 물이 들어간다.
⑤ 잎자루에서 공기 방울이 나와서 위로 올라간다.

[11~12] 연못이나 강에서 사는 식물입니다.

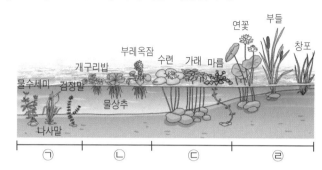

11 위 식물 중 몸의 대부분이 물속에 잠겨서 사는 식물을 기호로 쓰시오.

( )

🔍 **관련 교과서 돋보기**

연못이나 강에 사는 식물
• 물에 떠서 사는 식물: 개구리밥, 생이가래, 부레옥잠 등
• 물속에 잠겨서 사는 식물: 검정말, 붕어마름, 나사말 등
• 잎과 꽃이 물에 떠 있는 식물: 수련, 마름, 어리연꽃 등
• 물가 식물: 연꽃, 부들, 줄, 갈대 수양버들 등

12 ㉡ 식물의 특징은 어느 것입니까? ( )

① 물에 떠서 산다.
② 줄기가 단단하다.
③ 뿌리가 물속 땅에 있다.
④ 잎과 꽃이 물 위로 높이 자란다.
⑤ 잎과 줄기가 물의 흐름에 따라 잘 휜다.

13 선인장의 줄기를 가로로 자르고 관찰하는 실험에 대해 잘못 설명한 것은 어느 것입니까? ( )

① 나무판에 놓고 자른다.
② 자른 면이 미끄럽고 축축하다.
③ 코팅 장갑을 끼고 칼을 사용한다.
④ 줄기 속에도 바늘처럼 생긴 가시가 있다.
⑤ 자른 면에 마른 화장지를 대면 물이 묻어 나온다.

14 사막 환경에 적응한 식물에 대한 설명입니다. 바른 것은 어느 것인지 식물 이름을 쓰시오.

선인장	가시가 있어 물의 증발을 막고 줄기에 물을 저장한다.
바오바브나무	크고 두꺼운 잎에 많은 물을 저장한다.
용설란	키가 크고 줄기가 굵어 줄기에 물을 많이 저장한다.

( )

15 높은 산에서 사는 식물의 특징을 모두 골라 기호를 쓰시오.

> ㉠ 대부분 줄기가 크고 굵다.
> ㉡ 줄기가 옆으로 자라거나 땅속에 파묻혀 있다.
> ㉢ 대부분 키가 작다.
> ㉣ 염분이 많은 물에서도 수분을 얻어 살 수 있다.
> ㉤ 뿌리가 얕고 넓게 뻗는다.

( )

16 ●보기●의 식물은 어느 곳에서 사는 식물입니까?

( )

> ●보기●
> 북극다람쥐꼬리, 남극개미자리,
> 남극좀새풀, 북극이끼장구채

① 사막 ② 연못
③ 극지방 ④ 들과 산
⑤ 바닷가

🔍 관련 교과서 돋보기

남극좀새풀
• 추운 남극의 해안가 주변에서 삽니다.
• 잎은 좁고 길쭉하며, 줄기가 모여서 나고 키가 5 cm ~ 25 cm 정도로 작습니다.
• 키가 작아서 남극의 강한 바람과 추위를 견디며 살기에 알맞습니다.

17 다음에서 설명하는 식물은 무엇입니까? ( )

> 열매의 생김새를 모방해 날개가 하나인 선풍기를 만들었다.

① 연잎 ② 단풍나무
③ 민들레 ④ 도꼬마리 열매
⑤ 장미 덩굴

18 연잎에 작고 둥근 돌기가 많이 나 있어 물에 젖지 않는 특징을 우리 생활에 모방한 예는 무엇입니까?

( )

① 책가방 찍찍이
② 접이식 의자와 탁자
③ 날개가 하나인 선풍기
④ 물이 스며들지 않는 옷
⑤ 책을 꽂을 수 있는 책꽂이

19 찍찍이 테이프는 어떤 식물의 특징을 모방하여 생활에서 활용한 예입니까? ( )

① 우엉 열매 가시
② 장미 덩굴의 가시
③ 나뭇가지가 뻗은 모양
④ 연잎 표면의 작은 돌기
⑤ 부레옥잠 잎자루의 공기주머니

20 태양열 발전소의 거울을 설치할 때 더 많은 빛을 모으기 위해 어떤 식물의 모양을 모방했는지 ○표 하시오.

(1)

(2)

( ) ( )

1 물의 세 가지 상태를 선으로 연결하시오.

(1) 고체 •

(2) 액체 •

(3) 기체 •

• ㉠ 물

• ㉡ 수증기

• ㉢ 얼음

2 물의 상태 중 얼음의 특징을 바르게 설명한 것은 어느 것입니까? (　　　)

① 흐른다.
② 액체 상태이다.
③ 모양이 일정하다.
④ 눈에 보이지 않는다.
⑤ 손으로 잡을 수 없다.

3 물의 세 가지 상태에 대해 **잘못** 설명한 친구의 이름을 쓰시오.

> • 민재 – 수증기는 손으로 잡을 수 없어.
> • 경인 – 물은 차갑고 단단하지만, 일정한 모양은 없어.
> • 선자 – 물은 얼음, 물, 수증기의 세 가지 상태가 있어.

(　　　　　)

관련 교과서 돋보기

물의 상태 변화
• 얼음: 물의 고체 상태입니다.
• 물: 물의 액체 상태입니다.
• 수증기: 물의 기체 상태입니다.
• 물은 얼음으로 변할 수 있고 얼음은 물로 변할 수 있으며, 물은 수증기로 변할 수 있고 수증기는 물로 변할 수 있습니다. → 물의 상태 변화

[4~5] 플라스틱 시험관에 물을 절반 정도 붓고 물이 얼 때의 무게와 부피 변화를 알아보았습니다.

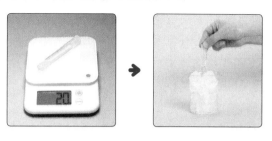

4 위 실험에서 물이 얼기 전의 무게가 20 g이었습니다. 물이 완전히 얼었을 때의 무게는 얼마입니까?

(　　　　　)

① 0 g
② 20 g
③ 25 g
④ 30 g
⑤ 40 g

◦서술형◦

5 위 실험에서 물이 얼어 얼음이 되었을 때 부피 변화를 쓰시오.

_____

6 부피가 100 mL인 물을 얼렸더니 부피가 105 mL인 얼음이 되었습니다. 이 얼음을 다시 녹였을 때 부피는 몇 mL가 됩니까? (　　　)

① 0 mL
② 80 mL
③ 100 mL
④ 120 mL
⑤ 알 수 없다.

7 생활 속에서 얼음이 녹을 때의 부피 변화와 관련된 현상이면 ○표 하시오.

(1) 겨울이 되면 계곡물이 꽁꽁 언다. (　　　)
(2) 튜브형 얼음과자가 녹아 튜브 안에 공간이 생긴다. (　　　)
(3) 물이 든 페트병을 냉동실에 넣었더니 페트병이 커졌다. (　　　)
(4) 매우 추운날 기와집 처마 끝에 고드름이 생겼다. (　　　)

8 스탠드에 물휴지를 하나는 펼쳐 널고, 다른 하나는 접어 널었습니다. 실험에 대한 설명으로 바른 것을 모두 고르시오. (,   )

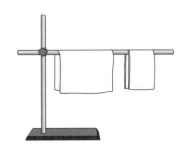

① 점점 물기가 많아진다.
② 물휴지의 크기는 같아야 한다.
③ 접어 넌 물휴지가 더 빨리 마른다.
④ 책상보다 햇빛이 비치는 창가에 놓아두면 더 천천히 마른다.
⑤ 물이 수증기로 변해 공기 중으로 흩어지기 때문에 마르는 것이다.

9 감을 햇볕에 말리면 감 안에 들어 있던 물은 어떻게 됩니까? (   )

① 땅속으로 스며든다.
② 감 안에 그대로 있다.
③ 감 안에서 얼음으로 변한다.
④ 수증기로 변해 감 안으로 들어간다.
⑤ 수증기로 변해 공기 중으로 흩어진다.

10 증발 현상과 관계있는 것을 모두 고르시오.
(,   )

① 젖은 옷이 마른다.
② 햇볕에 고추를 말린다.
③ 얼음이 녹아 물이 된다.
④ 물이 얼어 얼음이 된다.
⑤ 추운 날 유리창 안쪽에 물방울이 맺힌다.

[11~13] 비커에 물을 반 정도 담고 유성 펜으로 물의 높이를 표시하고 가열하여 보았습니다.

11 위 실험을 할 때 필요한 실험 도구가 <u>아닌</u> 것은 어느 것입니까? (   )

① 비커   ② 쇠그물
③ 삼발이   ④ 전자저울
⑤ 알코올램프

12 위 실험에서 물이 끓는 모습에 대한 설명이 바르면 ○ 표, 바르지 <u>않으면</u> ×표 하시오.

⑴ 물이 끓기 전에도 큰 변화가 나타난다.
(   )

⑵ 물이 끓을 때 기포가 올라와 물 표면이 울퉁불퉁해진다. (   )

⑶ 물이 끓을 때 물 높이가 천천히 높아진다.
(   )

서술형
13 위 실험에서 물이 끓고 난 후 물의 높이를 처음 물의 높이와 비교하여 쓰시오.

_____

_____

14 물의 증발과 끓음의 공통점을 바르게 나타낸 것은 어느 것입니까? (   )

① 물이 수증기로 변하는 점
② 물의 양이 빨리 줄어드는 점
③ 물의 양이 매우 천천히 줄어드는 점
④ 물의 표면에서만 물이 수증기로 변하는 점
⑤ 물의 표면과 물속 모두에서 물이 수증기로 변하는 점

15 차가운 오렌지 주스를 담은 금속 컵을 흰 종이 위에 올려놓았을 때 컵 표면과 컵 아래의 종이에 나타나는 변화가 <u>아닌</u> 것을 모두 고르시오. (,   )

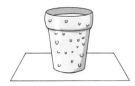

① 컵 표면에 물방울이 맺힌다.
② 컵 표면의 물방울이 커져 아래로 흘러내린다.
③ 컵 표면의 물방울이 흘러내려 종이가 젖는다.
④ 컵 표면을 휴지로 닦으면 휴지가 노란색으로 변한다.
⑤ 컵 표면에 생긴 물방울은 컵 안의 오렌지주스가 빠져나온 것이다.

16 플라스틱병에 주스와 얼음을 넣고 마개로 막은 다음 전자저울로 무게를 측정하였더니 처음 무게가 292.6 g 이었습니다. 시간이 지난 뒤 잰 무게로 알맞은 것은 어느 것입니까? (   )

① 0 g
② 100.3 g
③ 292.6 g
④ 294.3 g
⑤ 585.2 g

17 우리 생활에서 물의 응결과 관련된 예가 <u>아닌</u> 것은 어느 것입니까? (   )

① 맑은 날 아침 풀잎에 이슬이 맺혔다.
② 추운 겨울날 유리창 안쪽에 물방울이 맺혔다.
③ 목욕탕의 차가운 거울 표면에 물방울이 맺혔다.
④ 냄비 뚜껑 안쪽에 맺혀 있던 물방울이 사라졌다.
⑤ 겨울에 밖에서 따뜻한 실내로 들어오면 안경알이 뿌옇게 흐려진다.

18 물이 수증기로 상태 변화한 예는 어느 것입니까? (   )

① 이글루를 만들 때
② 얼음과자를 만들 때
③ 스키장에서 인공 눈을 만들 때
④ 스팀다리미로 옷의 주름을 펼 때
⑤ 여러 개의 얼음 조각을 물로 붙여 작품을 만들 때

19 물의 상태 변화를 생활에 이용한 예 중 나머지와 <u>다른</u> 하나는 어느 것입니까? (   )

① 햇볕에 고추를 말린다.
② 간식으로 먹을 만두를 쪘다.
③ 스팀 청소기로 바닥을 닦았다.
④ 건조한 방 안에 가습기를 틀었다.
⑤ 주스, 얼음, 소금으로 얼음과자를 만들었다.

20 스키장의 인공 눈은 물의 어떤 상태 변화를 이용한 것입니까? (   )

① 물 → 얼음
② 물 → 수증기
③ 얼음 → 물
④ 얼음 → 수증기
⑤ 수증기 → 물

관련 교과서 돋보기

인공 눈
• 눈이 필요한 스키장이나 눈썰매장 등에서 제설기를 이용하여 만듭니다.
• 아주 작은 물방울이 고압의 공기와 함께 내뿜어지면서 온도가 낮아져 물방울이 얼음으로 변합니다.

1 그림자가 생기는 조건으로 바르지 <u>않은</u> 내용에 ×표 하시오.

(1) 빛과 물체가 있어야 한다.   (   )

(2) 스크린은 검은색을 사용한다.   (   )

(3) 빛이 나아가다가 물체를 만나 빛이 도달하지 못하는 곳에 그림자가 생긴다.   (   )

2 운동장에서 그림자를 만들 때 손전등의 빛과 같은 역할을 하는 것은 무엇입니까? (   )

① 구름   ② 햇빛

③ 하늘   ④ 철봉

⑤ 친구

3 스크린, 물체, 손전등을 차례대로 놓고 손전등의 불을 켰을 때 생기는 그림자의 모양은 어느 것입니까?

(   )

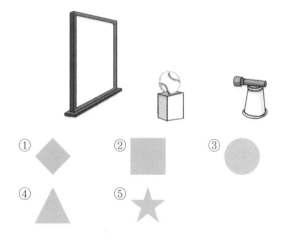

① ◆   ② ■   ③ ●

④ ▲   ⑤ ★

4 투명한 정도가 다른 연필꽂이 세 개에 연필을 꽂고 햇빛이 잘 드는 곳에 놓았을 때 연필꽂이 그림자의 진하기가 다른 까닭은 무엇입니까? (   )

① 연필꽂이의 색깔이 다르기 때문에

② 연필꽂이의 크기가 다르기 때문에

③ 연필꽂이의 단단하기가 다르기 때문에

④ 연필꽂이에 빛이 비치는 정도가 다르기 때문에

⑤ 연필꽂이에 빛이 통과하는 정도가 다르기 때문에

5 안경의 그림자를 관찰하였을 때 그림자가 연하게 생기는 부분은 어디인지 기호를 쓰시오.

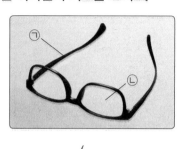

(   )

🔍 **관련 교과서 돋보기**

투명한 물체와 불투명한 물체의 그림자

• 투명한 물체: 빛이 대부분 통과해 연한 그림자가 생깁니다.

• 불투명한 물체: 빛이 통과하지 못해 진한 그림자가 생깁니다.

• 그림자는 빛이 물체를 통과하지 못해 물체의 쪽에 생깁니다.

6 투명 플라스틱 컵과 종이컵에서 빛이 통과하는 정도를 바르게 비교한 것을 모두 고르시오. (,   )

① 종이컵은 빛이 대부분 통과한다.

② 종이컵은 빛이 통과하지 못한다.

③ 투명 플라스틱 컵은 빛이 대부분 통과한다.

④ 투명 플라스틱 컵은 빛이 통과하지 못한다.

⑤ 투명 플라스틱 컵과 종이컵에서 빛이 통과하는 정도는 같다.

[7~8] 손전등과 스크린 사이에 컵을 놓고 컵을 놓는 방향을 바꾸면서 그림자의 모양을 관찰해 보았습니다.

7 오른쪽 컵으로 만들 수 없는 그림자는 어느 것인지 기호를 쓰시오.

   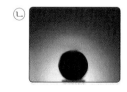

ⓙ   ⓛ

(   )

8 앞 7번 실험에 대한 설명으로 바르지 <u>않은</u> 것은 어느 것입니까? (   )

① 빛은 직진하는 성질이 있다.
② 빛은 불투명한 물체를 통과하지 못한다.
③ 물체 모양과 비슷한 그림자가 물체 뒤쪽에 생긴다.
④ 빛이 직진하기 때문에 물체의 모양과 그림자의 모양이 다르다.
⑤ 물체를 놓는 방향이 달라지면 그림자 모양이 달라지기도 한다.

9 오른쪽과 같이 ㄴ자 모양 블록을 놓고 손전등 빛을 비출 때, 스크린에 생기는 그림자 모양은 어느 것인지 기호를 쓰시오.

ⓐ   ⓑ   ⓒ

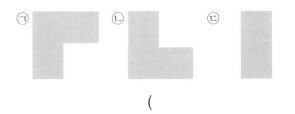

(   )

관련 교과서 돋보기

ㄷ자 블록으로 만들 수 있는 그림자

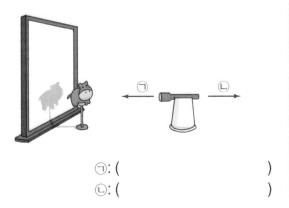

10 손전등을 ㉠과 ㉡ 쪽으로 각각 움직일 때 그림자의 크기는 어떻게 되는지 쓰시오.

㉠: (   )
㉡: (   )

11 그림자의 크기 변화가 나머지와 다른 경우는 어느 것인지 ◦보기◦에서 골라 기호를 쓰시오.

┌─◦보기◦─
│ ㉠ 스크린과 손전등은 그대로 두고, 물체를 손전등에 가깝게 한다.
│ ㉡ 스크린과 손전등은 그대로 두고, 물체를 손전등에서 멀게 한다.
│ ㉢ 물체와 스크린은 그대로 두고, 손전등을 물체에 가깝게 한다.
└

(   )

12 손전등과 스크린 사이에 물체를 놓고 그림자를 만들어 볼 때, 그림자의 크기에 영향을 미치는 것은 무엇입니까? (   )

① 스크린의 크기
② 손전등의 밝기
③ 손전등 빛의 색깔
④ 물체의 투명한 정도
⑤ 손전등과 물체 사이의 거리

13 거울에 비친 인형 모습과 실제 인형의 공통점에 대한 설명 중 바른 것에 ○표 하시오.

(1) 인형의 색깔이 같다.   (   )
(2) 인형 귀의 개수가 같다.   (   )
(3) 인형이 올린 손이 같다.   (   )

14 구급차의 앞부분에 글자를 좌우로 바꾸어 쓴 까닭은 무엇인지 빈곳에 알맞은 내용을 쓰시오.

> 앞 차의 운전자가 차 안의 거울로 구급차 앞부분의 모습을 비춰 볼 때 좌우로 바꾸어 쓴 글자의 _____

_____

15 거울에 물체를 비추었을 때의 모습으로 바른 것은 어느 것입니까? (   )

① 모양이 변하고 크기가 작아진다.
② 모양은 변하지 않지만 크기가 변한다.
③ 모양은 변하지 않지만 색깔이 변한다.
④ 색깔은 변하지 않지만 좌우가 바뀐다.
⑤ 크기는 변하지 않지만 색깔은 변한다.

16 손전등의 빛을 거울의 맨 아랫부분에 닿도록 비추었을 때 빛은 어떻게 나아가는지 기호를 쓰시오.

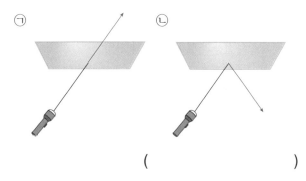

(   )

17 빛과 거울에 대한 설명 중 바른 것은 ○표, 바르지 않은 것은 ×표 하시오.

(1) 빛이 나아가다가 거울에 부딪치면 빛의 방향이 바뀐다.   (   )
(2) 빛이 나아가다가 거울에 부딪쳐서 빛의 방향이 바뀌는 성질을 빛의 직진이라고 한다.   (   )
(3) 손전등의 빛을 거울에 비출 때 거울의 방향을 바꾸어 손전등의 빛이 나아가는 방향을 바꿀 수 있다.   (   )

18 손전등의 빛을 거울에 비췄을 때 빛이 나아가는 모습과 관계있는 것을 ·보기·에서 골라 쓰시오.

─보기─

> 빛이 굴절, 빛의 흡수, 빛의 반사

(   )

관련 교과서 돋보기

거울 뒤의 물체에 손전등 빛이 닿게 하기

• 손전등 빛이 반사되고 있는 부분에 다른 거울을 놓고 방향을 조절합니다.
• 거울을 사용하여 빛의 진행 방향을 바꾼 것입니다.

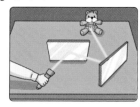

19 직접 보기 어려운 곳을 볼 수 있게 해 주는 거울의 쓰임새를 나타낸 것은 어느 것인지 ○표 하시오.

(1)   (2)

▲ 옷 가게의 거울   ▲ 자동차 뒷거울

(   )   (   )

20 우리 생활에서 거울을 이용하는 예를 잘못 설명한 것은 어느 것입니까? (   )

① 무용실 거울 - 무용하는 모습을 본다.
② 세면대 거울 - 세수할 때 얼굴을 본다.
③ 안경 가게 거울 - 안경 쓴 모습을 본다.
④ 자동차 뒷거울 - 자동차 안을 넓어 보이게 한다.
⑤ 야외 공원 - 장식품이나 예술품을 만들어 전시한다.

1 ( ) 안에 공통으로 알맞은 말을 쓰시오.

> 화산은 크기와 모양이 다양하다. 화산 꼭대기에는 움푹 파인 ( )이/가 있는 것도 있다. ( )에 물이 고여 물웅덩이나 큰 호수가 생기기도 한다.

( )

2 화산이 아닌 산은 어느 것입니까? ( )

① ▲ 설악산

② ▲ 킬라우에아산

③ ▲ 후지산

④ ▲ 한라산

3 화산에 대한 설명으로 바르지 않은 것은 어느 것입니까? ( )

① 모두 분화구가 있다.
② 평평한 모양도 있다.
③ 화산의 생김새는 다양하다.
④ 분화구에 물이 고여 있는 화산도 있다.
⑤ 꼭대기에 움푹 파인 곳이 있는 화산도 있다.

🔍 관련 교과서 돋보기

화산의 생김새
• 화산의 생김새는 다양합니다.
• 화산 중에는 분화구가 있는 것이 있습니다.
• 화산 꼭대기에 움푹 파인 곳을 분화구라고 합니다.
• 분화구에 물이 고여 한라산의 백록담, 백두산의 천지와 같은 호수가 생기기도 합니다.

[4~5] 화산 활동 모형을 만들고 모형 속에 마시멜로를 넣은 다음 그 위에 식용 색소를 뿌리고 화산 활동 모형을 가열하였습니다.

4 모형실험에서 관찰할 수 있는 물질을 실제 화산 분출물과 비교하여 쓰시오.

⑴ 연기: ( )
⑵ 굳은 마시멜로: ( )
⑶ 흐르는 마시멜로: ( )

🔍 관련 교과서 돋보기

화산 활동 모형 만들기
• 쿠킹 컵 아랫면에 있는 칼집을 벌린 뒤 알루미늄 포일로 쿠킹 컵을 감쌉니다.
• 쿠킹 컵 속에 마시멜로를 넣은 다음 그 위에 식용 색소를 뿌립니다.
• 화산 활동 모형을 은박 접시 위에 올린 뒤, 알코올램프로 은박 접시를 가열합니다.

• 서술형

5 위 실험을 통해 화산 활동 모형과 실제 화산 활동의 다른 점을 한 가지 쓰시오.

_____

_____

_____

6 화산 분출물에 대한 설명으로 바른 것은 어느 것입니까? ( )

① 화산재는 고체 분출물이다.
② 화산 암석 조각은 크기가 일정하다.
③ 마그마가 분출하여 고체인 용암이 된다.
④ 화산이 분출할 때 수증기는 나오지 않는다.
⑤ 화산 암석 조각은 기체인 용암이 굳어서 생긴 분출물이다.

7 화산 활동으로 현무암과 화강암이 만들어지는 곳의 위치를 각각 쓰시오.

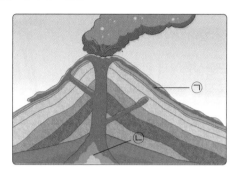

(1) 현무암: (   )
(2) 화강암: (   )

8 화강암의 특징을 모두 고르시오. (,   )

① 색깔이 어둡다.
② 알갱이의 크기가 작다.
③ 표면에 구멍이 많이 뚫려 있다.
④ 불국사의 다보탑과 돌계단을 만들 때 사용되었다.
⑤ 마그마가 땅속 깊은 곳에서 느리게 식어 만들어진다.

9 화강암과 현무암을 비교한 것으로 바르지 <u>않은</u> 것은 어느 것입니까? (   )

① 현무암은 화강암보다 밝은색이다.
② 현무암 중에는 구멍이 없는 것도 있다.
③ 현무암은 제주도에서 많이 볼 수 있다.
④ 화강암은 땅속 깊은 곳에서 만들어진다.
⑤ 화강암이 현무암보다 알갱이의 크기가 크다.

서술형

10 화강암이 현무암보다 알갱이의 크기가 큰 까닭은 무엇인지 만들어지는 장소와 관련하여 쓰시오.

_____

_____

11 (   ) 안에 알맞은 화산 분출물을 쓰시오.

> 화산 활동으로 발생하는 (   )은/는 비행기 엔진을 망가뜨려 비행기 운항을 어렵게 하지만, 이것을 이용해 화장품이나 등산복 등 생활용품을 만들기도 한다.

(   )

12 화산 활동이 우리 생활에 미치는 영향 중 전기 생산과 관련 있는 것은 어느 것인지 ○표 하시오.

(1)   (2)

▲ 온천   ▲ 지열 발전

(   )   (   )

13 화산 활동이 우리에게 주는 이로운 점을 모두 골라 기호를 쓰시오.

> ㉠ 용암이 흐르면서 산불을 발생시킨다.
> ㉡ 화산재가 마을이나 농경지를 뒤덮는다.
> ㉢ 화산 주변의 온천을 개발하여 관광지로 이용한다.
> ㉣ 마그마로 생긴 땅의 열을 이용하여 전기를 만든다.

(   )

🔍 **관련 교과서 돋보기**

화산 활동이 우리 생활에 주는 피해
• 용암이 지표를 흐르면서 주변을 뒤덮거나 산불을 발생시킵니다.
• 화산재가 마을이나 농경지를 뒤덮거나, 공기로 숨을 쉬는 생물을 질병에 걸리게 합니다.
• 화산재의 영향으로 항공기의 운항이 어려워집니다.

[14~15] 실험을 보고 물음에 답하시오.

(가)  (나)

14 위 실험은 무엇을 알아보기 위한 실험입니까?
( )

① 파도가 치는 원인 ② 지진 발생 원인
③ 지층이 생기는 원인 ④ 화산 발생 원인
⑤ 가뭄이 생기는 원인

15 위 실험에서 사용된 우드록은 실제 자연에서 무엇을 나타내는지 쓰시오.
( )

🔍 관련 교과서 돋보기

지진 발생 모형실험과 실제 자연 현상 비교하기

지진 발생 모형 실험	실제 자연 현상
우드록	땅
양손으로 미는 힘	지구 내부에서 작용하는 힘
우드록이 끊어질 때의 떨림	지진

16 지진의 발생 원인이 될 수 <u>없는</u> 것은 어느 것입니까?
( )

① 산사태가 날 때 ② 화산이 분출할 때
③ 지층이 끊어질 때 ④ 우박이 떨어질 때
⑤ 지하 동굴이 무너질 때

17 지진의 규모와 피해에 대한 설명으로 바른 것은 어느 것입니까? ( )

① 도시는 농촌에 비해 지진에 안전하다.
② 규모는 지진의 세기를 나타내는 단위이다.
③ 우리나라는 지진이 발생하지 않는 나라이다.
④ 규모 2.0의 지진이 규모 6.0의 지진보다 강하다.
⑤ 지진의 세기에 관계없이 도로나 건물은 안전하다.

18 다음 자료를 보고 바르게 설명한 것은 어느 것입니까? ( )

연도	발생 지역	규모	피해 내용
2018	경상북도 포항시	4.6	부상자 발생
2017	경상북도 포항시	5.4	부상자 및 이재민 발생, 건물 훼손
2016	경상북도 경주시	5.8	부상자 발생, 건물 균열, 지붕과 담장 파손

① 우리나라도 지진이 발생한다.
② 우리나라는 지진의 피해가 없다.
③ 우리나라는 지진의 안전지대이다.
④ 우리나라에서 발생한 지진은 대부분 약한 지진이다.
⑤ 우리나라는 지진에 대비한 건물을 지을 필요가 없다.

19 지진이 발생했을 때 집에서의 바른 대처 방법은 무엇입니까? ( )

① 모든 문을 닫는다.
② 전등을 모두 켠다.
③ 난방을 켜 따뜻하게 한다.
④ 가스 밸브를 잠가 가스를 차단한다.
⑤ 탁자 위로 올라가 머리와 몸을 보호한다.

20 지진이 발생했을 때 가장 바른 행동은 어느 것입니까? ( )

① 밖에서 집안으로 대피한다.
② 승강기를 타고 빨리 대피한다.
③ 달리는 버스에서 문을 열고 뛰어 내린다.
④ 교실 책상 아래로 들어가 머리를 보호한다.
⑤ 대형 할인점은 안전하므로 계속 쇼핑을 한다.

1 우리 주변에서 물을 많이 볼 수 있는 곳과 <u>관계없는</u> 것은 어느 것입니까? (   )

① 연못   ② 개천
③ 바다   ④ 수돗가
⑤ 건물 옥상

[2~3] 물의 순환 과정을 알아보는 모형실험을 해 보았습니다.

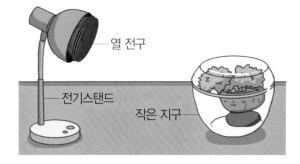

열 전구
전기스탠드
작은 지구

2 전기스탠드의 빛을 '작은 지구'에 비추었을 때 나타나는 현상을 모두 고르시오. (,   ,   )

① 그릇 안이 뿌옇게 흐려진다.
② 그릇 안의 물이 모두 마른다.
③ 그릇 안의 식물이 곧 시들어 마른다.
④ 그릇 벽면에 맺혔던 물방울이 흘러내린다.
⑤ 그릇 안쪽 뚜껑과 벽면에 물방울이 맺힌다.

🔍 관련 교과서 돋보기

작은 지구 만들기
• 투명한 플라스틱 그릇 한쪽에 작은 돌멩이를 놓습니다.
• 찰흙으로 작은 그릇을 만들고 그 안에 크기가 작은 식물을 거름흙과 함께 넣어 다져 줍니다.
• 식물이 담긴 찰흙 그릇을 돌 위에 놓고 식물이 없는 쪽에 물을 조금 부어 줍니다.
• 분무기로 식물과 거름흙에 물을 뿌려 준 다음, 플라스틱 그릇의 뚜껑을 덮고 햇볕이 잘 드는 창가에 둡니다.

3 앞 2번에서 '작은 지구' 그릇 안쪽에 물방울이 생기는 까닭입니다. ( ) 안에 알맞은 말을 쓰시오.

> 그릇 안의 물이 (㉠)하고, (㉠)해 만들어진 수증기가 그릇 안쪽 뚜껑과 벽면에서 (㉡)했기 때문이다.

㉠: (   )
㉡: (   )

4 지구에서 물이 있는 곳과 물의 상태를 바르게 선으로 연결하시오.

(1) 공기 중   •   • ㉠ 고체

(2) 산의 눈과 얼음   •   • ㉡ 액체

(3) 바다   •   • ㉢ 기체

[5~6] 물의 이동 과정을 나타낸 것입니다.

5 위 ㉠과 같이 땅속을 이동할 때 물의 상태를 쓰시오.

(   )

6 물의 이동 과정에서 물의 상태가 다른 하나는 어느 것입니까? (   )

① 강   ② 땅속
③ 바다   ④ 공기 중
⑤ 식물

7 ( ) 안에 알맞은 말을 ∘보기∘에서 골라 쓰시오.

∘보기∘
상태, 순환, 응결, 증발

⑴ 구름은 증발한 수증기가 (   )하여 만들어진다.

⑵ 땅에 내린 빗물이 (   )하면 수증기로 변해 공기 중으로 흩어진다.

8 물은 상태가 변하면서 육지, 바다, 공기, 생명체 등 여러 곳을 끊임없이 돌고 도는데, 이러한 과정을 무엇이라고 하는지 쓰시오.

(   )

9 물의 순환 과정으로 알 수 있는 사실입니다. 알맞은 말에 ○표 하시오.

물은 상태가 변하면서 육지, 바다, 공기, 생명체 사이를 끊임없이 이동하며, 지구 전체 물의 양은 (변한다 , 변하지 않는다).

10 물을 이용하는 예를 알맞게 선으로 연결하시오.

⑴ 관광 자원 •

• ㉠

⑵ 농작물 재배 •

• ㉡

11 물의 이용에 대한 설명으로 바른 것은 어느 것입니까? (   )

① 산업이 발달하며 물 이용량이 줄었다.
② 한 번 이용한 물은 다시 사용할 수 없다.
③ 가정에서 마시는 물은 바닷물을 정수한 것이다.
④ 물의 순환으로 이용 가능한 물의 양은 계속 늘어나고 있다.
⑤ 끊임없이 바다로 흘러 들어가는 물은 지표면의 모양을 변화시키기도 한다.

12 물의 어떤 상태를 이용하는 예인지 ∘보기∘에서 골라 기호를 쓰시오.

∘보기∘
㉠ 물   ㉡ 수증기   ㉢ 얼음

⑴ 스케이트를 탈 때: (   )
⑵ 세수를 할 때: (   )
⑶ 옷을 다릴 때: (   )

관련 교과서 돋보기

물의 이용

물의 상태	물의 이용 모습 예
고체(얼음)	눈썰매, 생선 보관 등
액체(물)	설거지, 화단에 물 주기 등
기체(수증기)	음식 찌기, 다리미질 등

13 오른쪽은 물을 어떻게 이용하는 예입니까? (   )

① 전기를 만든다.
② 생명을 유지한다.
③ 주변을 깨끗하게 한다.
④ 다양한 지형을 만든다.
⑤ 공장에서 물건을 만든다.

14 물의 이용에 대한 설명으로 바른 것을 모두 고르시오.
(,)

① 물은 한 번 이용하고 나면 증발하여 사라진다.
② 한곳에 이용된 물은 다른 곳에서 이용할 수 없다.
③ 우리가 이용한 물은 순환하여 다시 우리에게 온다.
④ 물은 순환하므로 지구 전체 물의 양은 변하지 않는다.
⑤ 식물에게 물을 주면 식물의 몸속에 물이 계속 저장되어 있다.

15 나라별 물 부족 현황에 대한 설명으로 바른 것은 어느 것입니까? ( )

① 모든 나라의 물의 양은 부족하다.
② 모든 나라의 물의 양은 풍부하다.
③ 인구 증가로 물의 사용량이 줄어들었다.
④ 과거에는 물이 부족했지만 점점 풍부해지고 있다.
⑤ 이용할 수 있는 물이 풍부한 곳과 심각하게 부족한 곳이 있다.

16 설명 중 바른 것은 ○표, 바르지 않은 것은 ×표 하시오.
(1) 지구에서 가장 많은 물은 바다에 있다.
( )
(2) 물은 끊임없이 순환하지만 물 부족 현상을 겪는 곳이 있다. ( )
(3) 인구 증가로 인해 물의 이용량이 줄어들었다.
( )

17 세계 여러 나라에서 물이 부족한 까닭과 관계있는 것은 무엇입니까? ( )

① 인구 증가로 물 이용량이 줄어들었기 때문에
② 산업 발달로 물 이용량이 줄어들었기 때문에
③ 물 자원의 절약을 위해 모두가 노력하고 있기 때문에
④ 환경오염으로 이용 가능한 물의 양이 줄어들었기 때문에
⑤ 기후와 상관없이 나라마다 이용할 수 있는 물의 양이 모두 같기 때문에

18 물 부족 현상을 해결하기 위한 창의적인 방법을 관계 있는 것끼리 선으로 연결하시오.

(1) 머니 메이커 펌프 • • ㉠ 바닷물을 마실 수 있는 물로 바꾼다.

(2) 해수 담수화 • • ㉡ 안개가 발생하는 곳에 그물을 설치해 공기 중의 물방울을 수집한다.

(3) 안개 포집기 • • ㉢ 땅속의 물을 퍼 올려 넓은 채소 밭에 물을 준다.

19 물을 모으는 장치인 와카워터에 대한 설명입니다. ( ) 안에 알맞은 말을 쓰시오.

와카워터는 공기 중의 수증기가 ( )되어 그물에 맺히고, 그물에 맺힌 이슬이 그물을 타고 흘러 내려가 바닥에 있는 그릇에 모이도록 하는 장치이다.

( )

서술형
20 물 부족 현상을 해결하기 위해 우리가 실천할 수 있는 일을 한 가지 쓰시오.

_____

정답과 풀이

1회　　1. 식물의 생활　　　　　　1~3쪽

1 분류　**2** ①　**3** 잎맥　**4** ③　**5** 풀, 나무　**6** ④
7 ②　**8** ③　**9** ㄹ　**10** ⑩ 잎자루에서 공기 방울이 나와 위로 올라간다.　**11** ⑤　**12** ⑴ ㉢ ⑵ ㉠
13 ①　**14** ⑴ ㉢ ⑵ ㉠　**15** ①, ⑤　**16** ①, ③
17 ④　**18** ㉠, ㉢　**19** ①　**20** 갈고리

◆풀이

1 여러 가지 잎을 관찰하고 잎의 생김새에 따른 분류 기준을 세워 식물을 분류할 수 있습니다.

2 사람마다 '예쁘다'의 기준이 다르기 때문에 '잎의 모양이 예쁜가?'는 분류 기준으로 알맞지 않습니다.

3 잎에서 선처럼 보이는 것을 잎맥이라고 합니다.

4 강아지풀과 잣나무는 잎의 전체 모양이 길쭉하고 목련과 떡갈나무, 감나무는 넓적합니다.

5 강아지풀, 닭의장풀, 민들레, 명아주, 토끼풀은 풀이고 소나무, 단풍나무, 밤나무, 상수리나무는 나무입니다.

6 풀과 나무 모두 필요한 양분을 스스로 만드는 광합성 작용을 합니다.

7 풀과 나무 중 나무의 특징입니다. 명아주, 민들레, 강아지풀, 닭의장풀은 풀이고 떡갈나무는 나무입니다.

▲ 명아주

▲ 민들레

▲ 강아지풀

▲ 닭의장풀

8 소나무는 여러해살이 식물로 줄기는 굵고 만져 보면 거칩니다. 잎은 길쭉한 바늘 모양입니다.

9 부레옥잠은 잎의 표면이 매끈매끈하고 광택이 있으며, 초록색 잎이 물 위에 있습니다.

10 부레옥잠의 잎자루를 자르고 물속에서 누르면 공기 방울이 생겨 수면 위로 올라갑니다. 부레옥잠의 잎자루에 공기가 들어 있기 때문입니다.

11 물에 떠서 사는 식물은 땅속에 뿌리를 내리지 않고 수염처럼 생긴 뿌리가 물속에 뻗어 있습니다.

12 갈대, 부들, 연꽃은 잎이 물 위로 높이 자라는 식물이고 개구리밥, 부레옥잠, 생이가래는 물에 떠서 사는 식물입니다.

13 사막은 비가 적게 오고 모래로 이루어져 있으며 낮과 밤의 온도 차가 큽니다.

14 용설란은 크고 두꺼운 잎속에 물을 저장하고, 선인장은 잎이 가시 모양입니다.

15 갯벌에 사는 퉁퉁마디는 무리지어 나며 줄기가 통통하고 마디가 많습니다.

16 남극구슬이끼와 북극버들은 극지방에 사는 식물입니다. 극지방에 사는 식물은 키가 작아서 추위와 바람의 영향을 적게 받습니다.

17 장미 덩굴의 가시를 모방하여 울타리를 넘지 못하게 하는 가시철조망을 만들 수 있습니다.

18 단풍나무 열매가 빙글빙글 돌아가며 멀리 날아가는 특징을 활용하여 헬리콥터의 프로펠러를 만들었습니다.

19 연잎이나 토란잎을 모방하여 물을 흡수하지 않는 방수복을 만들고, 비로야자의 주름을 모방하여 주름 캔을 만듭니다.

20 도꼬마리 열매와 찍찍이 테이프 모두 끝이 갈고리 모양이기 때문에 동물의 털이나 옷 등에 쉽게 붙을 수 있습니다.

1회　　2. 물의 상태 변화　　　　　　4~6쪽

1 ㉠ 얼음 ㉡ 물 ㉢ 수증기　**2** ④　**3** ㉠, ㉢, ㉣
4 ㉠　**5** ⑤　**6** ⑵ ○　**7** ③　**8** ⑩ 물이 수증기가 되어 공기 중으로 흩어졌다.　**9** 증발　**10** ⑤
11 ④　**12** ⑩ 물이 끓고 난 후 물의 높이가 물이 끓기 전보다 낮아졌다.　**13** ③　**14** ⑴ ㉠, ㉡ ⑵ ㉠
⑶ ㉠ ⑷ ㉡　**15** ③　**16** ②　**17** ⑩ 처음 무게보다 늘어났다.　**18** ⑤　**19** ⑴ ㉢ ⑵ ㉠ ⑶ ㉡　**20** ㉢

•풀이•

1 물은 고체인 얼음, 액체인 물, 기체인 수증기의 세 가지 상태로 있습니다.

2 얼음을 손바닥에 올려놓으면 얼음이 녹아 물이 되고, 손에 묻은 물은 시간이 지나면 사라져 눈에 보이지 않습니다.

3 물은 일정한 모양이 없고 담는 그릇에 따라 모양이 변합니다. 또 손에 잡히지 않고 흐릅니다. ㉡은 고체인 얼음의 특징입니다.

4 물이 얼어 얼음이 되면 부피가 늘어나기 때문에 물의 높이가 높아집니다.

5 유리병에 담긴 주스를 냉동실에 넣어 두면 물이 얼면서 부피가 늘어나 유리병이 깨지는 것도 같은 예입니다.

6 얼음이 녹으면 부피는 줄어들고 무게는 변하지 않습니다.

7 튜브형 얼음과자가 녹으면 윗부분에 빈 공간이 생깁니다. 빈 공간은 얼음이 물로 변하면서 부피가 줄어들었기 때문에 생긴 것입니다.

8 물의 표면에서 기체인 수증기로 변하여 공기 중으로 흩어지기 때문에 물의 양이 줄어듭니다.

9 물의 표면에서 물이 수증기로 변하는 현상을 증발이라고 합니다.

10 뜨거운 냄비의 뚜껑 안쪽에 물방울이 맺히는 것은 수증기가 물로 변하는 현상인 응결입니다.

11 물이 끓으면 물속에서 기포가 생깁니다. 이 기포는 물이 수증기로 변한 것입니다.

12 물이 끓고 나 후 물의 높이가 물이 끓기 전보다 낮아지는 까닭은 물이 수증기로 변해 공기 중으로 날아갔기 때문입니다.

13 물이 끓을 때 냄비 바닥에서 기포가 계속 발생하면서 물 위로 올라갑니다.

14 증발과 끓음의 공통점은 물이 수증기로 상태가 변한다는 것입니다. 증발은 물 표면에서만 천천히 일어나고 물의 양이 매우 천천히 줄어들지만, 끓음은 물 표면과 물속에서 빠르게 일어납니다.

15 차가운 페트병 표면에 맺힌 물방울은 공기 중에 있던 수증기가 변한 것입니다.

16 뜨거운 차를 마실 때 안경이 뿌옇게 흐려지는 것은 공기 중의 수증기가 차가운 안경알에 닿아 응결해 물로 변한 것입니다.

17 공기 중의 수증기가 차가운 플라스틱병 표면에 닿아 물방울이 맺히고, 맺힌 물방울이 흘러내려 접시에 물이 고이기 때문에 처음과 비교하면 무게가 늘어납니다.

18 공기 중의 수증기가 응결하여 차가운 플라스틱병 표면에 달라붙었기 때문에 처음보다 무게가 늘어납니다.

19 인공 눈은 물방울이 얼음으로 변하는 상태 변화를 이용한 것입니다. 제습기는 공기 중의 수증기를 물로 변화시켜 방 안 습기를 없애고, 가습기는 물을 수증기로 변화시켜 공기 중으로 내보냅니다.

20 얼음 조각과 얼음 조각 사이에 물을 넣으면 물이 얼면서 얼음 조각이 붙습니다. 이것은 물이 얼음으로 상태가 변하는 현상을 이용한 것입니다.

1회 3. 그림자와 거울 7~9쪽

1 ①, ③, ④ **2** ㉡ **3** ③, ⑤ **4** ⑤ **5** ①, ④
6 (가) **7** ② **8** (1) ◯ **9** 빛의 직진 **10** ① **11** ㉡ **12** ④ **13** 독도는 우리 땅 **14** ⑩ 실제 인형과 거울에 비친 인형의 색깔이 같다. **15** ④ **16** ④ **17** 빛의 반사 **18** ② **19** 거울 **20** ③

•풀이•

1 흰 종이에 공의 그림자를 만들려면 공에 손전등의 빛을 비추어 흰 종이에 공의 그림자가 나타나도록 해야 합니다.

2 손전등, 물체, 스크린을 순서대로 놓고 물체에 빛을 비추면 그림자가 생깁니다.

3 해를 등지고 도망가면 그림자가 내 앞에 생기기 때문에 술래가 그림자를 밟기 어렵고, 건물의 그림자 속으로 들어가면 그림자가 사라집니다.

4 투명한 물체는 빛을 대부분 통과시킵니다.

5 불투명한 도자기 컵은 빛이 통과하지 못하고, 투명한 유리컵은 빛이 대부분 통과합니다.

6 도자기 컵은 빛이 통과하지 못하기 때문에 진하고 선명한 그림자가 생깁니다.

7 물체의 모양과 스크린에 생긴 그림자 모양은 비슷합니다.

8 물체 모양과 그림자 모양은 비슷합니다. 둥근 기둥

모양 블록으로 (2)와 같은 그림자는 생기지 않습니다.

9 태양이나 손전등에서 나온 빛은 사방으로 곧게 나아
갑니다. 직진하는 빛이 물체를 통과하지 못하면 물체
모양과 비슷한 그림자가 생깁니다.

10 손전등을 종이 인형에 가깝게 하면 그림자의 크기가
커집니다.

11 손전등을 종이 인형에서 멀게 하면 그림자의 크기가
작아집니다.

12 손전등과 물체 사이의 거리에 따라 그림자의 크기가
커지거나 작아집니다.

13 물체를 거울에 비추어 보면 물체의 상하는 바뀌어 보
이지 않고 좌우만 바뀌어 보입니다.

14 실제 인형과 거울에 비친 인형은 색깔이 같다는 공통
점이 있습니다.

15 거울에 비친 인형의 모습은 실제 인형과 좌우가 바뀌
어 보입니다.

16 손전등의 빛이 나아가다가 거울에 부딪치면 거울에
서 빛의 방향이 바뀌어 나아갑니다.

17 빛이 나아가다가 거울에 부딪치면 거울에서 빛의 방
향이 바뀝니다. 이러한 성질을 빛의 반사라고 합
니다.

18 내 뒷머리를 비춘 거울의 모습을 내 앞에 있는 거울
에 비추면 내 뒷머리를 볼 수 있습니다.

19 거울은 나의 모습을 보거나 주변에 있는 다른 모습을
볼 때 사용하고, 실내를 넓어 보이게 하거나 예술품
을 만들 때도 사용합니다.

20 거울은 빛을 반사하는 성질이 있어서 치과, 거리,
집, 옷 가게, 미용실 등 우리 생활 여러 곳에서 쓰입
니다.

1회   4. 화산과 지진   10~12쪽

1 화산   2 ②   3 ⑤   4 ⑤   5 ②   6 ④   7 (1)
ⓒ (2) ㉠ (3) ㉢ (4) ㉠   8 (2) ○   9 ③   10 현무암
11 ③   12 ㉠, ㉡   13 예 화산 주변 땅속의 높은 열
을 활용하는 예이다.   14 ㉡   15 (1) ㉢ (2) ㉡ (3) ㉠
16 ①   17 ⑤   18 (1) ㉢ (2) 예 지진의 세기는 규모
로 나타내며 규모의 숫자가 클수록 강한 지진이기 때
문이다.   19 ⑤   20 (1) × (2) × (3) ○

● 풀이

1 화산은 땅속에서 마그마가 분출하여 생긴 지형입
니다.

2 우리나라의 백두산, 한라산, 울릉도는 화산 활동으
로 만들어진 지형입니다. 시나붕산은 인도네시아,
베수비오산은 이탈리아의 화산입니다.

3 화산의 경사나 높이는 모두 다르고 생김새도 다양합
니다. 산꼭대기에는 분화구가 있거나 분화구에 물이
고여 있기도 합니다.

4 설탕과 탄산수소 나트륨이 반응하여 생긴 물질이 부
풀어 오르고 반응한 물질이 흘러나옵니다. 흘러나온
물질은 식으면서 굳습니다. 실제 화산 활동에서 용암
을 의미합니다.

5 화산이 분출할 때 나오는 물질을 화산 분출물이라고
합니다. 화산이 분출할 때는 용암, 화산재, 화산 가
스, 화산 암석 조각 등이 나옵니다.

6 화산 가스는 대부분 수증기이고 여러 가지 기체를 포
함하고 있습니다.

7 용암은 액체, 화산재와 화산 암석 조각은 고체, 화산
가스는 기체입니다.

8 ㉠은 지표 부근에서 빠르게 식으면서 굳어진 현무암
이 만들어지고, ㉡은 땅속 깊은 곳이므로 화강암이
만들어지는 위치입니다.

9 화산 활동으로 만들어지는 화강암은 땅속 깊은 곳에
서 만들어집니다.

10 현무암은 제주도 돌하르방, 돌담, 맷돌, 화분 등을
만들 때 이용하고, 화강암은 비석, 계단, 석탑, 교문
기둥 등을 만들 때 이용합니다.

11 화산재의 영향으로 호흡기 질병에 걸릴 수 있는 점은
화산 활동이 우리 생활에 주는 피해입니다. 화산재는
햇빛을 차단해 날씨의 변화가 나타나게도 합니다.

12 온천 개발 산업과 지열 발전 산업은 화산 활동을 이
용하는 산업입니다.

13 온천과 지열 발전은 화산 주변 땅속의 높은 열을 우
리 생활에 활용하는 예입니다.

14 우드록을 양손으로 잡고 수평 방향으로 밀면 처음에
는 휘어집니다. 우드록이 끊어질 때 손의 떨림은 짧
은 순간 느껴지지만, 실제 지진이 발생했을 때의 떨
림은 오랫동안 이어집니다.

15 지진 발생 모형실험에서 우드록은 땅, 양손으로 미는
힘은 지구 내부에서 작용하는 힘, 우드록이 끊어질

때의 떨림은 지진을 의미합니다.

16 지진은 지구 내부에서 작용하는 힘을 받아 지층이 끊어질 때 발생하는 자연 현상으로 막을 수는 없습니다.

17 지진 피해 사례를 조사할 때는 지진의 규모, 지진이 발생한 날짜, 지진으로 인한 피해, 지진이 발생한 위치 등을 조사합니다.

18 규모가 큰 지진이 발생하면 건물이나 도로 등이 무너져서 사람이 다치거나 재산 피해가 발생할 수 있지만, 규모가 크다고 해서 무조건 피해가 큰 것은 아닙니다.

19 교실 안에 있을 때 지진으로 건물이 흔들리는 동안에는 책상 아래로 들어가 몸을 웅크리고 책상다리를 잡고 몸을 보호합니다.

20 지진이 발생했을 때 승강기 안에 있을 경우 가까운 층의 단추를 눌러 먼저 열리는 층에서 내립니다.

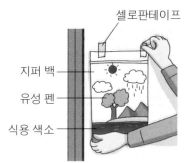

5 지퍼 백에 있던 물이 증발하여 수증기가 되고 시간이 지나면 수증기가 응결하여 물이 되어 흘러내립니다.

6 식물의 잎에서 수증기가 되고, 수증기가 응결하면 구름이 됩니다. 구름에서 비나 눈이 내립니다.

7 물의 순환 과정을 통해 물은 상태가 변하면서 끊임없이 돌고 도는 것을 알 수 있습니다.

8 물은 상태가 변하면서 순환하고, 지구 전체 물의 양은 변하지 않습니다.

9 꽃을 키울 때, 음식물이 담겨 있던 접시를 닦을 때는 물을 이용합니다.

10 물은 생물의 몸속을 순환하며 성장하게 해 주고 생명을 유지시켜 줍니다.

11 물은 생물의 생명을 유지하는 데, 농사를 지을 때, 그릇을 닦을 때, 전기를 생산할 때 등 우리 생활에 다양하게 이용되지만 물건을 옮기거나 이동시킬 때 물이 꼭 필요한 것은 아닙니다.

12 댐에 가둔 물이 떨어지는 것을 이용하여 전기를 만듭니다.

13 물의 역할을 일부 대신할 수 있는 물질은 있을 수 있지만 물의 모든 역할을 대신할 수 있는 물질은 없습니다.

14 생명을 유지하기 위해 물이 이용되는 경우 는 물을 마시는 것입니다.

15 계속되는 가뭄, 인구 증가, 산업 발달, 물의 오염 등의 이유로 세계 곳곳에서 물 부족 현상이 나타납니다.

16 우유를 만들기 위해서도 물이 필요하기 때문에 물 대신 우유를 마셔 물 부족을 해결할 수는 없습니다.

17 학교에 물이 나오지 않았을 때의 불편한 점을 생각해 봅니다.

18 물 부족 현상을 해결하기 위해서는 물을 아껴 쓰는 방법과 깨끗한 물을 모으는 방법이 있습니다.

19 머리를 감을 때 샴푸를 많이 사용하지 않는 것이 물을 절약하는 방법입니다.

1회   5. 물의 여행   13~15쪽

1 ⑤   **2** ④   **3** ⑤   **4** ②   **5** (1) ○   **6** ㉠ 수증기 ㉡ 구름 ㉢ 비나 눈   **7** 예 물은 여러 곳에서 볼 수 있다. 물은 상태가 변하면서 끊임없이 이동한다.   **8** ④   **9** 물   **10** ②   **11** ③   **12** ①   **13** (1) 없다. (2) 예 물의 일부 쓰임새를 대신할 수는 있지만 모든 역할을 대신할 수 없기 때문이다.   **14** ①   **15** ⑤   **16** ②   **17** 예 물을 마실 수 없다. 화장실을 사용한 후 변기에 물을 내릴 수 없다.   **18** (1) ○ (2) △ (3) △ (4) ○   **19** ④   **20** 응결

• 풀이 •

1 물의 상태 변화와 이동 과정을 알아보는 실험 장치를 꾸며 플라스틱 컵 안에서 물이 어떤 과정으로 이동하는지 관찰합니다.

2 물의 상태 변화와 이동 과정을 실험으로 알아볼 때 알코올램프는 필요하지 않습니다.

3 플라스틱 컵 안에 있는 물은 열 전구 스탠드가 비추는 열로 인해 증발하여 공기 중으로 올라가 뚜껑에 있는 차가운 얼음을 만나면 차가워져서 컵 안이 뿌옇게 흐려지고 물방울이 맺힙니다.

4 물의 순환 모형을 만들 때 자석은 필요하지 않습니다.

20 와카워터는 공기 중의 수증기를 물로 모으는 장치로, 낮과 밤의 기온 차이가 큰 지역에 설치해 물을 모읍니다.

2회   1. 식물의 생활   16~18쪽

1 ④   2 ⓒ   3 ⑤   4 ※ 풀이 참조   5 ⓒ, ⓒ, ⓔ
6 ①   7 (1) ◯ (2) ✕ (3) ◯   8 (1) 예 잎과 줄기가 뚜렷하고 땅에 뿌리를 내리고 산다. (2) 예 민들레는 키가 작고 줄기가 가늘지만, 단풍나무는 키가 크고 줄기가 굵다.   9 예 잎자루 단면에 많은 공기주머니가 있다.   10 ⑤   11 ⓒ   12 ⓒ   13 ④   14 선인장   15 ⓒ, ⓒ   16 ③   17 ②   18 ④   19 ①
20 (1) ◯

풀이

1 잎은 필요한 만큼만 채집하여 자연을 보호해야 합니다.

2 ㉠은 잎몸, ㉡은 잎자루, ㉢은 잎맥입니다.

3 토끼풀의 잎은 둥글고 작은 잎 세 장이 모여 있으며, 가장자리가 톱니 모양입니다. 강아지풀의 잎은 가늘고 길쭉하며, 만지면 털이 느껴집니다.

4 강아지풀과 등나무, 연꽃은 잎의 가장자리가 매끈하고 단풍나무와 벗나무는 가장자리가 톱니 모양입니다.

분류 기준: 잎의 가장자리가 매끈한가?

그렇다.   그렇지 않다.

강아지풀   단풍나무
등나무   벗나무   연꽃

5 나사말과 부레옥잠은 강이나 연못에서 사는 식물이고, 용설란은 사막에서 사는 식물입니다.

6 들이나 산에 사는 식물 중 소나무, 단풍나무, 밤나무는 나무이고 강아지풀, 민들레, 명아주, 토끼풀은 풀입니다.

7 들이나 산에 사는 식물은 풀과 나무로 구분할 수 있고 풀은 대부분 키가 작고 나무는 대부분 키가 큽니다.

8 민들레는 풀, 단풍나무는 나무로 구분할 수 있습니다. 들과 산에서 사는 식물은 대부분 잎과 줄기가 뚜렷하고 땅에 뿌리를 내리고 삽니다.

9 부레옥잠 잎자루 단면에 많은 공기주머니가 있고, 세로 단면에는 구멍이 줄줄이 연결되어 있습니다.

10 세로로 자른 부레옥잠의 잎자루를 물속에서 누르면 공기 방울이 나와서 위로 올라가고, 눌렀던 손을 떼면 잎자루가 다시 부풀어 오릅니다.

▲ 잎자루를 물속에서 누르기

11 검정말, 붕어마름, 나사말, 물수세미 등이 물속에 잠겨서 사는 식물로 대부분 잎이 좁고 길며 잎과 줄기가 물의 흐름에 따라 잘 휩니다.

12 개구리밥, 생이가래, 부레옥잠, 물상추 등은 물에 떠서 사는 식물로 수염처럼 생긴 뿌리가 있습니다. 잎에 공기주머니가 있거나 가는 털이 많습니다.

13 선인장의 줄기를 자른 면에 화장지를 붙여 보는 실험을 통해 선인장의 줄기에 물이 있다는 것을 알 수 있습니다.

14 선인장과 바오바브나무는 줄기에 물을 저장하고 용설란은 잎에 물을 저장합니다.

▲ 바오바브나무   ▲ 용설란

15 높은 산에서 사는 식물은 대부분 키가 작고, 줄기가 옆으로 자라거나 땅속에 파묻혀 있습니다. 뿌리는 땅속 깊이 뻗어 강한 바람에도 견딜 수 있습니다.

16 북극다람쥐꼬리, 북극이끼장구채, 남극좀새풀, 남극 개미자리 등은 극지방에서 사는 식물입니다. 북극이 끼장구채와 남극좀새풀은 키가 작아서 강한 바람과 추위를 견디며 살기에 알맞습니다.

17 떨어지면서 회전하는 단풍나무 열매의 생김새를 활 용해 날개가 하나인 선풍기를 만듭니다.

18 연잎에 작고 둥근 돌기가 많이 나 있어 물에 젖지 않 는 특징을 활용하여 물이 스며들지 않는 옷을 만듭 니다.

19 우엉 열매 가시의 갈고리 모양을 모방하여 단추, 끈 을 대신하는 찍찍이 테이프를 만듭니다.

20 태양열 발전소의 거울을 설치할 때 해바라기꽃의 모 양을 따라 설치하여 더 많은 빛을 모을 수 있습니다.

2회   2. 물의 상태 변화   19~21쪽

1 (1) ㉢ (2) ㉠ (3) ㉡   2 ③   3 경인   4 ②   5 예
물이 얼면 부피가 늘어난다.   6 ③   7 (2) ○   8
②, ⑤   9 ⑤   10 ①, ②   11 ④   12 (1) × (2) ○
(3) ×   13 예 물이 끓고 난 후 물의 높이가 처음 물
의 높이보다 낮다.   14 ①   15 ④, ⑤   16 ④
17 ④   18 ④   19 ⑤   20 ①

• 풀이 •

1 물은 고체인 얼음, 액체인 물, 기체인 수증기의 세 가지 상태로 있고 서로 다른 상태로 변할 수 있습 니다.

2 얼음은 고체 상태로 모양이 일정하고 단단합니다.

3 물은 일정한 모양이 없이 흐르고, 담는 그릇에 따라 모양이 변합니다.

4 물이 얼어 얼음이 될 때 무게는 변하지 않습니다.

5 물이 얼면 부피는 늘어나고 무게는 변하지 않습니다. 얼음이 녹아 물이 되면 부피는 줄어들고 무게는 변하 지 않습니다.

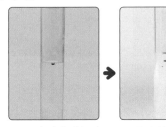

▲ 물이 얼기 전 높이   ▲ 물이 언 후의 높이

6 얼음이 녹아 물이 되면 부피가 줄어드는데 이때, 줄 어든 부피는 물이 얼기 전의 부피와 같습니다.

7 튜브형 얼음과자가 녹아 튜브 안에 공간이 생긴 것은 얼음이 녹아 부피가 줄어든 경우입니다.

8 스탠드에 물휴지를 널면 점점 물기가 적어지고 펼쳐 넌 물휴지가 더 빨리 마릅니다.

9 감 안에 들어 있던 물은 수증기로 변해 공기 중으로 흩어지기 때문에 감이 마릅니다.

10 젖은 옷이 마르고, 햇볕에 고추를 말리는 것은 증발 과 관계있는 것입니다. 물에 넣고 달걀을 삶는 것은 끓음과 관계있는 것입니다.

11 비커에 물을 반정도 담고 유성 펜으로 물의 높이를 표시한 다음 알코올램프로 가열하면서 물이 끓을 때 의 변화를 알아보는 실험이기 때문에 전자저울은 필 요하지 않습니다.

12 물이 끓기 전에는 큰 변화가 없습니다. 물이 끓을 때 는 물의 높이가 끓기 전보다 빠르게 낮아집니다.

13 물을 가열하면 물이 수증기로 변해 공기 중으로 흩어 지기 때문에 물이 끓은 후 물의 높이가 처음 물의 높 이보다 낮습니다.

14 증발과 끓음 모두 물이 수증기로 변하는 점이 같습니 다. ②와 ⑤는 끓음에 대한 설명이고 ③과 ④는 증발 에 대한 설명입니다.

15 차가운 컵 표면에 공기 중의 수증기가 물이 되어 맺 힙니다.

16 공기 중의 수증기가 응결해 플라스틱병 표면에 물방 울로 맺히기 때문에 무게가 약간 늘어납니다.

17 냄비 뚜껑 안쪽에 맺혀 있던 물방울이 사라지는 것은 증발과 관련된 예입니다.

▲ 이슬   ▲ 뿌옇게 흐려진 안경알

18 스팀다리미로 옷의 주름을 펴는 것은 물이 수증기로 상태 변화한 예입니다. ①, ②, ③, ⑤는 물이 얼음으 로 상태 변화한 예입니다.

19 ①, ②, ③, ④는 액체 상태인 물이 기체 상태인 수증 기로 변하는 상태 변화를 이용한 예입니다. ⑤는 물 이 얼음으로 변하는 상태 변화를 이용한 예입니다.

20 스키장이나 눈썰매장의 인공 눈은 물에서 얼음으로 변하는 상태 변화를 이용한 것입니다.

1 (2) ×   **2** ②   **3** ③   **4** ⑤   **5** ⓒ   **6** ②, ③
7 ⓒ   **8** ④   **9** ⓒ   **10** ㉠ 커진다. ⓒ 작아진다.
11 ⓒ   **12** ⑤   **13** (1) ○ (2) ○   **14** 예 좌우가 다시 바뀌어 똑바로 보이기 때문이다.   **15** ④   **16** ⓒ
17 (1) ○ (2) × (3) ○   **18** 빛의 반사   **19** (2) ○
20 ④

• 풀이 •

1 흰색 스크린을 사용해야 스크린에 생기는 그림자를 볼 수 있습니다.

2 햇빛이 비치는 낮에는 물체 주변에 그림자가 생기고, 구름이 햇빛을 가리면 물체의 그림자가 사라지므로 손전등의 빛과 같은 역할을 하는 것은 햇빛입니다.

3 둥근 공은 손전등의 빛을 어느 방향에서 비춰도 그림자 모양이 같습니다.

4 연필꽂이에 빛이 통과하는 정도가 다르기 때문에 연필꽂이 그림자의 진하기가 다릅니다.

5 안경테는 빛이 통과하지 못하므로 그림자가 진하게 생기고, 안경알은 빛이 대부분 통과하기 때문에 그림자가 연하게 생깁니다.

6 종이컵은 빛이 통과하지 못하므로 그림자가 진하게 생기고, 투명 플라스틱 컵은 빛이 대부분 통과하기 때문에 그림자가 연하게 생깁니다.

7 컵에 손전등 빛을 비추면 컵의 방향에 따라 그림자의 모양이 달라집니다. 컵에 빛이 닿은 모양과 그림자의 모양이 닮았습니다.

8 빛이 직진하기 때문에 물체의 모양과 그림자의 모양이 비슷합니다.

9 손전등 빛을 받는 면의 모양대로 ⓒ과 같은 그림자가 생깁니다.

10 물체와 손전등 사이의 거리가 가까워지면 그림자의 크기가 커지고, 멀어지면 그림자의 크기가 작아집니다.

11 ㉠과 ⓒ은 그림자의 크기가 커지는 경우이고, ⓒ은 그림자의 크기가 작아지는 경우입니다.

12 스크린을 고정해 놓았을 때 손전등과 물체 사이의 거리가 가까우면 그림자의 크기가 커지고, 멀어지면 그림자의 크기가 작아집니다.

13 인형의 색깔과 인형 귀의 개수는 같지만, 실제 인형은 오른쪽 손을 올렸고 거울에 비친 인형은 왼쪽 손을 올렸습니다.

14 거울에 비친 글자는 실제 글자와 좌우가 바뀌어 보입니다. 구급차 앞부분의 '⊃II'는 좌우가 바뀌어 '119'로 바르게 보입니다.

▲ 구급차

15 거울에 물체를 비추면 상하는 바뀌어 보이지 않지만 좌우는 바뀌어 보이고, 색깔은 실제 물체와 같습니다.

16 손전등 빛이 거울에 부딪치면 거울에서 빛의 방향이 바뀝니다.

17 빛이 나아가다가 거울에 부딪쳐서 빛의 방향이 바뀌는 것은 빛의 반사입니다.

18 빛이 나아가다가 거울에 부딪치면 거울에서 빛의 방향이 바뀝니다.

19 자동차의 뒷거울로 다른 자동차의 위치를 볼 수 있습니다. 옷 가게의 거울로는 옷 입은 모습을 볼 수 있습니다.

20 자동차 뒷거울을 이용하여 뒤에 오는 차를 확인할 수 있습니다. 승강기에 설치한 거울의 경우 실내를 넓어 보이게도 하고, 승강기를 탈 때 뒤쪽 방향을 볼 수 있게 하는 역할도 합니다.

정답과 풀이

2회   4. 화산과 지진   25~27쪽

1 분화구   2 ①   3 ①   4 (1) 화산 가스 (2) 화산
암석 조각 (3) 용암   5 ⑩ 실제 화산에서는 고체 상
태의 화산재나 화산 암석 조각 등이 분출하지만, 화산
활동 모형에서는 이러한 물질이 분출하지 않는다.
6 ①   7 (1) ㉠ (2) ㉡   8 ④, ⑤   9 ①   10 ⑩ 화
강암은 땅속 깊은 곳에서 서서히 식어서 만들어지기
때문에 알갱이 크기가 크다.   11 화산재   12 (2) ○
13 ㉢, ㉣   14 ②   15 땅   16 ④   17 ②   18
①   19 ④   20 ④

풀이

1 분화구는 땅속 마그마나 화산 가스 등이 분출하는 구
   멍입니다.
2 킬라우에아산(미국), 후지산(일본), 한라산은 화산입
   니다.
3 화산의 모양은 다양하지만 대부분 뾰족하지 않고 경
   사가 완만하며 분화구가 없는 것도 있고 분화구에 물
   이 고여 있는 곳도 있습니다.
4 화산 활동 모형의 윗분분에서 연기가 피어오르고, 녹
   은 마시멜로가 화산 활동 모형의 입구로 부풀어 오른
   후 흘러내립니다. 흘러나온 마시멜로는 시간이 지나
   면 굳습니다.
5 실제 화산이 분출할 때는 기체인 화산 가스, 액체인
   용암, 고체인 화산재와 화산 암석 조각 등이 나옵니
   다.
6 화산 암석 조각은 크기가 다양합니다. 마그마는 분출
   하여 액체인 용암이 됩니다. 기체인 화산 가스는 대
   부분이 수증기입니다.
7 현무암은 마그마가 지표 부근에서 빠르게 식으면서
   만들어진 암석이고, 화강암은 마그마가 땅속 깊은 곳
   에서 서서히 식으면서 만들어진 암석입니다.
8 화강암은 마그마가 땅속 깊은 곳에서 느리게 식으면
   서 굳어진 것으로 알갱이 크기가 큽니다.

▲ 크기가 다양한 화산 암석 조각

9 현무암은 화강암보다 어두운색입니다.

▲ 화강암   ▲ 현무암

10 화강암은 마그마가 땅속 깊은 곳에서 천천히 식어 만
   들어지기 때문에 알갱이의 크기가 눈으로 보일만큼
   큽니다.
11 화산재는 농경지를 덮어 식물을 죽이고 동물에게도
   큰 피해를 주며, 햇빛을 차단하여 날씨의 변화가 나
   타나기도 합니다.

▲ 화산재가 덮인 마을

12 화산 주변 땅속의 열을 이용해 전기를 얻을 수 있습
   니다.
13 용암이 흐르면서 산불을 발생시키거나 화산재가 마
   을이나 농경지를 뒤덮는 것은 화산 활동이 우리에게
   주는 피해입니다.
14 우드록에 힘이 가해졌을 때 우드록이 끊어지면서 지
   진이 발생하는 것을 알아보는 모형실험입니다.
15 우드록은 실제 자연에서 땅에 해당합니다.
16 우박이 떨어지는 것과 지진은 관계가 없습니다.
17 지진의 세기는 규모로 나타내며 규모의 숫자가 클수
   록 강한 지진입니다.
18 우리나라도 최근 규모가 큰 지진이 자주 발생하고 있
   습니다.
19 지진이 발생했을 때 집에 있을 경우에는 탁자 아래로
   들어가 머리와 몸을 보호하고, 흔들림이 멈추면 전기
   와 가스를 차단하고 문을 열어 출구를 확보하고 밖으
   로 나갑니다.
20 지하철이나 버스의 경우 지진이 발생하면 넘어지지
   않도록 손잡이나 기둥, 선반 등을 꼭 잡고 기다리며,
   차량이 정지하면 안내에 따라 이동합니다.

1 ⑤   **2** ①, ④, ⑤   **3** ㉠ 증발 ㉡ 응결   **4** (1) ㉢
(2) ㉠ (3) ㉡   **5** 액체   **6** ④   **7** (1) 응결 (2) 증발
8 물의 순환   **9** 변하지 않는다   **10** (1) ㉡ (2) ㉠
11 ⑤   **12** (1) ㉢ (2) ㉠ (3) ㉡   **13** ⑤   **14** ③, ④
15 ⑤   **16** (1) ○ (2) ○ (3) ×   **17** ④   **18** (1) ㉢
(2) ㉠ (3) ㉡   **19** 응결   **20** 예 머리를 감을 때 샴푸를 조금만 쓴다. 기름기가 있는 그릇은 휴지로 먼저 닦고 설거지를 한다.

풀이

1 우리 주변에서 물을 많이 볼 수 있는 곳은 연못, 개천, 바다, 수돗가 등입니다.

2 작은 지구를 창가에 놓아두면 주변 상황에 따라 물을 주지 않아도 4~5개월은 살 수 있습니다.

3 그릇 안의 물이 증발하고, 증발해 만들어진 수증기가 그릇 안쪽 뚜껑과 벽면에서 응결했기 때문에 그릇 안쪽에 물방울이 생깁니다.

4 공기 중에서는 기체, 산의 눈과 얼음은 고체, 바다에서는 액체 상태로 물이 존재합니다.

5 땅속에서 액체 상태인 물로 여행하다가 공기 중으로 이동하게 되면 기체 상태의 수증기가 됩니다.

6 물은 공기 중에서 기체 상태인 수증기로 존재합니다. 강, 땅속, 바다, 식물에서는 액체 상태인 물로 존재합니다.

7 공기 중의 수증기가 액체로 변하는 현상을 응결이라고 하며, 물이 액체 상태에서 기체 상태로 변하는 것을 증발이라고 합니다.

8 물이 상태가 변하면서 육지, 바다, 공기, 생명체 등 여러 곳을 끊임없이 돌고 도는 과정을 물의 순환이라고 합니다.

9 물의 순환 과정을 통해 물의 상태는 끊임없이 변하지만, 지구 전체 물의 양은 변하지 않습니다.

10 흐르는 물은 다양한 지형을 만들기 때문에 관광 자원으로 이용하거나 농작물을 재배하는 데 이용됩니다.

11 산업이 발달하면 물의 이용량이 늘어납니다. 물은 여러 번 사용 가능하지만 사용 가능한 물의 양은 한정적입니다. 가정에서 마시는 물은 강, 하천의 물을 정수한 것입니다.

12 스케이트를 탈 때는 얼음, 세수를 할 때나 물건을 만들 때는 물, 옷을 다리거나 음식을 찔 때는 수증기를 이용합니다.

13 물은 우리 생활에서 다양하게 이용되므로 매우 중요합니다.

14 물은 끊임없이 이동하면서 생명체에게 필요한 영양분을 공급해 주고 생태계의 건강을 지켜줍니다.

15 이용할 수 있는 물이 풍부한 곳도 있고, 심각하게 부족한 곳도 있습니다. 우리나라는 물 부족 국가입니다.

16 인구 증가로 인해 물의 이용량이 늘어났습니다.

17 환경이 오염되면서 물도 빠르게 오염되기 때문에 물이 부족합니다.

18 머니 메이커 펌프는 발로 페달을 밟아 땅속의 물을 끌어올리는 펌프입니다.

▲ 안개 포집기

19 와카워터는 낮과 밤의 기온 차로 풀잎에 이슬이 맺히는 것과 같은 원리를 이용한 장치입니다.

20 빨래를 모아서 한꺼번에 하며, 샤워할 때 물을 계속 틀어 놓지 않는 것도 물 부족 현상을 해결하기 위해 우리가 실천할 수 있는 일입니다.

8종 검정 교과서

완벽 분석 종합평가

과학

정답과 풀이

4·2

3~4학년군

교육의 길잡이 · 학생의 동반자
(주)교학사

정답과 풀이

1 식물의 생활

개념을 확인해요
9쪽

1 식물   2 사진기   3 분류   4 소나무   5 단
풍나무   6 소나무, 토끼풀   7 단풍나무, 은행
나무

개념을 확인해요
11쪽

1 뿌리   2 풀   3 나무   4 풀, 나무   5 뿌리,
줄기, 잎   6 양분   7 나무   8 풀

개념을 확인해요
13쪽

1 물속   2 뿌리   3 잎, 꽃   4 잎   5 공기
6 공기주머니   7 적응   8 물

개념을 확인해요
15쪽

1 사막   2 가시   3 줄기   4 물기   5 물
6 가시   7 바오바브, 사막   8 건조

개념을 확인해요
17쪽

1 갈고리   2 갈고리   3 도꼬마리   4 연꽃
5 단풍나무   6 물   7 잎자루

개념을 다져요
18~21쪽

1 ①   2 ①, ②   3 ③   4 들이나 산   5 민들레
6 ①   7 ①   8 ㉠ 풀, ㉡ 나무   9 ①   10 예 뿌
리, 줄기, 잎이 있다. 잎이 초록색이다.   11 ④   12
⑤   13 ④   14 ⑤   15 ㉣   16 적응   17 잎자루
에 공기주머니가 있다.   18 ④   19 ①   20 ②
21 줄기   22 ⑤   23 예 굵은 줄기에 물을 저장하기
때문이다.   24 ④   25 물   26 가시   27 예 키가
크다. 줄기가 굵다.   28 ④   29 ③   30 단풍나무
31 ①

풀이

1 소나무, 강아지풀 등은 잎이 길쭉한 모양입니다.

더 알아볼까요!

잎의 전체적인 모양이 길쭉한가?

그렇다.	그렇지 않다.

2 소나무는 한곳에서 두 개씩 뭉쳐나고, 토끼풀은 한곳
에서 세 개씩 납니다.
3 잎의 끝 모양의 생김새로 분류하였습니다.
4 들이나 산에는 여러 가지 식물이 살고 있습니다.

▲ 민들레

▲ 강아지풀

▲ 떡갈나무

▲ 단풍나무

5 민들레는 여러 개의 꽃이 모여서 전체 꽃을 이룹니다.
6 나사말, 부레옥잠, 갈대, 부들 등은 강이나 연못에
사는 식물이고, 선인장은 사막에 삽니다.

정답과 풀이

7 들이나 산에서 사는 식물 중 나무는 모두 여러해살이 식물이지만, 풀은 대부분 한해살이 식물입니다.

8 풀은 나무보다 키가 작고 줄기가 가늘며, 나무는 풀보다 키가 크고 줄기가 굵습니다.

9 풀은 대부분 한해살이 식물이며, 나무는 모두 여러해살이 식물입니다.

10 들이나 산에서 풀과 나무는 모두 뿌리, 줄기, 잎이 있습니다.

11 ① 풀과 나무의 잎 색깔은 초록색이고, ② 풀이 나무보다 키가 작으며, ③ 풀은 대부분 한해살이 식물입니다. ⑤ 나무와 풀은 모두 뿌리, 줄기, 잎이 있으며, 풀은 나무에 비해 키가 작고 줄기가 가늡니다.

12 연꽃, 부들, 창포는 잎이 물 위로 높이 자라는 식물이고, 검정말은 물속에 잠겨서 사는 식물입니다.

13 검정말, 나사말, 물수세미, 물질경이 등은 물속에 잠겨서 사는 식물이며, 개구리밥, 부레옥잠, 물상추 등은 물에 떠서 사는 식물입니다.

14 물속에 잠겨서 사는 검정말은 잎이 작고, 나사말은 잎이 좁고 긴 모양입니다. 줄기가 물의 흐름에 따라 잘 휩니다.

15 연꽃, 부들, 창포 등은 잎이 물 위로 높이 자라고, 뿌리는 물속이나 물가의 땅에 있습니다.

더 알아볼까요!

강이나 연못에서 사는 식물
• 물속에 잠겨서 사는 식물: 물수세미, 나사말, 검정말
• 물에 떠서 사는 식물: 개구리밥, 물상추, 부레옥잠
• 잎이 물에 떠 있는 식물: 수련, 가래, 마름
• 잎이 물 위로 높이 자라는 식물: 연꽃, 부들, 창포

16 부레옥잠도 물이 많은 주변 환경에 적응한 것입니다. 뿌리가 흙에 닿아 있는 부레옥잠은 잎자루가 홀쭉합니다.

더 알아볼까요!

강이나 연못의 환경에 적응한 예
• 검정말이나 나사말과 같이 물속에 잠겨서 사는 식물의 줄기는 물의 흐름에 따라 잘 휘어집니다.
• 물상추나 부레옥잠과 같이 물에 떠서 사는 식물의 뿌리는 수염처럼 생겼습니다.
• 갈대는 잎이 물 위로 높이 자라는 식물로 줄기가 단단합니다.
• 줄은 잎이 물 위로 높이 자라는 식물로 뿌리는 물속이나 물가의 땅에 있고 줄기가 단단합니다.

17 부레옥잠과 같이 물에 떠서 사는 식물은 잎자루에 공기주머니가 있거나 잎이 넓어 물에 뜰 수 있습니다.

18 검정말이나 나사말은 물속에 잠겨서 사는 식물로 줄기가 물의 흐름에 따라 잘 휘어집니다.

19 잎이 물 위로 높이 자라는 식물은 줄기가 단단하고, 뿌리는 물속이나 물가의 땅에 있습니다.

20 선인장은 사막에서 살고 있습니다.

22 줄기를 자른 면은 매끄럽고 촉촉합니다.

23 굵은 줄기에 물을 저장하여 건조한 날씨에도 잘 견딜 수 있습니다.

더 알아볼까요!

선인장이 사막에서 살 수 있는 까닭
• 줄기가 굵어 물을 보관할 수 있기 때문에 건조한 날씨에도 살 수 있습니다.
• 가시가 있어 물이 필요한 다른 동물이 공격하는 것을 피할 수 있고, 물의 증발을 막을 수 있습니다.

24 부레옥잠은 강이나 연못에서 사는 식물입니다.

25 사막에 사는 식물은 잎이 작거나 가시로 변해 물의 증발을 막습니다.

27 바오바브나무는 키가 크고 줄기가 굵어서 물을 많이 저장할 수 있습니다.

28 도꼬마리 열매의 가시 끝이 갈고리 모양이어서 동물의 털이나 옷에 붙을 수 있습니다.

더 알아볼까요!

도꼬마리 열매와 찍찍이 테이프의 특징
• 끝이 갈고리 모양이어서 동물의 털이나 옷에 붙을 수 있습니다.
• 열매 가시 끝의 갈고리 모양이 동물의 털이나 사람의 옷에 잘 붙는 성질을 활용하였습니다.

▲ 도꼬마리 열매

▲ 찍찍이 테이프

30 날개가 하나인 선풍기는 떨어지면서 회전하는 단풍나무 열매의 생김새를 활용하여 만들었습니다.

31 연꽃잎은 물이 스며들지 않는 옷, 느릅나무 잎의 생김새는 빗물을 모으는 장치, 단풍나무 열매의 생김새는 선풍기에 활용되었습니다.

1 ④ 2 ①, ⑤ 3 ③ 4 ⑤ 5 잎의 가장자리가 톱니 모양인 것과 톱니 모양이 아닌 것 6 ① 7 ㉢, ㉣, ㉥ 8 ㉠ 9 예 뿌리, 줄기, 잎이 있다. 땅에 뿌리를 내리고 산다. 10 ⑤ 11 ㉠, ㉡, ㉥ 12 ① 13 부레옥잠 14 (1) ○ (2) × (3) ○ 15 ㉡, ㉢, ㉣ 16 ① 17 물 18 (1) ㉢ (2) ㉠ (3) ㉡ 19 연꽃 20 ⑤

풀이

1 마름은 학교나 연못에서 사는 식물입니다.

2 잎의 전체적인 모양이 길쭉한 것은 소나무와 강아지풀입니다.

더 알아볼까요!

▲ 소나무 ▲ 토끼풀 ▲ 단풍나무

▲ 은행나무 ▲ 강아지풀

3 그림은 아까시 나무입니다. 토끼풀, 땅콩, 등나무 등은 잎의 개수가 여러 장입니다.

더 알아볼까요!

여러 가지 잎의 생김새

• 소나무: 바늘처럼 잎의 끝이 뾰족하고, 잎은 한곳에 두 개씩 뭉쳐 납니다.

• 강아지풀: 잎은 긴 편이고 잎맥은 나란하며, 잎의 가장자리에 털이 있습니다.

• 단풍나무: 잎은 손바닥 모양이고 잎의 끝은 뾰족하며, 잎의 가장자리는 톱니 모양입니다.

• 토끼풀: 잎은 한곳에 세 개씩 나고 잎의 끝은 둥글며, 잎의 가장자리는 톱니 모양입니다.

• 은행나무: 잎은 부채 모양이고 가운데 부분이 갈라져 있으며, 잎의 끝은 물결 모양입니다.

4 소나무, 토끼풀, 등나무는 잎의 개수가 여러 개이고, 국화는 잎의 가장자리가 갈라져 있습니다.

5 단풍나무와 토끼풀은 잎의 가장자리가 톱니 모양이고, 은행나무는 잎의 끝이 물결 모양입니다.

6 부들은 연못이나 강가에 살고 강아지풀, 단풍나무, 은행나무, 떡갈나무는 들이나 산에서 삽니다.

7 들이나 산에서 사는 식물은 풀과 나무로 분류할 수 있으며 풀은 나무에 비해 키가 작고 줄기가 가늘며 대부분 한해살이 식물입니다.

8 ㉠은 강아지풀, ㉡은 소나무입니다. 풀의 특징을 설명한 것입니다. 나무는 풀보다 키가 크고 줄기도 굵으며, 모두 여러해살이 식물입니다.

9 잎의 색깔이 초록색이고, 잎과 줄기가 잘 구분됩니다.

10 수련은 잎이 물에 떠 있고, 창포, 부들, 연꽃은 잎이 물 위로 높이 자라는 식물입니다.

11 나사말, 검정말, 물수세미는 줄기가 약하며, 잎이 물의 흐름에 따라 잘 휩니다.

12 연꽃, 부들, 창포는 잎이 물 위로 높이 자라는 식물입니다.

13 부레옥잠은 물에 떠서 사는 식물입니다.

14 물에 떠서 사는 식물의 뿌리는 수염처럼 생겼습니다.

15 명아주는 들에 살고, 물수세미와 부레옥잠은 강이나 연못에 삽니다.

16 선인장과 바오바브나무는 사막에 삽니다. 그 외에 사막에는 용설란, 회전초, 메스키트나무 등도 삽니다. 사막은 햇볕이 강하고 낮과 밤의 온도 차가 크며, 건조합니다.

17 선인장은 사막에 살기 알맞게 적응하였습니다.

18 느릅나무 잎의 생김새, 연꽃잎의 특징, 떨어지면서 회전하는 단풍나무 열매의 생김새, 열매의 가시 끝이 갈고리 모양이어서 동물의 털이나 사람의 옷에 잘 붙는 도꼬마리 열매의 성질을 생활에 활용할 수 있습니다.

19 연꽃잎에 작고 둥근 돌기가 나 있는 특징을 이용해 물이 스며들지 않는 옷, 자동차나 유리 코팅제 등을 만들었습니다.

20 끈끈이주걱의 끈적거리는 성질을 활용하면 옷걸이에 걸려 있는 옷이 미끄러져 떨어지지 않습니다. 물에 떠서 사는 식물의 특징을 활용하여 붓을 물에 띄우고, 공기 정화 식물을 활용하여 미세 먼지를 막는 마스크를 만드는 데 활용할 수 있습니다.

정답과 풀이

1 (1) ㉠, ㉡, ㉢ (2) ㉣, ㉤, ㉥ **2** ④ **3** 잎이 한 개인 것과 여러 개인 것 **4** 특징 **5** ㉠ 민들레, ㉡ 밤나무 **6** ①, ② **7** ② **8** (1) ㉠, ㉢, ㉥ (2) ㉡, ㉣ **9** 물수세미, 나사말, 검정말 **10** 개구리밥, 물상추, 부레옥잠 **11** ⑤ **12** 부레옥잠 **13** 잎자루 **14** 적응 **15** ㈜ 햇볕이 강하다. 낮과 밤의 온도 차가 크다. 비가 적게 오고 건조하다. **16** ⑤ **17** ㉢, ㉣ **18** ⑤ **19** ㈜ 잎에 작고 둥근 돌기가 많이 나 있다. **20** ④

풀이

1 잎의 전체적인 모양이 길쭉한 것과 길쭉하지 않은 것으로 나눈 것입니다.

2 은행나무 잎의 끝은 물결 모양입니다.

3 잎이 한 개인 것(강아지풀, 단풍나무)과 여러 개인 것(아까시나무, 토끼풀)으로 나눈 것입니다.

4 식물의 분류 활동은 식물의 특징을 이해하는 데 도움이 됩니다.

5 ㉠은 민들레이고, ㉡은 밤나무입니다.

6 민들레와 밤나무는 들이나 산에서 사는 식물입니다.

7 명아주는 풀이고, 한해살이 식물입니다.

> **더 알아볼까요!**
>
> **들이나 산에서 사는 식물**
> • 소나무: 키가 크고 솔방울이 달려 있으며 줄기는 굵고 거칩니다.
> • 명아주: 민들레보다 키가 크고 잎의 가장자리는 톱니 모양으로 잎은 삼각형 모양입니다.
> • 떡갈나무: 키가 크고 줄기는 회갈색으로 잎은 전체적으로 끝이 더 넓은 달걀 모양이고, 잎에 털이 있습니다.

8 풀은 대부분 한해살이 식물이고 줄기가 나무에 비해 가늡니다. 나무는 줄기가 풀에 비해 굵고 모두 여러해살이 식물입니다.

9 물수세미, 나사말, 검정말은 물속에 잠겨서 사는 식물로 줄기가 물의 흐름에 따라 잘 휩니다.

10 개구리밥, 물상추, 부레옥잠 등은 물에 떠서 사는 식물로 수염처럼 생긴 뿌리가 물속으로 뻗어 있습니다.

11 잎이 물 위로 높이 자라는 식물은 뿌리가 물속이나 물가의 땅에 있으며, 키가 크고 잎과 줄기가 튼튼합니다.

12 부레옥잠은 잎자루에 공기주머니가 있어서 물에 뜰 수 있습니다.

> **더 알아볼까요!**
>
> **부레옥잠의 특징**
>
>
>
> ▲ 부레옥잠
>
> • 물에 떠 있습니다.
> • 전체적인 색깔은 초록색이고, 잎이 매끈하며 광택이 납니다.
> • 잎이 둥글고 잎자루가 볼록하게 부풀어 있는 모양입니다.
> • 뿌리는 수염처럼 생겼습니다.

13 잎자루의 단면에는 많은 공기주머니가 보입니다. 잎자루의 세로 단면에는 공기구멍이 줄줄이 연결되어 있습니다. 잎자루의 가로 단면에는 둥근 공기구멍이 가득 차 있습니다.

14 부레옥잠도 물이 많은 주변 환경에 적응한 것입니다.

15 선인장, 용설란, 메스키트나무 등은 건조하고 햇볕이 강한 사막에 사는 식물입니다.

16 선인장은 일부 잎의 흔적이 있는 것도 있지만 대부분 잎이 없고 여러 가지 모양의 가시와 털이 있습니다. 종류에 따라 선인장도 꽃이 핍니다.

17 바오바브나무는 키가 크고 줄기가 굵어서 많은 물을 저장할 수 있고, 높이 자라서 다른 동물의 공격으로부터 잎을 보호합니다.

18 도꼬마리 열매의 가시 끝부분이 휘어진 특징을 활용하여 찍찍이 테이프는 신발이 벗겨지지 않게 하는데 활용합니다.

19 연꽃잎에 작고 둥근 돌기가 많이 나 있는 특징을 이용하여 물이 스며들지 않는 옷, 자동차나 유리 코팅제를 만들었습니다.

20 빗물을 모으는 장치는 느릅나무 잎의 생김새를 활용하여 만들었습니다.

▲ 느릅나무 잎

1 닭의장풀 **2** ㉢ **3** ⑤ **4** ⑤ **5** 떡갈나무 **6** 작약은 풀이고, 모란은 나무이다. **7** ③ **8** ③ **9** ②, ③ **10** ①, ② **11** 잎자루에 있는 공기주머니의 공기 때문에 물에 떠서 살 수 있다. **12** ① **13** ⑤ **14** ③, ⑤ **15** ③ **16** 키가 크고 줄기가 굵어서 물을 많이 저장할 수 있다. **17** 끝이 갈고리 모양이어서 동물의 털이나 옷에 붙을 수 있다. **18** ② **19** ① **20** ⑤

풀이

1 학교 주변에서 볼 수 있는 식물인 닭의장풀입니다.

2 학교 주변에서 잎을 채집할 때는 잎과 줄기가 연결된 잎자루 부분을 자릅니다. ㉠은 잎맥, ㉡은 잎몸, ㉢은 잎자루입니다.

3 그림은 은행나무입니다. 잎의 가장자리가 톱니 모양인 것은 토끼풀, 단풍나무 등이 있습니다.

4 토끼풀, 은행나무, 등나무, 땅콩은 잎의 끝 모양이 뾰족하지 않은 식물입니다.

5 떡갈나무는 나무이고, 잎에 털이 있습니다.

6 작약은 여러해살이풀이고, 모란은 나무입니다.

더 알아볼까요!

풀과 나무의 공통점과 차이점

구분	풀	나무
공통점	• 뿌리, 줄기, 잎이 있다. • 잎은 초록색이다.	
차이점	• 나무보다 키가 크다. • 줄기가 나무보다 가늘다. • 대부분 한해살이 식물이다.	• 풀보다 키가 크다. • 줄기가 풀보다 굵다. • 모두 여러해살이 식물이다.

7 나무는 모두 여러해살이 식물입니다.

8 가래, 마름, 수련은 잎과 꽃이 물 위에 떠 있는 식물로 뿌리는 물속의 땅에 있습니다.

9 식물 전체가 물 위에 떠서 사는 식물입니다.

10 연꽃, 부들, 창포는 잎이 물 위로 높이 자라는 식물로 키가 크고 잎과 줄기가 튼튼합니다.

11 부레옥잠의 잎자루는 많은 공기를 저장하고 있습니다.

▲ 창포   ▲ 부들

12 수련은 잎과 꽃이 물 위에 떠 있고, 뿌리는 물속의 땅에 있습니다.

13 메스키트나무, 회전초는 건조한 사막에 사는 식물입니다.

14 사막은 낮에 햇볕이 강하고 모래로 이루어져 있고 낮과 밤의 온도 차가 크며, 비가 적게 오고 건조합니다.

15 선인장 줄기를 자르면 자른 면이 미끄럽고 촉촉합니다. 자른 면에 화장지를 붙여 보면 물기가 묻어 나옵니다.

16 바오바브나무는 줄기가 굵어 물을 저장할 수 있고, 높이 자라서 다른 동물의 공격으로부터 잎을 보호합니다.

17 도꼬마리 열매의 생김새를 활용한 찍찍이 테이프는 끈을 대신해 신발이 벗겨지지 않게 하는 데 사용됩니다.

더 알아볼까요!

식물의 특징을 활용한 예

• 단풍나무 열매: 떨어지면서 회전하는 단풍나무 열매의 생김새를 활용해 날개가 하나인 선풍기를 만들었습니다.

• 느릅나무 잎: 물이 부족한 지역에서 느릅나무 잎의 생김새를 활용해 빗물을 모으는 장치를 만들었습니다.

• 연꽃잎: 비에 젖지 않는 연꽃잎의 특징을 활용해 물이 스며들지 않는 옷을 만들었습니다.

18 떨어지면서 회전하는 단풍나무 열매의 생김새를 활용하여 드론의 날개를 만들었습니다.

19 생이가래가 물에 뜨는 원리를 이용해 배의 연료를 절약할 수 있는 코팅제를 개발하였습니다.

20 스타이로폼 공으로 부레옥잠의 잎자루를 나타냅니다. 스타이로폼 공을 붓 중간에 붙이고 물에 잘 뜨는지 확인하며 만듭니다. 붓이 기울어지면 스타이로폼 공의 위치를 바꿔 붙입니다.

1 ① 　2 ㉠ 잎맥, ㉡ 잎몸, ㉢ 잎자루 　3 ④ 　4 ④
5 ② 　6 소나무 　7 (1) ㉠, ㉡, ㉤ (2) ㉢, ㉣, ㉥ 　8
㉠, ㉡, ㉣ 　9 ⑤ 　10 예 검정말, 물속에 잠겨서 산
다. 　11 ④, ⑤ 　12 ⑤ 　13 ③ 　14 예 자른 면이
미끄럽고 축축하다. 　15 ④ 　16 ① 　17 ⑤ 　18
② 　19 ① 　20 ⑤

풀이

1 잎은 가지에서 필요한 만큼만 채집하고, 다른 가지나 잎이 다치지 않도록 합니다.

2 ㉠은 잎에서 선처럼 보이는 것으로 잎맥이고, ㉡은 잎몸, ㉢은 잎자루입니다.

3 잎의 흙은 상황에 따라 묻어 있을 수 있는 것으로 잎의 생김새를 분류하는 기준이 될 수 없습니다.

4 잎의 전체적인 모양이 소나무, 강아지풀은 길쭉하고, 토끼풀과 은행나무는 길쭉하지 않습니다.

5 소나무, 강아지풀, 단풍나무, 토끼풀은 들이나 산에서 사는 식물입니다.

6 소나무는 산에서 사는 나무입니다.

▲ 소나무

7 들이나 산에서 사는 식물을 풀과 나무로 나누면 강아지풀, 민들레, 명아주는 풀이고, 소나무, 밤나무, 떡갈나무는 나무입니다.

8 들이나 산에서 사는 식물은 뿌리를 땅에 내리고 잎과 줄기가 햇빛을 잘 받을 수 있도록 자라며 필요한 양분을 스스로 만듭니다.

9 수련, 가래, 마름은 잎과 꽃이 물 위에 떠 있고, 뿌리는 물속의 땅에 있습니다. 물수세미, 나사말, 검정말은 물속에 잠겨서 사는 식물입니다.

10 물수세미, 검정말, 나사말 등은 줄기가 물의 흐름에 따라 잘 휩니다.

11 물에 떠서 사는 식물에는 개구리밥, 물상추, 부레옥잠 등이 있습니다.

12 물속에서 부레옥잠의 잎자루를 누르면 공기 방울이 올라옵니다.

더 알아볼까요!

부레옥잠의 잎자루
• 부레옥잠의 잎자루를 자르면 많은 구멍이 보이는데, 이것은 공기 주머니입니다.
• 부레옥잠은 잎자루에 있는 공기주머니 때문에 물에 떠서 살 수 있습니다.

▲ 부레옥잠

13 선인장은 물이 적고 건조한 환경에 살기 때문에 물을 저장하기 위해서 줄기가 굵고 통통합니다. 선인장은 굵은 줄기에 물을 저장하여 건조한 날씨에도 잘 견딜 수 있습니다. 또한 잎이 가시 모양이라서 동물이 함부로 먹지 못합니다.

14 선인장 줄기의 자른 면에 화장지를 붙여 보면 물기가 묻어 나옵니다.

더 알아볼까요!

선인장의 줄기를 가로로 잘라서 관찰하기
• 줄기가 굵습니다.
• 줄기를 자른 면이 미끄럽고 축축합니다.
• 줄기를 자른 면에 화장지를 대면 물이 묻어 나옵니다.

15 잎이 가시 모양이기 때문에 물이 빠져나가는 것을 줄이고, 동물이 함부로 먹지 못하게 합니다.

16 바오바브나무는 들이나 산에서 사는 식물보다 잎이 많지 않습니다. 바오바브나무는 키가 크고 줄기가 굵어서 물을 많이 저장할 수 있습니다.

17 도꼬마리 열매 가시 끝이 갈고리 모양으로 되어 있어 동물의 털이나 사람의 옷에 잘 붙습니다.

▲ 도꼬마리 열매

18 느릅나무 잎의 생김새를 활용하여 빗물을 모으는 장치를 만들 수 있습니다. 생이가래가 물에 뜨는 원리를 이용하여 배의 연료를 절약할 수 있는 코팅제를 개발하였습니다.

더 알아볼까요!

식물의 특징을 활용한 예

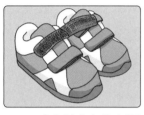

▲ 도꼬마리 열매의 생김새를 활용한 신발

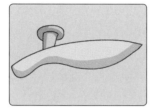

▲ 단풍나무 열매의 생김새를 활용한 날개가 하나인 선풍기

▲ 느릅나무 잎의 생김새를 활용한 빗물을 모으는 장치

▲ 연꽃잎의 특징을 활용한 물이 스며들지 않는 옷

19 허브의 냄새와 효과를 이용해 방향제와 해충 퇴치제를 만들었습니다.
20 공기 정화 식물의 특징을 마스크 안의 먼지 거름 장치에 활용합니다.

탐구 서술형 평가

34~35쪽

1 (1) • 뾰족한 것: 소나무, 강아지풀, 단풍나무 • 뾰족하지 않은 것: 토끼풀, 은행나무 (2) 예 잎의 전체적인 모양이 길쭉한가? **2** (1) • 풀: 민들레, 명아주 • 나무: 밤나무, 소나무 (2) 예 풀은 대부분 한해살이 식물이지만, 나무는 모두 여러해살이 식물이다. 풀은 나무보다 키가 작다. **3** 잎자루의 많은 구멍은 공기주머니이다. 잎자루는 많은 공기를 저장하고 있다. **4** (1) 예 끈끈이주걱의 끈적거리는 성질을 이용하여 옷이 떨어지지 않는 옷걸이를 만든다. (2) 예 도꼬마리 열매 가시 끝의 갈고리 모양을 활용하여 책상 위에 있는 물건이 잘 떨어지지 않게 한다.

풀이

1 잎의 분류 기준은 전체적인 모양, 끝 모양, 가장자리 모양, 잎맥 등의 생김새에 따라 다양하게 정할 수 있습니다.

상	여러 가지 식물 잎의 생김새를 바르게 분류하였고, 분류 기준을 바르게 서술하였습니다.
중	여러 가지 식물 잎의 생김새는 바르게 분류하였지만 분류 기준은 잎의 전체적인 모양이라고 충분하게 서술하지 못했습니다.
하	여러 가지 식물 잎의 생김새만 바르게 분류하였고, 분류 기준은 정확하게 서술하지 못했습니다.

2 풀에는 민들레, 명아주, 강아지풀, 토끼풀 등이 있고, 나무에는 밤나무, 소나무, 떡갈나무 등이 있습니다.

상	풀과 나무를 바르게 분류하였고, 차이점도 한해살이 식물과 여러해살이 식물이라는 명칭을 사용하여 정확히 서술하였습니다.
중	풀과 나무를 바르게 분류하였지만, 풀과 나무의 차이점에 대한 내용이 충분하지 못합니다.
하	풀과 나무를 정확하게 분류하지 못했고, 차이점도 정확히 서술하지 못했습니다.

3 부레옥잠은 잎자루에 있는 공기주머니의 공기때문에 물에 떠서 살 수 있습니다. 자른 부레옥잠의 잎자루를 물속에 눌러 보면 잎자루의 많은 구멍은 공기주머니이고, 잎자루는 많은 공기를 저장하고 있다는 것을 알 수 있습니다.

상	부레옥잠 잎자루의 공기주머니에 대해 정확히 서술하였습니다.
중	부레옥잠 잎자루의 공기주머니에 대한 내용이 충분하지 못합니다.
하	부레옥잠 잎자루의 공기주머니에 대해 서술하지 못하였습니다.

4 식물의 특징을 활용하여 우리 생활에서 필요한 생활용품을 만들 수 있습니다.

상	끈끈이주걱과 도꼬마리 열매의 특징을 활용한 생활용품의 예를 모두 정확하게 서술하였습니다.
중	끈끈이주걱과 도꼬마리 열매의 특징을 활용한 생활용품의 예 중 한 가지만 정확하게 서술하였습니다.
하	끈끈이주걱과 도꼬마리 열매의 특징을 활용한 생활용품의 예를 모두 서술하지 못했습니다.

2 물의 상태 변화

개념을 확인해요 37쪽

1 소금　2 주스　3 물　4 얼음, 물　5 얼음,
물　6 공기　7 얼음, 물, 수증기

개념을 확인해요 39쪽

1 무게　2 소금　3 높　4 부피, 무게　5 부
피　6 부피, 무게　7 부피　8 부피

개념을 확인해요 41쪽

1 맛　2 작　3 건조　4 수증기　5 증발
6 증발　7 증발　8 증발

개념을 확인해요 43쪽

1 수증기　2 기포　3 수증기　4 낮　5 끓음
6 수증기　7 수증기　8 끓음

개념을 확인해요 45쪽

1 물방울　2 수증기　3 무겁　4 수증기　5
응결　6 물　7 응결

개념을 확인해요 47쪽

1 얼음, 물, 수증기　2 얼음　3 얼음　4 수증
기　5 수증기　6 가습기　7 증발　8 흡수

개념을 다져요 48~51쪽

1 얼음이 녹아 물이 된다.　2 얼음　3 ⑤　4 ㉠ 고
체, ㉡ 기체　5 ㉠　6 13 g　7 ㉢　8 물이 얼면
부피가 늘어나기 때문이다.　9 ㉠　10 ㉠, ㉣　11
얼음이 녹으면 부피가 줄어들기 때문이다.　12 부
피, 무게　13 수증기　14 증발　15 ①　16 ⑤
17 (1) ○ (2) ○ (3) ×　18 수증기　19 끓음
20 ㉠, ㉢, ㉤　21 공기 중의 수증기　22 응결
23 ㉠ 수증기, ㉡ 물　24 ③　25 (1) 얼음 (2) 물
(3) 수증기　26 물　27 얼음　28 ㉡, ㉣　29 가
습기　30 ㉡　31 ⑤　32 ②

풀이

1 얼음이 녹아서 물이 됩니다.

2 물의 고체 상태인 얼음은 차갑고 단단하며, 모양이
일정합니다.

3 수증기는 물의 기체 상태로 일정한 모양이 없고 눈에
보이지 않습니다. ①은 물, ②, ③, ④는 얼음의 특징
입니다.

4 물은 고체인 얼음, 액체인 물, 기체인 수증기의 세
가지 상태로 있습니다.

5 물이 얼면 부피가 늘어나기 때문에 물의 높이가 높아
집니다.

 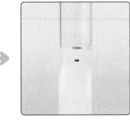

▲ 물이 얼기 전 물의 높이　　▲ 물이 언 후의 물의 높이

6 물이 얼어도 무게는 변하지 않습니다.

7 물이 얼어 얼음이 되면 무게는 변하지 않지만 부피는
늘어납니다.

8 물이 얼면 무게는 변하지 않지만 부피는 늘어납니다.

9 얼음이 녹으면 부피는 줄어들어 물의 높이가 낮아집니다.

10 얼음이 녹으면 부피는 줄어들지만, 무게는 변하지 않습니다.

11 얼음이 녹으면 물의 부피가 줄어들기 때문에 페트병의 크기가 작아집니다.

12 물이 얼 때 부피는 늘어나고 무게는 변하지 않으며, 얼음이 녹을 때는 부피는 줄어들고 무게는 변하지 않습니다.

13 과일에 들어 있던 물이 수증기로 변해 공기 중으로 흩어졌기 때문에 과일 조각이 마르고 크기가 작아졌습니다.

14 액체인 물은 표면에서 기체인 수증기로 상태가 변합니다.

15 액체인 물이 표면에서 기체인 수증기로 상태가 변하는 것을 증발이라고 합니다.

16 ⑤는 물이 얼어 부피가 늘어나는 예입니다.

17 물이 끓기 전에는 변화가 거의 없다가 물이 끓으면 물의 높이가 물이 끓기 전보다 빠르게 낮아집니다.

▲ 물이 끓기 전   ▲ 물이 끓은 후

18 물이 끓을 때 물속에서 생기는 기포는 물이 수증기로 변한 것입니다.

19 증발은 물의 표면에서 물이 수증기 상태로 변하는 것이고, 끓음은 물 표면과 물속에서 액체인 물이 기체인 수증기로 상태가 변하는 것입니다.

20 끓음과 증발 모두 물이 수증기 상태로 변합니다. 끓음은 증발에 비해 물이 빠르게 줄어들고, 물 표면뿐만 아니라 물속에서도 물이 수증기로 변합니다.

21 차가운 컵 표면에 생긴 물방울은 공기 중에 있던 수증기가 변한 것입니다.

22 기체인 수증기가 액체인 물로 상태가 변하는 것을 응결이라고 합니다.

23 응결은 기체인 수증기가 액체인 물로 상태가 변하는 현상입니다.

24 차가운 거울 표면에 맺힌 물방울은 공기 중의 수증기가 응결해 물로 변한 것입니다.

25 물은 얼음, 물, 수증기 중 하나의 상태로 있습니다.

26 액체인 물은 고체인 얼음으로 상태가 변하거나, 기체인 수증기로 상태가 변합니다.

27 물이 얼음으로 상태가 변화된 예입니다.

28 ㉠과 ㉢은 물이 얼음으로 상태가 변화된 예입니다.

29 가습기는 공기 중에 물이 잘 증발하도록 하여 집 안이 건조할 때 이용하면 좋습니다.

30 가습기는 물이 증발해 수증기로 변하는 상태 변화를 이용한 것입니다.

31 가습기를 만들 때는 물을 잘 흡수하는 재료를 이용합니다.

32 가습기는 공기 중에 물이 잘 증발되어야 합니다.

1 ㉠   2 물   3 선하   4 ④   5 ③   6 물의 높이
가 낮아진다.   7 ㉠ 무게, ㉡ 부피   8 ①   9 ①
10 ③   11 ㉡   12 수증기(기체)   13 (1) 증발 (2)
끓음   14 ③, ⑤   15 정국   16 응결   17 ⑤
18 ㉡   19 가습기   20 수증기

풀이

1 고체 상태인 얼음의 특징입니다. ㉡은 액체 상태인
물로 일정한 모양이 없고 흐릅니다.

2 얼음을 손바닥에 올려놓으면 물로 변합니다.

3 얼음은 일정한 모양이 있지만 물과 수증기는 일정한
모양이 없고, 수증기는 눈에 보이지 않습니다.

4 전자저울로 플라스틱 시험관의 무게를 측정합니다.

5 물이 얼어 얼음이 되어도 무게는 변하지 않습니다.

더 알아볼까요!

물이 얼 때의 무게 변화 예

▲ 물이 얼기 전의 무게   ▲ 물이 언 후의 무게

• 그림의 플라스틱 시험관 속에 든 물이 얼기 전 무게는 13 g이고,
물이 언 후의 무게도 13 g입니다.
• 물이 얼어 얼음이 되도 무게는 변하지 않습니다.

6 얼음이 녹으면 물의 부피가 원래대로 줄어들어 물의
높이가 낮아집니다.

7 얼음이 녹으면 무게는 변하지 않지만, 부피는 줄어듭
니다.

8 식품 건조기에 사과 조각을 넣으면 과일 표면에서부
터 물이 수증기로 변해 공기 중으로 흩어져 과일 조
각이 마르고 크기가 작아집니다.

9 액체인 물이 표면에서 기체인 수증기로 상태가 변하는
것을 증발이라고 합니다. 식품 건조기에 넣은 과일 표
면에서부터 물이 수증기로 변해 공기 중으로 흩어졌기
때문에 과일 조각은 마르고 크기가 작아졌습니다.

10 증발은 액체인 물이 기체인 수증기로 변하는 것입니다.

▲ 고추 말리기

▲ 오징어 말리기

▲ 젖은 머리카락 말리기

▲ 빨래 말리기

11 물이 끓으면 물이 증발하여 물의 높이가 낮아집니다.
물의 높이가 낮아진 까닭은 물이 수증기로 변해 공기
중으로 흩어졌기 때문입니다.

12 물이 끓을 때 기포가 생기는데 이 기포는 물이 수증
기로 변한 것입니다.

13 증발과 끓음 모두 액체인 물이 기체인 수증기로 상태
가 변하는 공통점이 있습니다.

14 차가운 컵 표면에 공기 중의 수증기가 물이 되어 맺
히고, 컵 표면의 물방울이 은박 접시 위로 흘러 물이
고입니다.

15 공기 중에 있던 수증기가 물이 되어 차가운 컵 표면
에 맺혔기 때문에 처음보다 무게가 늘어났습니다.

16 기체인 수증기가 액체인 물로 상태가 변하는 것을 응
결이라고 합니다.

17 스팀다리미로 다림질을 하여 옷의 주름을 펼 때는 물
이 수증기로 상태가 변화된 예입니다.

18 물이 수증기로 상태가 변화된 예입니다.

더 알아볼까요!

• **물이 얼음으로 상태가 변화된 예:** 얼음과자를 만들 때, 물을 얼려
붙여 얼음 작품을 만들 때, 스키장에서 인공 눈을 만들 때, 이글루
를 만들 때
• **얼음이 물로 상태가 변화된 예:** 가습기를 이용할 때, 음식을 찔
때, 스팀다리미로 옷의 주름을 펼 때, 스팀 청소기로 바닥을 닦
을 때

19 부직포가 물을 흡수하여 물이 공기 중으로 증발 하도
록 합니다.

20 가습기는 물이 수증기로 변하여 공기 중으로 흩어지
게 하는 것으로 건조한 장소에서 사용합니다.

2회 단원 평가 〔도전〕 55~57쪽

1 고체: 얼음, 액체: 물, 기체: 수증기　2 ①, ②　3
②　4 <　5 ㉠　6 520 g　7 얼음과자가 녹으면
부피가 줄어들기 때문이다.　8 수증기　9 증발
10 ⑩ 고추를 말린다. 오징어를 말린다. 젖은 머리카
락을 말린다. 빨래를 말린다.　11 ㉡　12 (1) ㉡ (2)
㉠　13 ①　14 ③　15 ⑤　16 ③　17 유원
18 ①　19 ㉡　20 지훈, 수찬

풀이

1 액체 상태인 물은 고체 상태인 얼음, 기체 상태인 수
증기로 변합니다.

더 알아볼까요!

물의 세 가지 상태와 특징

얼음	• 고체이다. • 모양이 일정하다. • 차갑고 단단하다.
물	• 액체이다. • 흐른다. • 일정한 모양이 없고, 담는　그릇에 따라 모양이 변한다.
수증기	• 기체이다. • 일정한 모양이 없다. • 눈에 보이지 않는다.

2 페트리 접시에는 얼음이 있습니다. ③과 ⑤는 물의
특징이고, ④는 수증기의 특징입니다.

3 손에 묻은 물은 시간이 지나면 공기 중으로 흩어져
손에서 사라집니다.

4 플라스틱 시험관 속 물이 얼면 물의 높이가 높아지는
것을 통해 물의 부피가 늘어나는 것을 알 수 있습니
다.

5 물이 얼 때 무게는 변하지 않지만, 부피는 늘어납니
다.

6 얼음이 녹으면 부피는 줄어들지만 무게는 변하지 않
습니다. 하지만 얼음이 녹으면 녹기 전보다 부피는
줄어듭니다. 이때 줄어든 부피는 물이 얼 때 늘어난
부피와 같습니다. 물이 얼거나 녹아서 상태가 변할
때 부피는 변하지만 무게는 변하지 않습니다.

더 알아볼까요!

우리 주변에서 얼음이 녹아 부피가 줄어드는 예
• 꽁꽁 언 튜브형 얼음과자가 녹으면 튜브 안에 가득 찬 얼음과자
의 부피가 줄어듭니다.
• 냉동실에서 꺼낸 언 요구르트의 부피가 시간이 지나면서 줄어듭
니다.
• 얼음 틀 위로 튀어나와 있던 얼음이 녹으면 높이가 낮아집니다.

8 식품 건조기에 넣으면 액체인 물은 표면에서 기체인
수증기 상태로 변하는 현상인 증발이 일어납니다.

9 식품 건조기에 넣은 사과 안에 들어 있던 물은 수증
기로 변해 공기 중으로 흩어지는 증발 현상이 일어납
니다.

10 증발은 물이 수증기로 변해 공기 중으로 흩어지는 현
상입니다.

11 물이 끓으면 물이 줄어들어 물의 높이가 낮아졌습니
다.

12 물이 끓을 때 물속에서 액체인 물이 기체인 수증기로
변합니다.

13 공기 중의 수증기가 물이 되어 차가운 컵 표면에 달
라붙었기 때문에 처음보다 무게가 무겁습니다.

14 차가운 캔 표면에 생긴 물방울은 공기 중에 있던 수
증기가 변한 것입니다. 기체인 수증기가 액체인 물로
상태가 변하는 것을 응결이라고 합니다. 추운 겨울
유리창 안쪽에 맺힌 물방울, 맑은 날 아침 풀잎이나
거미줄 등에 맺힌 물방울은 공기 중의 수증기가 응결
한 것입니다.

15 ①, ②, ③은 증발 현상입니다.

16 공기 중의 수증기가 물로 변하는 응결 현상입니다.

17 인공 눈은 액체인 물이 고체인 얼음으로 상태가 변화
된 예입니다.

18 음식을 찌는 것은 물이 수증기로 상태가 변화된 것을
이용한 것입니다. ②, ③, ④, ⑤는 물에서 얼음으로
상태가 변화된 예를 이용한 것입니다.

19 가습기는 물이 증발해 수증기로 변하는 상태 변화를
이용한 도구입니다. 집안이 건조할 때 가습기를 이용
하면 물을 수증기로 바꿔 공기 중의 수증기 양을 늘
릴 수 있습니다.

20 가습기를 만들 때는 물이 잘 증발하도록 표면을 넓게
만들고, 물을 잘 흡수하는 재료를 선택합니다. 물을
잘 흡수하고 증발이 잘 되는 재료로는 한지, 부직포,
천, 종이, 나무와 같은 재료가 있습니다.

1 소금   2 (1) ⓒ   (2) ⓒ   (3) ⓒ   3 ③   4 ①   5
⑤   6 부피가 줄어든다.   7 =   8 ⓒ 달다 ⓒ 작다
9 물이 수증기로 변하여 공기 중으로 흩어졌다.   10
ⓒ, ⓒ, ⓒ   11 수증기   12 ①   13 (1) ⓒ, ⓒ, ⓒ
(2) ⓒ, ⓒ   14 처음 무게보다 나중 무게가 더 무겁
다.   15 ⑤   16 ①   17 ④   18 ⓒ   19 ⑤
20 ④

풀이

1 잘게 부순 얼음과 소금을 섞으면 비닐장갑 안의 주스
  가 빨리 업니다.

2 얼음은 고체, 물은 액체, 수증기는 기체입니다.

3 고드름은 고체인 얼음이고, 고드름이 녹으면 액체인
  물이 됩니다.

4 얼음이 든 비커의 가운데에 물이 든 시험관을 꽂아
  물을 얼리면 물의 높이가 높아지는 것을 통해 물의
  부피가 늘어나는 것을 알 수 있습니다.

5 물이 얼면 부피가 늘어나기 때문에 한겨울에 수도관
  에 설치된 수도 계량기가 터지기도 합니다.

더 알아볼까요!

우리 주변에서 물이 얼어 부피가 늘어나는 예
• 페트병에 물을 가득 넣어 얼리면 페트병이 커집니다.
• 냉동실에 넣어 둔 요구르트 병이 팽팽해집니다.
• 겨울철에 장독에 넣어 둔 물이 얼어서 장독이 깨집니다.
• 겨울에 바위틈에 있던 물이 얼면서 바위가 쪼개집니다.

6 얼음이 녹으면 부피가 줄어듭니다.

7 같은 양의 물이 얼거나 녹아도 물의 무게는 변하지
  않습니다.

8 식품 건조기에 넣은 사과 조각은 지퍼 백에 넣은 사
  과보다 맛이 달고 크기가 작아졌습니다.

더 알아볼까요!

식품 건조기에 넣은 과일 조각이 마르고 크기가 작아진 까닭
• 과일에 들어 있던 물이 수증기로 변해 공기 중으로 흩어졌기 때
  문입니다.
• 증발: 액체인 물이 표면에서 기체인 수증기로 상태가 변하는 현
  상입니다.

9 물의 표면에서 기체인 수증기로 변하여 공기 중으로

날아가기 때문에 물의 양이 줄어듭니다.

10 증발은 액체인 물이 표면에서 기체인 수증기로 상태
   가 변하는 것입니다. 비 온 뒤 젖어 있던 길이나 수채
   물감으로 그린 그림이 시간이 지나면 마르거나 운동
   후에 흘린 땀이 시간이 지나면 마르는 현상을 증발이
   라고 합니다.

11 물이 끓을 때 물속에서도 물이 수증기 상태로 변합
   니다.

12 물이 끓기 전에는 물속에서 변화가 없고, 물의 높이
   가 매우 천천히 낮아집니다.

13 끓음과 증발의 공통점은 물이 수증기 상태로 변하는
   것입니다. 증발은 물 표면에서 천천히 일어나고, 끓
   음은 물 표면과 물속에서 빠르게 일어납니다.

14 공기 중에 있던 물이 컵 표면에 달라붙어 무게가 늘
   어났습니다.

15 공기 중의 수증기가 응결하여 차가운 컵 표면에 달라
   붙어 처음 무게보다 나중 무게가 더 무겁습니다.

처음 무게(g)	나중 무게(g)
220.9	221.9

▲ 처음 무게와 시간이 지난 뒤의 무게 예

16 끓고 있는 물속에서 생긴 기포는 액체인 물이 기체인
   수증기로 변하는 현상이고, 나머지는 모두 수증기가
   액체인 물로 변하는 응결 현상입니다.

17 스팀다리미로 옷의 주름을 펼 때는 물이 수증기로 상
   태가 변한 예입니다.

18 이글루, 얼음과자, 얼음 작품, 인공 눈을 만들 때는
   물이 얼음으로 상태가 변화된 예이고, 가습기의 이
   용, 음식을 찔 때, 스팀다리미의 이용, 스팀 청소기
   로 청소를 할 때는 물이 수증기로 상태가 변화된 예
   입니다.

▲ 음식 찌기   ▲ 스팀다리미로 다림질하기

19 물을 잘 흡수하는 재료를 이용하여 물의 증발이 잘
   일어나도록 합니다.

20 물이 잘 증발하도록 표면을 넓게 만들어야 합니다.

1 ④   2 ④   3 ②   4 ⑤   5 ⑤   6 물이 얼면 부피가 늘어나고, 얼음이 녹으면 부피가 줄어든다.   7 ②   8 ㉣   9 젖은 빨래에 있던 물이 수증기로 변해 공기 중으로 흩어졌다.   10 ④   11 물의 높이가 낮아진다.   12 ④   13 ㉥, 물에서 수증기로 상태 변화가 일어난다.   14 ⑤   15 공기 중의 수증기   16 공기 중의 수증기가 응결해 물로 변해서 컵 표면에 달라붙었기 때문이다.   17 응결   18 ㉠ 물 ㉡ 수증기   19 ⑤   20 ③

풀이

1 액체 상태인 물은 고체 상태인 얼음, 기체 상태인 수증기로 변합니다.

2 손에 묻은 물은 시간이 지나면 사라져 눈에 보이지 않습니다.

3 물의 기체 상태는 수증기이며, 수증기는 일정한 모양이 없고 눈에 보이지 않습니다.

4 물이 언 후의 물의 높이는 물이 얼기 전보다 높아지는 것을 통해 물이 얼면 부피가 늘어나는 것을 알 수 있습니다.

5 물이 얼어 얼음이 되면 부피가 늘어나기 때문에 장독에 담긴 물이 얼면 부피가 커지면서 장독이 깨집니다.

6 물과 얼음은 상태가 변할 때 부피가 변하지만 무게는 변하지 않습니다.

7 얼음이 녹아 물이 되면 부피가 줄어드는데 이때, 줄어든 부피는 물이 얼 때의 늘어난 부피와 같습니다.

8 식품 건조기에 넣은 사과 조각이 지퍼 백에 넣은 사과보다 건조하고, 크기가 작습니다. 또한 맛이 더 달며 표면이 쭈글쭈글합니다.

9 빨래의 물은 수증기로 변하여 공기 중으로 흩어지기 때문에 빨래가 시간이 지나면 마릅니다.

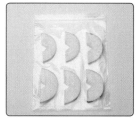
▲ 지퍼 백에 넣은 사과 조각

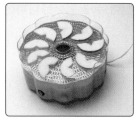
▲ 식품 건조기에 넣은 사과 조각

10 증발이란 액체인 물이 표면에서 기체인 수증기 상태로 변하는 것을 말합니다.

11 처음에는 물이 천천히 증발하다가 시간이 지나 끓으면서 빠르게 수증기로 변하여 공기 중으로 흩어지기 때문에 물의 높이가 낮아집니다.

12 물이 끓으면 물속에서도 액체인 물이 기체인 수증기로 상태가 변합니다.

더 알아볼까요!

끓음
• 물의 표면뿐만 아니라 물속에서도 액체인 물이 수증기 상태로 변하는 현상입니다.
• 물을 가열하면 액체인 물이 기체인 수증기로 상태가 변합니다.
• 처음에는 물이 천천히 증발합니다.
• 물을 계속 가열하면 물속에서 기포가 생기는 데, 이 기포는 물이 수증기로 변한 것입니다.

13 증발과 끓음은 모두 물이 수증기로 상태가 변하여 공기 중으로 흩어집니다.

더 알아볼까요!

증발과 끓음의 공통점과 차이점
① 공통점: 물이 수증기로 상태가 변합니다.
② 차이점
• 증발은 물 표면에서 물이 수증기로 상태가 변하지만, 끓음은 물 표면과 물속에서 물이 수증기로 상태가 변합니다.
• 증발은 물의 양이 매우 천천히 줄어들지만, 끓음은 증발할 때보다 물의 양이 빠르게 줄어듭니다.

14 차가운 컵 표면에 물방울이 맺히고, 은박 접시에 물이 고입니다.

15 컵 표면의 작은 물방울은 공기 중의 수증기가 액체인 물로 변하는 응결 현상이 일어난 것입니다.

16 공기 중의 수증기가 응결하여 컵 표면에 달라붙었기 때문에 컵의 무게가 늘어납니다.

17 안개, 이슬, 구름은 수증기의 응결로 인한 기상 현상입니다.

▲ 이슬

18 액체인 물이 기체인 수증기로 상태가 변화는 것을 이용하여 음식을 쪄서 먹거나 다림질하여 옷의 주름을 폅니다.

19 물이 잘 증발하도록 가습기의 표면을 넓게 만듭니다.

더 알아볼까요!

가습기의 물이 잘 증발하게 하기 위한 가습기의 모양과 재료의 특징

• 물이 잘 증발하도록 표면을 넓게 만듭니다.
• 물을 잘 흡수하고 증발이 잘 되는 한지나 부직포, 천, 종이, 나무와 같은 재료를 이용합니다.

20 가습기의 표면적을 넓게 하면 물이 잘 증발합니다.

더 알아볼까요!

부직포 가습기

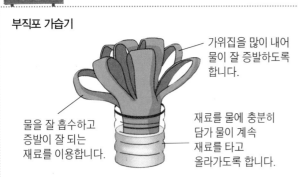

가위집을 많이 내어 물이 잘 증발하도록 합니다.

물을 잘 흡수하고 증발이 잘 되는 재료를 이용합니다.

재료를 물에 충분히 담가 물이 계속 재료를 타고 올라가도록 합니다.

탐구 서술형 평가   64~65쪽

1 **예** 흐른다. 일정한 모양이 없다. 담는 그릇에 따라 모양이 변한다.   2 얼음이 녹으면 부피는 줄어들고, 무게는 변화가 없다.   3 식품 건조기에 넣은 사과 조각에 들어 있던 물이 수증기로 변해 공기 중으로 흩어졌기 때문에 지퍼 백에 넣은 사과보다 더 달다.   4 (1) 공통점: 물이 수증기로 상태가 변한다. (2) 증발은 물 표면에서 물이 수증기 상태로 변하고, 끓음은 물 표면과 물속에서 물이 수증기 상태로 변한다.

풀이

1 물은 일정한 모양이 없고, 담는 그릇에 따라 모양이 변하며, 손에 잡히지 않고 흐릅니다.

상	물의 특징을 두 가지 모두 서술하였습니다.
중	물의 특징을 한 가지만 서술하였습니다.
하	물의 특징을 모두 서술하지 못하였습니다.

2 얼음이 녹으면 부피는 줄어들지만, 무게는 변하지 않습니다.

상	얼음이 녹았을 때의 부피와 무게 변화를 정확하게 서술하였습니다.
중	얼음이 녹았을 때의 변화는 서술하였지만 부피와 무게 변화로 정확하게 연관지어 서술하지 못했습니다.
하	얼음이 녹았을 때의 부피와 무게 변화를 서술하지 못했습니다.

3 식품 건조기에 넣은 사과 조각 안에 있는 물이 수증기로 변해 공기 중으로 흩어졌기 때문입니다.

상	식품 건조기에 넣은 사과 조각이 지퍼 백에 넣은 사과 조각보다 더 단맛이 나는 까닭을 물의 상태 변화와 연관지어 정확하게 서술하였습니다.
중	식품 건조기에 넣은 사과 조각이 지퍼 백에 넣은 사과 조각보다 더 단맛이 나는 까닭을 서술하였지만 내용이 충분하지 못합니다.
하	식품 건조기에 넣은 사과 조각이 지퍼 백에 넣은 사과 조각보다 더 단맛이 나는 까닭을 서술하지 못하였습니다.

4 증발과 끓음은 액체 상태의 물이 기체 상태의 수증기로 변한다는 공통점이 있습니다. 증발은 물의 양이 매우 천천히 줄어들지만, 끓음은 증발보다 물의 양이 빠르게 줄어듭니다.

상	증발과 끓음의 공통점과 차이점을 모두 정확하게 서술하였습니다.
중	증발과 끓음의 공통점과 차이점 중 한 가지만 정확히 서술하였습니다.
하	증발과 끓음의 공통점과 차이점을 모두 정확하게 서술하지 못하였습니다.

3 그림자와 거울

개념을 확인해요 67쪽

1 그림자 2 공 3 앞 4 뒤 5 빛 6 물체 7 그림자 8 그림자

개념을 확인해요 69쪽

1 투명, 불투명 2 그림자 3 진 4 빛 5 연한 6 그림자 7 그림자

개념을 확인해요 71쪽

1 원 2 삼각형 3 같 4 모양 5 모양 6 직진 7 뒤 8 직진

개념을 확인해요 73쪽

1 위치 2 크기 3 커 4 작 5 커 6 멀 7 작

개념을 확인해요 75쪽

1 거울 2 같 3 오른쪽 4 가 5 독도 6 같 7 원 8 상하, 좌우

개념을 확인해요 77쪽

1 거울 2 각도 3 거울 4 반사 5 반사 6 반사 7 거울 8 물체

개념을 확인해요 79쪽

1 거울 2 거울 3 거울 4 거울 5 거울 6 반사 7 세 8 반사

개념을 다져요 80~83쪽

1 ③ 2 어두운 3 사자 모양 4 (1) × (2) ○ 5 ㉠ 6 빛 7 구름이 햇빛을 가렸기 때문이다. 8 뒤쪽 9 (1) ㉡ (2) ㉠ 10 ㉠ 11 ⑤ 12 진한 13 빛의 직진 14 ㉡ 15 직진 16 (1) × (2) ○ 17 ㉡ 18 그림자의 크기는 커진다. 19 손전등을 동물 모양 종이에서 멀게 한다. 20 ⑤ 21 연주 22 사랑 23 ㉠, ㉢ 24 ㉡ 25 ㉠ 26 반사 27 ③ 28 거울 29 ④ 30 거울 31 거울

풀이▶

1 그림자의 색깔이 검은색이기 때문에 검은색 종이에서 동물의 그림자를 관찰하기가 어렵습니다.

2 그림자는 어두운 곳에서 잘 관찰할 수 있습니다.

3 OHP 필름에 그린 동물과 흰 종이에 생긴 동물 그림자의 모양은 비슷하거나 닮았습니다.

4 OHP 필름에 그린 동물과 흰 종이에 생긴 동물 그림자의 방향은 서로 같고, 유성 펜으로 그림을 그린 부분만 동물 그림자가 생깁니다.

5 그림자는 물체 뒤쪽에 생기기 때문에 흰 종이에 그림자가 생기게 하기 위해서는 ㉡의 위치에 물체를 놓아야 합니다.

더 알아볼까요!

그림자가 생기는 조건
• 빛과 물체가 있어야 합니다.
• 물체에 빛을 비춰야 합니다.
• 손전등−물체−스크린 순서가 될 때 그림자가 생깁니다.
• 흰 종이와 같은 스크린을 사용하면 그림자를 잘 볼 수 있습니다.

6 그림자가 생기기 위해서는 빛과 물체가 있어야 합니다.

7 햇빛이 있는 낮에는 물체 주변에 그림자가 생기지만, 구름이 햇빛을 가리면 물체 주변에 생긴 그림자는 사라집니다.

8 그림자는 물체 뒤쪽에 생깁니다.

9 파라솔은 빛이 통과하지 못해 진한 그림자가 생기고, 어항은 유리로 만들어져 있기 때문에 빛이 대부분 통과하여 연한 그림자가 생깁니다.

10 도자기와 같이 불투명한 물체는 빛이 통과하지 못하기 때문에 진한 그림자가 생깁니다.

11 유리창은 빛이 대부분 통과하는 투명한 물체로 연한 그림자가 생깁니다.

12 빛은 나아가다가 불투명한 물체를 만나면 통과하지 못하고, 투명한 물체를 만나면 대부분 통과합니다.

13 공기 중에서 빛은 곧게 나아갑니다.

14 ㄱ자 모양 블록을 놓는 방향이 달라지면 스크린에 생긴 그림자의 모양도 달라집니다.

15 빛이 곧게 나아가는 성질을 빛의 직진이라고 합니다.

16 물체를 놓은 방향이 달라지면 여러 가지 모양의 그림자를 만들 수 있습니다.

17 손전등을 동물 모양 종이에서 멀게 하면 그림자의 크기가 작아집니다.

18 손전등을 동물 모양 종이에 가깝게 하면 그림자의 크기는 커집니다.

19 손전등을 동물 모양 종이에 가깝게 하면 그림자의 크기가 커집니다.

더 알아볼까요!

그림자의 크기 변화시키기

① 그림자의 크기가 커지는 경우
- 손전등과 스크린을 그대로 두고 물체를 손전등 쪽으로 움직이면 그림자의 크기가 커집니다.
- 물체와 스크린은 그대로 두고 손전등을 물체 쪽으로 움직이면 그림자의 크기가 커집니다.

② 그림자의 크기가 작아지는 경우
- 손전등과 스크린을 그대로 두고 물체를 손전등 쪽에서 멀게 하면 그림자의 크기가 커집니다.
- 물체와 스크린은 그대로 두고 손전등을 물체 쪽에서 멀게 하면 그림자의 크기가 커집니다.

20 그림자의 크기를 변화시키려면 손전등, 물체, 스크린의 위치를 변화시킵니다.

21 실제 인형은 오른쪽 손을 올렸는데 거울에 비친 인형은 왼쪽 손을 올렸습니다.

더 알아볼까요!

거울에 비친 물체의 모습과 실제 물체의 모습 비교하기
- 거울에 비친 물체의 색깔은 실제 물체의 색깔과 같습니다.
- 물체의 상하는 바뀌어 보이지 않지만 좌우는 바뀌어 보입니다.

22 거울에 물체를 비추면 좌우가 바뀌어 보입니다.

23 거울에 비친 물체의 색깔은 실제 물체와 같고 거울에 비친 물체의 모습은 실제 물체와 좌우가 바뀌어 보입니다.

24 빛이 나아가다 거울에 부딪치면 거울에서 빛의 방향이 바뀝니다.

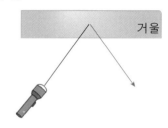
거울

▲ 손전등의 빛이 거울에 부딪쳐 나아가는 모습

25 거울의 각도를 조절하여 손전등의 빛이 종이 과녁판에 도달합니다.

26 빛의 반사는 빛이 직진하다가 거울을 만나면 거울의 표면에서 빛의 방향이 바뀌는 현상을 말합니다.

27 거울은 빛의 반사를 이용해 물체의 모습을 비추는 도구입니다.

29 자동차 뒷거울을 통해 다른 자동차의 위치를 확인할 수 있습니다.

더 알아볼까요!

버스 운전기사가 뒤를 돌아보지 않고도 승객이 안전하게 내리는 것을 확인할 수 있는 까닭

- 거울을 사용하기 때문입니다.
- 버스 운전기사는 버스 앞부분에 설치되어 있는 버스 뒷거울을 이용해 버스 안에 있는 사람들의 모습이나 버스 하차문에 있는 승객의 행동을 볼 수 있습니다.
- 거울을 사용하면 빛의 방향을 바꿀 수 있기 때문에 뒤에 있는 승객의 모습을 볼 수 있습니다.

30 거울을 설치하면 실내를 넓게 보이게 하는 효과를 줍니다.

31 거울로 빛을 반사시켜 여러 가지 모습을 볼 수 있는 만화경과 종이 거울 장식 공입니다. 만화경은 거울로 삼각형 기둥을 만들고 색종이 조각을 넣어 색종이 조각이 여러 개 보이는 것이 신기합니다. 종이 거울 공은 스타이로폼 공에 종이 거울을 붙여 반짝거리는 종이 거울 공으로 우리 교실을 장식할 수 있습니다.

1회 단원 평가 〔연습〕

84~86쪽

더 알아볼까요!

1 ①, ③　**2** 윤서　**3** 그림자　**4** ⑤　**5** 구름이 햇빛을 가렸기 때문이다.　**6** ㉠ 도 ㉡ 유　**7** ㉠ 도자기 컵, ㉡ 유리컵　**8** ⑤　**9** 안경의 유리는 투명해서 그림자가 흐릿하게 생기고, 안경의 테는 불투명해서 그림자가 진하게 생긴다.　**10** 풀이 참조　**11** ④　**12** 직진　**13** ㉡　**14** 손전등　**15** ①　**16** (1) ×
(2) ○　**17** ②, ⑤　**18** 반사　**19** ㉠　**20** 거울

풀이

1 동물 그림자 만들기를 할 때, 흰 종이, OHP 필름, 유성 펜, 종이컵, 투명 아크릴판, 손전등이 필요합니다.

2 OHP 필름에 그린 동물과 흰 종이에 생긴 동물 그림자의 모양은 방향이 같고 모양은 비슷하거나 닮았습니다.

3 그림자를 만들기 위해서는 빛과 물체가 있어야 하며, 흰 종이와 같은 스크린을 사용하면 그림자를 잘 볼 수 있습니다.

▲ 삼각형 모양 종이의 그림자

4 햇빛이 있는 한낮에 그림자가 잘 생기므로 그림자 밟기 놀이를 하기에 적당합니다.

5 구름이 햇빛을 가리면 물체 주변에 생긴 그림자가 사라집니다.

6 도자기 컵의 그림자 모양은 진하고 선명하지만, 유리컵의 그림자 모양은 연하고 흐릿합니다.

7 빛은 도자기 컵을 통과하지 못하고 유리컵을 많이 통과하므로 도자기 컵에는 진하고 선명한 그림자가 생기고, 유리컵에는 연하고 흐릿한 그림자가 생깁니다.

8 유리컵, 무색 비닐, OHP 필름과 같은 물체는 투명한 물체로 빛이 대부분 통과해 연한 그림자가 생기는 물체입니다.

9 안경은 불투명한 물체와 투명한 물체로 이루어져 있습니다. 불투명한 부분인 안경의 테는 진한 그림자가 생기고, 투명한 부분인 안경의 유리는 흐릿한 그림자가 생깁니다.

더 알아볼까요!

불투명한 물체와 투명한 물체의 그림자 비교하기

• 빛이 나아가다가 도자기 컵, 책, 손과 같은 불투명한 물체를 만나면 빛이 통과하지 못해 진한 그림자가 생깁니다.

• 빛이 나아가다가 유리컵, 무색비닐, OHP 필름과 같은 투명한 물체를 만나면 빛이 대부분 통과해 연한 그림자가 생깁니다.

10 야구공 그림자의 모양은 야구공 모양과 비슷하게 나타납니다.

11 ㄱ자 모양 블록을 돌려 방향을 바꾸면 그림자의 모양도 달라집니다.

12 빛이 태양이나 전등에서 나와 사방으로 곧게 나아가는 성질을 빛의 직진이라고 합니다.

더 알아볼까요!

빛의 직진

• 빛은 태양이나 전등에서 나와 사방으로 곧게 나아갑니다.

• 이렇게 빛이 곧게 나아가는 성질을 '빛의 직진'이라고 합니다.

• 직진하는 빛이 물체를 통과하지 못하면 물체 모양과 비슷한 그림자가 물체의 뒤쪽에 있는 스크린에 생깁니다.

• 물체를 놓는 방향이 달라지면 그림자 모양이 달라지기도 합니다.

13 손전등을 물체에서 멀게 하면 그림자의 크기는 작아집니다.

14 물체를 손전등 쪽으로 가깝게 하면 그림자의 크기는 커집니다.

15 물체와 스크린을 그대로 두었을 때, 그림자의 크기는 손전등과 물체 사이의 거리에 따라 달라집니다.

16 거울에 비친 물체의 모양과 색깔은 실제 물체와 같으며 물체의 상하는 바뀌지 않고 좌우가 바뀌어 보입니다.

17 응, 후, 표, 몸, 봄 등의 글자는 원래 모양과 거울에 비친 모양이 같습니다.

18 거울은 빛의 반사를 이용해 물체의 모습을 비춥니다.

19 손전등의 빛이 거울에 부딪치면 거울에서 방향이 바뀝니다.

20 신발 가게, 무용실, 승강기, 자동차, 세면대 등 거울은 자신의 모습을 보거나 주변에 있는 다른 모습을 볼 때 이용되고 있습니다.

정답과 풀이

2회 단원 평가 · 도전

> **1** ㉢　　**2** 그림자　　**3** 공을 스크린과 손전등 사이에
> 두어야 하기 때문이다.　　**4** ②　　**5** 유리창　　**6** ②, ④
> **7** ㉡　　**8** ⑤　　**9** 물체 모양과 그림자 모양이 비슷하
> 다.　　**10** 직진　　**11** (1) ㉠ (2) ㉡　　**12** (1) × (2) ○
> **13** 왼쪽 손　　**14** 반사　　**15** 풀이 참조　　**16** ㉠
> **17** ㉡ ㉢　　**18** 거울　　**19** ㉣ ㉠ ㉡ ㉢　　**20** 반사

풀이

1 위쪽에서 동물 그림을 그린 OHP 필름을 향해 손전
 등의 빛을 비춰야 그림자가 만들어집니다.

2 그림자가 생기기 위해서는 빛과 물체가 있어야 하며
 흰 종이와 같은 스크린을 사용하면 그림자를 잘 볼
 수 있습니다.

3 그림자는 물체의 뒤쪽에 생기기 때문에 손전등과 스
 크린 사이에 물체를 놓아야 합니다.

4 햇빛이 있으면 큰 나무, 놀이 기구, 아이들 주변에
 그림자가 생기지만 구름이 햇빛을 가리면 운동장에
 생긴 그림자는 사라집니다. ㉡ 그늘에서는 그림자가
 생기지 않습니다.

5 유리창은 투명한 물체이기 때문에 그림자가 연하거
 나 흐릿합니다.

6 안경의 유리는 투명해서 그림자가 연하게 생기고 안
 경의 테는 불투명해서 그림자가 진하게 생깁니다.

7 암막은 빛을 막아 실험을 하거나 낮에 영화를 볼 때
 도움을 줍니다.

8 종이 모양과 그림자 모양이 같습니다.

더 알아볼까요!

> **물체의 모양과 그림자의 모양이 비슷한 까닭**
> • 직진하는 빛이 물체를 통과하지 못하면 물체 모양과 비슷한 그림
> 자가 물체의 뒤쪽에 있는 스크린에 생깁니다.
> • 물체를 놓는 방향이 달라지면 그림자 모양이 달라집니다.

9 빛이 직진하기 때문에 물체 모양과 비슷한 그림자가
 물체 뒤쪽에 생깁니다.

10 직진하는 빛이 물체를 통과하지 못하면 물체의 모양
 과 비슷한 그림자가 물체의 뒤쪽에 있는 스크린에 생
 깁니다.

11 손전등을 인형 모양 종이에 멀게 하면 그림자의 크기
 가 작아지고, 인형 모양 종이에 가깝게 하면 그림자
 의 크기가 커집니다.

12 거울에 비친 물체의 색깔은 실제 물체의 색깔과 같
 고, 물체의 좌우는 바뀌어 보입니다.

13 거울에 비친 어린이는 오른쪽 손으로 양치질을 하고
 있습니다. 거울에는 좌우가 바뀌어 보이므로 실제 여
 자 어린이는 왼쪽 손으로 양치질을 하고 있습니다.

14 빛이 나아가다가 거울에 부딪쳐서 빛의 방향이 바뀌
 는 모습입니다. 이러한 빛의 성질을 빛의 반사라고
 합니다.

15 빛이 거울에 부딪치
 면 거울에서 방향이
 바뀌어 나옵니다.

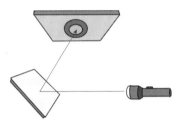

16 햇빛이 거울에 반사되어 우리 집에 오도록 위치를 정
 해야 합니다.

17 거울에 비친 물체는 좌우가 바뀌어 보이며 거울 두
 개가 있으면 뒷거울을 통해 비춰진 나의 뒷머리가 다
 시 앞 거울에 반사되어 뒷머리의 모습을 볼 수 있습
 니다.

18 거울은 우리 생활에서 흔히 사용하는 생활용품입니
 다.

19 아크릴 거울을 먼저 붙이고 밑면이 삼각형인 기둥 모
 양을 만든 후 잘게 자른 색종이를 넣고 윗면에 구멍
 이 뚫린 종이를 붙여 장난감을 완성합니다.

▲ 만화경

20 세 개의 거울을 통해 빛이 반사되는 성질을 이용하였
 습니다.

3회 단원 평가 기출

90~92쪽

1 은우 **2** (1) ㉠ (2) ㉡ **3** (1) 빛, 물체 (2) 그림자
4 ③ **5** 빛이 나아가다가 파라솔과 같은 불투명한
물체를 만나면 빛이 통과하지 못해 그림자가 생긴다.
6 ㉠, ㉢ **7** ㉠ 원 모양, ㉡ 삼각형 모양 **8** ⑤ **9**
직진 **10** 커진다. **11** ㉠ **12** 거울 **13** ② **14**
자동차 뒷거울에 구급차 앞부분의 모습이 비쳐 보일
때 좌우로 바꾸어 쓴 글자의 좌우가 다시 바뀌어 똑바
로 보이기 때문이다. **15** ④ **16** ①, ② **17** ⑤
18 ③ **19** ④ **20** ①, ④

풀이

1 손전등 – 물체 – 스크린 순서가 될 때 그림자가 생깁
니다.

2 햇빛이 비치는 낮에는 물체 주변에 그림자가 생기지
만, 구름이 햇빛을 가리면 물체 주변에 그림자가 사
라집니다.

▲ 햇빛이 비칠 때　　▲ 구름이 햇빛을 가릴 때

3 그림자가 생기기 위해서는 물체에 빛을 비춥니다.

4 도자기 컵은 빛이 통과하지 못해 진한 그림자가 생기
고, 유리컵은 빛이 대부분 통과해 연한 그림자가 생
깁니다.

5 파라솔은 불투명한 물체이므로 빛이 파라솔에 막혀
그림자가 생기게 됩니다.

6 인삼은 강한 햇빛을 받으면 잘 자라지 않기 때문에
검은색 천 등으로 햇빛을 가려주고, 암막은 빛을 막
아 실험을 하거나 낮에 영화를 볼 때에 도움을 줍니
다.

7 물체의 모양과 그림자의 모양은 비슷합니다.

8 물체를 놓는 방향이 달라지면 그림자의 모양도 달라
집니다.

9 빛은 직진하기 때문에 물체의 뒤쪽에 생긴 그림자 모
양은 물체와 비슷합니다.

10 손전등을 물체에서 멀게 하면 그림자의 크기가 작아
집니다.

더 알아볼까요!

물체와 스크린을 그대로 두었을 때 그림자의 크기를 변화시키는
방법
• 손전등을 물체에 가깝게 하면 그림자의 크기가 커집니다.
• 손전등을 물체에서 멀게 하면 그림자의 크기는 작아집니다.

11 물체와 손전등의 거리를 가깝게 하면 그림자가 더 커
집니다.

12 거울을 글자에 비추면 좌우가 바뀌기 때문에 글씨를
바르게 볼 수 있습니다.

13 원, 정삼각형, 사각형 등은 원래 모양과 거울에 비친
모양이 같은 도형입니다.

14 물체를 거울에 비춰 보면 물체의 좌우가 바뀌어 보입
니다.

더 알아볼까요!

거울에 비친 물체의 모습
• 거울은 물체를 비추는 도구입니다.
• 물체를 거울에 비춰 보면 물체의 상하는 바뀌어 보이지 않지만
좌우는 바뀌어 보입니다.
• 거울에 비친 물체의 색깔은 실제 물체와 같습니다.

15 빛이 나아가다 거울에 부딪치면 거울에서 빛의 방향
이 바뀝니다.

16 손전등 빛이 거울에 반사되어 종이 과녁판에 도달하
도록 손전등의 위치나 거울의 각도를 조절합니다.

17 출입문에 붙이는 거울은 뒤에 들어오는 사람들을 위
해 문을 잡아 주는 작은 친절을 베풀도록 한 거울입
니다.

 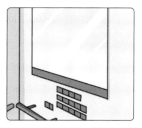

▲ 옷 가게 거울　　▲ 승강기 안의 거울

18 거울은 빛을 반사시키기 때문에 그림자를 만들 수 없
습니다.

19 자석 팽이는 자석의 성질을 사용하여 만든 것입니다.
나머지는 빛의 반사를 이용한 것입니다.

20 거울로 만든 장난감이며 사용된 거울은 모두 세 개이
고, 이 장난감을 보면 꽃 모양 조각이 여러 개 보입
니다.

4회 단원 평가 〈도전〉

1 ㉢ 2 ① 3 ①, ④ 4 도자기 컵 5 색안경
6 ⑤ 7 손전등(스크린)-원 모양 종이-스크린(손전
등) 8 직진 9 ① 10 멀게 11 ① 12 손전
등을 컵과 야구공 쪽에 가깝게 한다. 13 왼쪽, 오른
쪽 14 ② 15 ④ 16 반사 17 ㉠ → ㉡ → ㉢
18 ① 19 (1) ○ (2) ○ 20 거울

풀이

1 유성 펜으로 밑그림을 그리지 않은 곳은 그림자가 생기지 않습니다.

이 부분은 그림자가 생기지 않습니다.

2 물체에 빛을 비추면서 물체의 뒤쪽에 흰 종이와 같은 스크린을 대어 보면 그림자를 볼 수 있습니다.

3 ㉠은 그림자가 선명하므로 햇빛이 있는 날의 모습이고 ㉡은 그림자가 보이지 않으므로 구름이 햇빛을 가린 날의 모습입니다.

4 그림자가 진하고 선명한 것으로 보아 도자기 컵임을 알 수 있습니다. 유리컵의 그림자는 연하고 흐릿하게 나타납니다.

5 색안경의 유리는 투명해서 그림자가 연하게 생기고, 색안경의 테는 불투명해서 그림자가 진하게 생깁니다.

더 알아볼까요!
빛이 통과 하는 정도가 다른 그림자
• 빛이 통과하는 정도에 따라 그림자의 진하기가 달라집니다.
• 빛이 나아가다가 투명한 물체를 만나면 빛이 대부분 통과해 연한 그림자가 생깁니다.
• 빛이 나아가다가 불투명한 물체를 만나면 빛이 대부분 통과하지 못해 진한 그림자가 생깁니다.

6 불투명한 물체는 빛이 통과하지 못하여 그림자가 잘 생기고, 투명한 물체는 빛이 통과하여 그림자가 연하거나 흐릿합니다.

7 손전등과 스크린 사이에 물체를 두고 손전등을 비추면 스크린에 그림자가 만들어집니다.

8 물체의 모양과 스크린에 생긴 그림자의 모양이 비슷한 까닭은 빛이 곧게 나아가는 성질인 빛의 직진 때문입니다.

9 ㄱ자 모양의 블록을 돌려 방향을 바꾸면 스크린에 생기는 그림자의 모양이 달라집니다.

10 손전등을 물체에서 멀게 하면 그림자의 크기는 작아지므로 그림 속의 손 크기도 작아집니다.

11 컵의 그림자 크기를 크게 하기 위해서는 컵을 손전등 쪽에 가깝게 하고, 야구공의 그림자 크기를 작게 하기 위해서는 야구공을 손전등에서 멀게 합니다.

더 알아볼까요!
그림자의 크기 변화

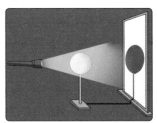
▲ 물체를 손전등에 가깝게 할 때 그림자의 크기가 커집니다.

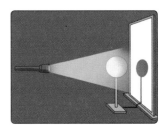
▲ 물체를 스크린에 가깝게 할 때 그림자의 크기가 작아집니다.

12 손전등을 물체에서 가깝게 하면 물체의 그림자의 크기는 커집니다.

13 거울에 비친 물체의 모습은 좌우가 바뀌어 보이므로 거울 속의 친구가 오른쪽 손을 들면 나는 왼쪽 손을 들고, 거울 속의 친구가 왼쪽 발을 들면 나는 오른쪽 발을 들어야 합니다.

14 원래 모양과 거울에 비친 모양이 같은 글자에는 응, 후, 표, 몸, 믐, 봄 등이 있고, 도형에는 원, 정삼각형, 정사각형, 직사각형 등이 있습니다.

15 거울을 이용하면 들어오는 빛의 방향을 칠판 쪽으로 바꿀 수 있습니다.

16 손전등의 빛이 거울의 맨 아랫부분에 닿도록 비추면

서 빛이 나아가는 모습을 볼 수 있습니다. 이러한 빛의 성질을 빛의 반사라고 합니다.

18 전신 거울에는 여러 개의 모습이 나타나지 않고 하나의 모습만 볼 수 있습니다.

더 알아볼까요!

거울을 사용해 물체를 여러 개로 보이게 하기 위한 방법

거울 두 개를 세워 두고 그 사이에 물체를 놓으면 거울에 비친 물체의 모습을 여러 개 볼 수 있습니다.

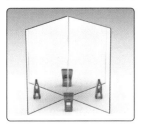 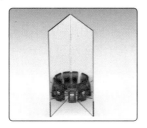

19 치아 거울을 사용하면 잘 보이지 않는 윗니 안쪽을 볼 수 있고, 미용실에서 거울 두 개를 이용하면 거울 하나로는 볼 수 없는 뒷 머리 모양을 볼 수 있습니다.

20 만화경은 세 개의 거울로 빛을 반사시켜 여러 가지 모양의 무늬를 관찰할 수 있습니다.

탐구 서술형 평가

96~97쪽

1 도자기 컵은 빛이 통과하지 못해 진한 그림자가 생기고, 유리컵은 빛이 대부분 통과해서 연한 그림자가 생긴다. **2** 빛은 직진하기 때문에 물체를 만나면 통과하지 못해 그림자가 생긴다. **3** (1) 손전등을 물체에 가깝게 한다. (2) 물체를 손전등에서 멀게 한다. **4** 버스 운전기사가 거울로 승객이 안전하게 내리는지 살펴본다.

풀이

1 빛이 물체를 통과하는 정도에 따라서 그림자의 진하기에 차이가 생깁니다. 그림자는 빛이 나아가다가 물체를 만나 빛이 통과하지 못하면 생깁니다.

상	도자기 컵과 유리컵의 그림자가 다른 까닭을 정확하게 서술하였습니다.
중	도자기 컵과 유리컵의 그림자가 다른 까닭에 대한 서술이 충분하지 못합니다.
하	도자기 컵과 유리컵의 그림자가 다른 까닭을 서술하지 못했습니다.

2 직진하는 빛이 물체를 만나서 물체를 통과하지 못하면 물체의 모양과 비슷한 그림자가 물체의 뒤쪽에 생깁니다.

상	그림자의 모양이 달라지는 까닭을 빛의 직진의 용어를 정확하게 사용하여 서술하였습니다.
중	그림자의 모양이 달라지는 까닭을 빛의 직진과 관련지어 서술하였지만 충분하지 못하였습니다.
하	그림자의 모양이 달라지는 까닭을 서술하지 못하였습니다.

3 물체와 스크린을 그대로 두었을 때 손전등을 물체에 가깝게 하면 그림자의 크기는 커지고, 손전등을 물체에서 멀게 하면 그림자의 크기는 작아집니다.

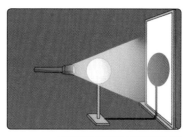

▲ 손전등을 물체에 가깝게 할 때

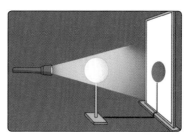

▲ 손전등을 물체에 멀게 할 때

상	그림자의 크기를 크게 하는 방법과 그림자의 크기를 작게 하는 방법 모두 정확하게 서술하였습니다.
중	그림자의 크기를 크게 하는 방법과 그림자의 크기를 작게 하는 방법 중 한 가지만 바르게 서술하였습니다.
하	그림자의 크기를 크게 하는 방법과 그림자의 크기를 작게 하는 방법 모두 서술하지 못했습니다.

4 빛이 나아가다가 거울에 부딪치면 거울에서 빛의 방향이 바뀌는 빛의 성질을 빛의 반사라고 합니다.

상	우리 생활에서 빛의 반사를 이용하는 예를 두 가지 이상 서술하였습니다.
중	우리 생활에서 빛의 반사를 이용하는 예를 한 가지 이상 서술하였습니다.
하	우리 생활에서 빛의 반사를 이용하는 예를 서술하지 못하였습니다.

4 화산과 지진

1 화산 2 마그마 3 화산 4 백록담 5 백두산 6 후지산 7 분화구 8 분화구

1 마시멜로 2 화산 분출물 3 화산 가스 4 수증기 5 용암 6 화산재 7 용암 8 화산 암석 조각

1 화성암 2 흰 3 화강암 4 현무암 5 현무암 6 화강암 7 현무암 8 화강암

1 화산 2 화산재 3 지열 4 화산재 5 화산재 6 가스 7 화산 8 화산

1 가운데 2 떨림 3 땅 4 지진 5 땅 6 양손, 지구 내부 7 지진

1 기상청 2 포항 3 지진 4 규모 5 지진 6 7.0 7 큰 8 안전지대

1 비상 2 책상 3 승강기 4 계단 5 머리 6 응급 처치 7 진동 8 용수철

1 화산 2 ③, ⑤ 3 분화구 4 (1) × (2) ○ 5 (1) ⓒ (2) ㉠ (3) ⓛ 6 ④ 7 용암 8 ㉠ 현무암, ⓛ 화강암 9 < 10 ② 11 현무암 12 화산재 13 ②, ④ 14 ⓛ 15 우드록이 끊어진다. 16 ⓛ 17 땅 18 가람 19 규모 20 ⑤ 21 ㉠, ⓛ 22 ⑤ 23 ⑤ 24 없는 25 예 모든 층의 버튼을 눌러 가장 먼저 열리는 층에서 내리고 계단을 이용하여 대피한다. 26 ③ 27 ④ 28 용수철 29 ⓛ 30 지진

풀이

1 화산은 땅속에서 마그마가 분출하여 생긴 산입니다.

2 한라산, 백두산, 울릉도, 제주도의 용암 동굴은 화산입니다.

더 알아볼까요!

우리나라에 있는 화산
- 한라산: 산꼭대기에 화산 호수(백록담)이 있습니다.
- 백두산: 산꼭대기에는 화산 호수(천지)가 있습니다.
- 울릉도 성인봉: 화산 활동으로 만들어진 평지(나리 분지)가 있습니다.

3 후지산은 높이가 높고 뾰족하며 산꼭대기에 분화구가 있습니다.

4 화산에는 마그마가 분출한 분화구가 있지만 화산이 아닌 산은 마그마가 분출하지 않아 분화구가 없습니다.

5 화산 분출물에는 기체인 화산 가스, 액체인 용암, 고체인 화산재와 화산 암석 조각 등이 있습니다.

더 알아볼까요!

화산 분출물

구분	종류	특징
기체	화산 가스	화산 가스의 대부분은 수증기이다.
액체	용암	땅속 마그마에 포함된 액체 물질이다.
고체	화산재	화산 분출물 중 직경 2mm 이하의 물질이다.
	화산 암석 조각	크기가 매우 다양하다.

6 화산 암석 조각의 크기는 매우 다양합니다.

7 화산 분출 모형실험에서 나오는 물질을 실제 화산 분출물과 비교하였을 때 연기는 화산 가스, 굳은 마시멜로는 화산 암석 조각과 같습니다.

8 현무암은 색깔이 어둡고 표면에 구멍이 많이 뚫려 있습니다. 화강암은 밝은색을 띠고 반짝거리는 알갱이도 있습니다.

9 현무암은 마그마가 지표 가까이에서 식어서 만들어져 알갱이의 크기가 작고, 화강암은 마그마가 땅속 깊은 곳에서 식어서 만들어져 알갱이의 크기가 큽니다.

10 ①, ③, ④, ⑤는 화강암의 특징입니다.

> **더 알아볼까요!**
>
> **현무암의 특징**
> • 어두운 색이고, 맨눈으로 구별하기 어려울 정도로 알갱이가 매우 작습니다.
> • 표면에 크고 작은 구멍이 많이 뚫려 있는.것도 있고 없는 것도 있습니다.
> • 제주도에 가면 현무암으로 만들어진 돌할방과 돌담을 볼 수 있습니다.

11 왼쪽은 맷돌, 오른쪽은 돌하르방으로 현무암으로 만들어진 것입니다.

12 화산재는 우리 생활에 피해를 주기도 하지만, 이로움을 주기도 합니다.

13 땅속의 높은 열로 온천을 개발할 수 있고, 화산재에는 식물 생장에 필요한 성분이 들어 있어 오랜 시간이 지나면 화산 주변의 땅이 기름져집니다.

14 화산재와 화산 가스의 영향으로 호흡기 질환에 걸릴 수 있습니다.

> **더 알아볼까요!**
>
> **화산 활동이 우리 생활에 주는 영향**
> ① 화산 활동이 우리 생활에 주는 피해
> • 화산이 분출하여 산불이 나고 용암이 흘러 마을을 덮치기도 합니다.
> • 화산재가 농작물과 동식물에게 피해를 줍니다.
> • 화산재의 영향으로 항공기 운항이 어렵습니다.
> ② 화산 활동이 우리 생활에 주는 이로움
> • 화산 주변의 지열을 이용해 전기를 생산합니다.
> • 화산 주변에는 온천이 많습니다.
> • 화산재의 영향으로 땅이 기름져집니다.

16 우드록이 끊어질 때 손에 전달되는 떨림은 땅이 흔들리는 떨림과 비슷합니다.

17 우드록은 실제 자연에서 땅입니다.

18 우드록은 짧은 시간 동안 가해진 힘에 의해 끊어지지만 실제 지진은 오랜 시간 동안 지구 내부의 힘이 축적되어 발생합니다. 지진은 화산 활동뿐만 아니라 지표의 약한 부분이나 지하 동굴의 함몰 등에 의해 발생하기도 합니다.

19 지진의 세기는 규모로 나타냅니다.

20 규모를 나타내는 숫자가 클수록 강한 지진입니다.

21 우리나라도 지진의 발생 횟수와 규모가 커지고 있으므로 경각심을 느끼고, 피해를 줄이기 위한 노력을 해야 합니다.

22 우리나라에서도 지진이 자주 발생하고 있고, 그에 따른 피해도 생겼지만 우리나라보다 큰 규모의 지진이 최근에 대만, 일본 등에서 발생하고 있습니다.

23 지진 발생에 대비하여 담요, 손전등, 비상식량, 구급약품 등을 준비해야 합니다.

24 야외 활동을 할 때에는 높은 건물이나 전신주 등이 있는 곳에 있으면 위험하므로 이러한 것이 없는 넓은 곳으로 피합니다.

25 지진이 발생했을 때 승강기에 타고 있는 것은 위험하므로 가능한 한 빨리 내릴 수 있도록 합니다.

26 지진으로 흔들리는 동안은 책상이나 테이블 아래로 들어가 머리와 몸을 보호하고, 책상 다리를 꼭 잡습니다.

> **더 알아볼까요!**
>
> **지진이 발생했을 때 대처 방법**
> • 지진으로 흔들리는 동안은 책상 밑에 들어가 몸을 보호합니다.
> • 전깃불과 가스 불을 꺼서 화재를 예방하고, 문을 열어 출구를 확보합니다.
> • 진동이 멈추면 계단을 이용해 건물 밖으로 대피합니다.
> • 승강기는 이용하지 않고, 승강기 안에 있을 경우 모든 층의 버튼을 눌러 내린 뒤 계단을 이용하여 대피합니다.
> • 건물밖으로 나오는 동안 가방 등으로 머리를 보호합니다.
> • 낙하물에 유의 하며 신속하게 공원, 운동장 등 넓은 공터로 대피합니다.

27 수수깡, 우드록, 용수철, 스타이로폼 공, 이쑤시개를 사용하여 건물 모형을 만들었습니다.

28 우드록에 건물 모형을 고정하고, 용수철을 연결해 바닥에서 충격을 흡수하도록 만들었습니다.

29 책상을 흔드는 것은 지진이 발생한 것을 의미합니다.

30 내진 설계는 지진에 안전한 구조물을 설계하는 것입니다.

정답과 풀이

1 화산 **2** 마그마 **3** ㉠, ㉢ **4** 윤지 **5** ④ **6** ③ **7** 용암 **8** (1) 기체 (2) 액체 (3) 고체 **9** (1) ✕ (2) ✕ **10** ㉢, ㉣ **11** ⑤ **12** ④ **13** ㉠, ㉢ **14** ㉢, 화산재가 마을을 뒤덮어 물이 오염되거나, 호흡기 질병에 걸릴 수 있다. **15** ㉢ **16** 지구 내부에서 작용하는 힘 **17** 규모 **18** 2016년 **19** ③ **20** ④

풀이 ▶

1 화산은 마그마가 분출하여 생긴 지형입니다.

2 화산에는 마그마가 분출한 분화구가 있습니다.

3 ㉠은 우리나라의 백두산, ㉢은 일본의 후지산으로 화산입니다. 화산은 마그마가 분출하여 생긴 지형입니다.

4 화산은 용암이나 화산재가 쌓여 주변 지형보다 높으며 화산의 생김새는 다양합니다. 북한산과 지리산은 화산이 아닙니다.

5 알루미늄 포일에 마시멜로를 놓고 빨간색 식용 색소를 뿌립니다.

6 마시멜로를 감싼 알루미늄 포일을 알코올램프로 가열하면 연기와 함께 작은 덩어리 마시멜로가 튀어나오거나 용암처럼 흘러내린 뒤 식으면서 굳습니다.

7 알루미늄 포일 밖으로 흘러나오는 마시멜로는 실제 화산에서 용암을 나타냅니다.

모형실험	실제 화산
연기	화산 가스

모형실험	실제 화산
굳은 마시멜로	화산 암석 조각

모형실험	실제 화산
흐르는 마시멜로	용암

8 화산 분출물에는 기체인 화산 가스, 액체인 용암, 고체인 화산재와 화산 암석 조각 등이 있습니다.

9 암석을 관찰할 때는 먼저 눈으로 전체적인 생김새를 관찰한 후 돋보기를 사용해서 더 자세히 관찰합니다. 암석은 흰 종이 위에 놓고 관찰합니다.

10 ㉠에서는 화강암이 만들어지고, ㉢에서는 현무암이 만들어집니다.

11 현무암은 마그마가 지표 가까이에서 빠르게 식어서 만들어진 암석입니다.

12 화성암은 마그마의 활동으로 만들어진 암석으로 대표적으로 현무암과 화강암이 있습니다.

13 땅속의 높은 열은 온천 개발이나 지열 발전에 사용합니다.

14 화산재는 태양을 가리고, 농작물을 덮치는 피해를 주기도 합니다.

15 우드록에 힘을 계속 가해 끊어질 때 손의 떨림을 느낄 수 있으며 이것은 실제 자연 현상에서 지진을 나타냅니다.

16 지진 발생 모형실험에서 우드록은 땅, 양쪽에서 손으로 미는 힘은 지구 내부에서 작용하는 힘, 우드록이 끊어질 때의 떨림은 지진을 나타냅니다.

더 알아볼까요!

지진 발생 모형실험과 실제 자연 현상 비교

지진 발생 모형실험	실제 자연 현상
우드록	땅
양손으로 미는 힘	지구 내부에서 작용하는 힘
우드록이 끊어질 때의 떨림	지진

17 지진의 세기는 규모로 나타내고, 규모의 숫자가 클수록 강한 지진임을 뜻합니다.

18 우리나라에서 최근 발생한 지신 중 규보가 가상 큰 것은 2016년 경주시에서 발생한 지진입니다.

19 지진이 발생하면 침착하게 행동하는 것이 중요하며 지진 발생 후 부상자는 응급 처치를 하고, 라디오를 사용하여 재난 방송을 계속 청취합니다.

20 제작한 건물 모형을 책상 위에 올려놓고 일정한 진동을 전달하여 가장 오랫동안 무너지지 않는 건물 모형을 찾아냅니다.

더 알아볼까요!

지진에 안전한 건물 모형을 만들 때 고려해야 할 점
• 지진을 견딜 수 있도록 튼튼한 재료를 사용합니다.
• 지진의 진동을 흡수하도록 만듭니다.

1 ㉠, ㉡ **2** ㉢ **3** (1) ㉡, ㉣ (2) ㉠, ㉢ **4** ④ **5** 화산 분출물 **6** ㉠ 화산재, ㉡ 용암, ㉢ 화산 암석 조각 **7** (1) × (2) ○ (3) × **8** (1) ㉠ (2) ㉢ (3) ㉡ **9** 화강암 **10** ⑤ **11** (1) ㉢ (2) 마그마가 지표 가까이에서 식어서 만들어져 알갱이 크기가 작다. **12** ① **13** ③ **14** (2) ○ **15** 지진 **16** ③, ④ **17** 네팔 **18** 경주, 규모의 숫자가 포항보다 크기 때문이다. **19** ⑤ **20** ③

풀이

1 ㉠은 한라산, ㉡은 백두산으로 산꼭대기에 호수가 있습니다.

2 ㉢의 울릉도의 성인봉에는 꼭대기에 평지(나리 분지)가 있습니다.

3 화산은 마그마가 분출한 분화구가 있고, 크기와 생김새가 다양합니다.

더 알아볼까요!

화산과 화산이 아닌 산의 차이점

화산	• 산꼭대기에 분화구가 있는 것도 있다. • 산꼭대기에 물이 고여 있는 것도 있다.
화산이 아닌 곳	산꼭대기에 분화구가 없다.

4 하와이의 킬라우에아산은 완만한 경사를 이루고 분화구가 여러 개 있습니다.

5 화산이 분출할 때 나오는 물질을 화산 분출물이라고 합니다.

6 화산 가스는 대부분 수증기이고, 용암은 액체로 마그마가 지표로 분출한 것입니다. 화산재는 고체로 재와 비슷하게 생겼으며 밀가루처럼 부드럽습니다.

7 화산재와 화산 암석 조각은 고체이고, 화산 가스는 기체입니다.

8 연기는 화산 가스, 흐르는 마시멜로는 용암, 굳은 마시멜로는 화산 암석 조각을 나타냅니다.

9 화강암은 색이 밝고 알갱이가 크며 땅속 깊은 곳에서 오랜 시간에 걸쳐 만들어진 암석입니다.

10 ①은 화강암의 특징, ②, ③, ④는 현무암의 특징, ⑤는 현무암과 화강암의 공통점입니다.

11 현무암은 마그마가 지표면 가까이에서 식어서 만들어져 알갱이의 크기가 작습니다.

12 돌하르방을 만드는 데 이용하는 암석은 현무암이며, 현무암은 어둡고 표면이 거칠며 구멍이 나 있기도 합니다. ②, ③, ④, ⑤는 화강암의 특징입니다.

▲ 돌하르방　　　▲ 맷돌

13 화산 활동으로 인한 높은 열은 지열 발전에 활용하고 화산재는 땅을 기름지게 하여 농작물이 자라는 데 도움을 줍니다. 이처럼 화산 활동은 우리 생활에 이로움을 주기도 합니다.

더 알아볼까요!

화산 활동이 우리 생활에 주는 영향

① 이로운 점
• 화산 주변의 지열을 이용해 전기를 생산합니다.
• 화산 주변에는 온천이 많습니다.
• 화산재의 영향으로 땅이 기름져집니다.

② 피해
• 화산이 분출하여 산불이 나고 용암이 흘러 마을을 덮치기도 합니다.
• 화산재가 농작물과 동식물에게 피해를 줍니다.
• 화산재의 영향으로 항공기 운항이 어렵습니다.

14 용암 동굴이나 화산 지대 주변에 온천을 개발하여 관광 자원으로 활용할 수 있습니다.

15 지진은 땅이 지구 내부에서 작용하는 힘을 오랫동안 받으면 휘어지거나 끊어지면서 흔들리는 것입니다.

16 우드록이 끊어질 때 손에 전달되는 떨림은 실제 자연 현상에서 지진을 나타냅니다.

17 규모는 지진의 세기를 나타내고, 규모의 숫자가 클수록 강한 지진입니다.

18 경주 지진의 규모는 5.8, 포항 지진의 규모는 5.4로 경주 지진 규모의 숫자가 더 큽니다.

19 지진이 발생하면 1~2분 정도만 큰 진동이 있으므로 이 시간 동안 몸을 잘 보호해야 합니다. 식탁이나 책상 밑에서 책이나 가방 등으로 머리를 보호합니다.

20 집 안에 있을 때는 가스 밸브를 잠그고 전깃불을 꺼 화재를 예방합니다.

정답과 풀이

3회 단원 평가

122~124쪽

1 ⓒ 2 ③ 3 (1) ⓒ (2) ㉠ (3) ⓒ 4 (1) × (2) ○ (3) × 5 ⑤ 6 ⓒ 7 ④ 8 용암 9 화성암 10 ⑤ 11 화강암은 마그마가 땅속 깊은 곳에서 서서히 식어 굳어져 만들어지기 때문에 알갱이의 크기가 크다. 12 ⑤ 13 ③ 14 화산재 15 지진 16 ① 17 규모 18 ③ 19 ⓒ, ⓒ 20 예 용수철을 연결해 바닥에서 충격을 흡수하게 만든다.

풀이 ▶

1 ⓒ은 마그마가 분출하는 모습을 표현했습니다. ⓒ은 지진이 발생하는 모습을 표현한 것입니다.

2 울릉도 성인봉에는 화산 활동으로 만들어진 평지(나리분지)가 있습니다. 설악산, 북한산은 화산이 아닙니다.

3 백두산 천지에는 화산 호수가 있고, 후지산에는 화산재가 쌓여 있고 화산 분출로 생긴 분화구가 있습니다.

▲ 한라산   ▲ 백두산

▲ 후지산(일본)   ▲ 킬라우에아산(미국)

4 화산에는 마그마가 분출한 분화구가 있는 것도 있습니다. 화산은 마그마가 분출하여 생긴 지형입니다.

5 빨간색 식용 색소를 마시멜로에 뿌리면 빨간 액체 상태가 된 마시멜로가 용암처럼 보입니다.

6 용암은 액체 물질입니다.

7 실험에서 나오는 연기는 화산 가스, 알루미늄 포일 밖으로 흘러나오는 마시멜로는 용암, 알루미늄 포일 밖에서 굳은 마시멜로는 화산 암석 조각과 같습니다.

8 용암은 지표로 분출한 마그마에서 가스 성분이 빠져나가고 남은 액체로 붉은색을 띠고 녹은 초콜릿처럼 보입니다.

9 화성암은 마그마의 활동으로 만들어진 암석입니다.

10 ① 현무암과 화강암 모두 암석이 거칠거칠합니다. ② 암석의 색깔이 현무암은 어둡고 화강암은 밝습니다. ③ 현무암은 알갱이의 크기가 작고 화강암은 알갱이의 크기가 큽니다. ④ 현무암은 지표 가까이에서 만들어지고, 화강암은 땅속 깊은 곳에서 식어서 만들어집니다.

11 현무암은 지표면 가까이에서 빠르게 식어서 알갱이의 크기가 작습니다. 현무암은 색깔도 어둡고 구멍이 있는 것도 있습니다. 화강암은 색깔이 밝고 여러 가지 색이 포함되어 있습니다.

12 현무암은 제주도의 돌담이나 돌하르방에서 볼 수 있습니다. 현무암은 ① 화성암이고, ② 어두운색입니다. ③ 알갱이의 크기가 작고, ④ 표면이 거칩니다.

13 땅속에서 나오는 높은 열을 이용하여 전기를 만드는 지열 발전이나 온천에 활용합니다.

14 화산재가 햇빛을 가리고, 마을과 농경지를 덮치고 호흡기 질병을 일으키는 것은 우리에게 주는 피해이고, 화산재가 쌓여 기름진 땅이 되는 것은 우리에게 주는 이로운 점입니다.

15 위의 실험은 지진 발생 모형실험으로, 우드록이 끊어질 때 손에 전달되는 떨림은 암석이 끊어질 때 땅이 흔들리는 떨림과 같습니다.

16 지진은 오랜 시간 지구 내부의 힘이 축적되어 발생합니다.

17 지진의 세기는 규모로 나타내며 숫자가 클수록 강한 지진입니다. 우리나라도 규모 5.0 이상의 지진이 발생하고 있습니다.

더 알아볼까요!

규모
- 지진의 세기를 나타내는 것입니다.
- 규모의 숫자가 클수록 강한 지진입니다.
- 규모가 큰 지진이 발생하면 사람이 다치고 건물과 도로가 무너지는 등 인명 및 재산 피해가 생깁니다.

18 무거운 물건은 아래쪽으로 두어야 낙하물로부터 몸을 보호할 수 있습니다.

19 교실 안에 있을 경우 책상 아래로 들어가 머리와 몸을 보호하고, 책상 다리를 꼭 잡으며 선생님의 지시에 따릅니다.

20 용수철을 연결하면 진동을 흡수해 지진을 잘 견딜 수 있습니다.

4회 단원 평가 도전

1 ④   2 화산   3 ③, ④   4 ④   5 화산 가스
6 (1) ○ (2) ○ (3) ×   7 (1) ㉡ (2) ㉠   8 ④   9
③   10 (1) ㉠ (2) ㉡   11 ㉠, ㉡   12 화산재가 땅
을 기름지게 하여 농작물이 자라는 데 도움을 준다.
13 지진   14 (1) 땅 (2) 지구 내부에서 작용하는 힘
15 ㉡   16 지구 내부에서 작용하는 힘   17 규모
18 ③   19 (1) × (2) ○   20 예 응급 처치를 한다.

풀이

1 화산에는 마그마가 분출한 분화구가 있고, 물이 고여 있습니다.

2 화산은 마그마가 분출한 흔적이 있으며 화산이 아닌 산은 마그마가 분출하지 않아 분화구가 없습니다.

3 백두산 천지와 울릉도 성인봉의 나리분지 모습입니다. 두 지형 모두 화산 활동으로 생겼으며, 성인봉의 산꼭대기에서는 화산 활동으로 만들어진 평지를 볼 수 있습니다.

4 작은 덩어리의 마시멜로는 튀어나오거나 용암처럼 흘러내린 뒤 식으면서 굳습니다.

5 화산 분출 모형실험에서 피어오르는 연기는 화산 가스, 흐르는 마시멜로는 용암, 굳은 마시멜로는 화산 암석 조각을 나타냅니다.

6 마그마에서 기체가 빠져나간 액체는 용암입니다.

더 알아볼까요!

화산 분출물
• 화산이 분출하면서 나오는 물질입니다.
• 화산 분출물에는 기체인 화산 가스, 액체인 용암, 고체인 화산재와 화산 암석 조각 등이 있습니다.
• 화산 가스는 대부분 수증기이고, 화산 암석 조각의 크기는 매우 다양합니다.

▲ 화산 암석 조각

▲ 화산재

▲ 용암

▲ 화산 가스

7 현무암은 마그마가 지표 가까이에서 식어서 만들어지고, 화강암은 땅속 깊은 곳에서 식어서 만들어집니다.

8 현무암과 화강암은 마그마가 식는 빠르기가 달라서 알갱이의 크기가 다릅니다. 현무암은 지표 가까이에서 마그마가 빨리 식어서 만들어지고, 화강암은 땅속 깊은 곳에서 마그마가 서서히 식어서 만들어집니다.

9 화산이 분출할 때 화산 가스가 빠져나간 흔적이 남아 현무암 표면에 구멍이 있는 것도 있습니다.

▲ 현무암

10 (1) 석굴암이나 불국사의 돌계단 등이 화강암으로 만들어졌고, (2) 제주도의 돌담이나 맷돌, 돌하르방은 현무암으로 만들어졌습니다.

▲ 현무암으로 만든 맷돌

▲ 화강암으로 만든 석굴암

11 화산재는 땅을 기름지게 하여 농작물이 자라는 데 도움을 주고, 땅속의 높은 열은 온천 개발에 활용합니다.

12 화산 분출물에는 식물 생장에 필요한 성분이 들어 있어서 오랜 시간이 지나면 화산 주변의 땅이 기름겨집니다.

13 우리나라에서도 지진이 발생했다는 뉴스를 자주 볼 수 있으며 지진이 발생하면 긴급 재난 문자를 받습니다.

14 우드록이 끊어질 때의 떨림은 지진입니다.

15 ㉠은 지구 내부의 힘이 축적되고 있는 과정을 나타낸 실험 모습입니다. ㉡에서 우드록이 끊어질 때의 떨림은 지진을 나타냅니다.

16 지구 내부에서 작용하는 힘에 의해 지층이 휘어지거나 끊어지기도 합니다. 이때 땅이 흔들리는 현상을 지진이라고 합니다.

17 지진의 세기는 규모로 나타냅니다.

18 최근 우리나라도 규모 5.0 이상의 지진이 여러 차례 발생하여 우리나라도 지진의 안전지대가 아닙니다.

19 지진이 발생하면 승강기를 이용하지 않고 계단을 이용해 건물 밖으로 이동합니다.

더 알아볼까요!

지진이 발생했을 때 대처하는 방법
- 교실 안에 있을 때는 책상 아래로 들어가 머리와 몸을 보호하고 책상 다리를 잡습니다.
- 승강기 안에 있을 경우 모든 층의 버튼을 눌러 가장 먼저 열리는 층에서 내립니다.
- 건물 밖에 있을 경우 머리를 보호하고 건물이나 벽 주변에서 떨어집니다.
- 대형 할인점에 있을 경우 넘어지거나 떨어질 물건으로부터 머리와 몸을 보호합니다.

20 지진 발생 후에는 부상자가 있는지 확인하여 응급 처치를 하거나 구조 요청을 합니다.

탐구 서술형 평가
128~129쪽

1 연기와 함께 작은 덩어리의 마시멜로가 튀어나오거나 용암처럼 흘러내린 뒤 식으면서 굳는다.   **2** (1) 어두운 색이다. (2) 알갱이의 크기가 맨눈으로 구별하기 어려울 정도로 매우 작다. (3) 겉 표면에 크고 작은 구멍이 많이 뚫려 있는 것도 있고, 구멍이 없는 것도 있다.   **3** ㉢, ㉣ / 화산재가 땅을 기름지게 하여 농작물이 자라는 데 도움을 준다. 마그마가 분출하면서 나오는 물질로 지구 내부에 대한 정보를 얻을 수 있다.   **4** ㉲ 우리나라에서도 지진이 발생한다. 지진이 발생하기 전에 미리 대비를 해야 한다.

풀이

1 알루미늄 포일 안에 들어 있던 마시멜로가 뜨거워지면 연기가 나고 알루미늄 포일 밖으로 마시멜로가 흘러나옵니다. 마시멜로가 작은 덩어리로 튀어나오기도 합니다.

상	화산 분출 모형실험 결과를 정확히 서술하였습니다.
중	화산 분출 모형실험 결과에 대한 서술이 충분하지 못합니다.
하	화산 분출 모형실험 결과를 서술하지 못했습니다.

2 현무암은 마그마가 지표 가까이에서 빠르게 식어서 만들어지는 암석입니다.

상	현무암의 특징 세 가지를 정확하게 서술하였습니다.
중	현무암의 특징을 두 가지만 서술하였습니다.
하	현무암의 특징을 한 가지만 서술하였습니다.

3 화산 연구, 화산 지역 관광 산업, 화산재를 원료로 사용하는 생활용품 개발 등 화산 활동과 관련된 사업을 할 수도 있습니다.

▲ 지열 발전　　　　▲ 온천

상	화산 활동이 우리 생활에 주는 이로운 점을 바르게 고르고, 정확하게 서술하였습니다.
중	화산 활동이 우리 생활에 주는 이로운 점을 바르게 골랐지만 서술이 충분하지 못합니다.
하	화산 활동이 우리 생활에 주는 이로운 점을 바르게 골랐지만 그림에 대해 정확하게 서술하지 못했습니다.

4 우리나라도 지진으로부터 안전한 지대가 아님을 알 수 있습니다. 최근 우리나라도 규모 5.0 이상의 지진이 여러 차례 발생하고 있습니다. 우리에게도 지진에 대비하는 자세가 필요합니다.

상	지진 피해 사례를 보고 느낀 점을 정확하게 서술하였습니다.
중	지진 피해 사례를 보고 느낀 점에 대한 서술이 부족합니다.
하	지진 피해 사례를 보고 느낀 점을 서술하지 못했습니다.

5 물의 여행

131쪽

개념을 확인해요

1 물　2 액체　3 수증기　4 상태　5 증발
6 물의 순환　7 순환　8 같습니다

133쪽

개념을 확인해요

1 물　2 물　3 사람　4 환경　5 물　6 물
7 시간, 비용　8 빗물

개념을 다져요

134~137쪽

1 실내 정원　2 (1) ○ (2) ×　3 증발　4 물　5
수증기　6 ㉠ 구름, ㉡ 비　7 ㉠ 액체 ㉡ 액체　8
물의 순환　9 구름　10 뿌리, 잎　11 바다　12
㉢　13 물방울　14 =　15 물　16 (1) ㉡ (2) ㉠
17 ㉠　18 ○　19 ⑤　20 ㉡　21 오염　22 ②
23 (1) ×　(2) ○　24 ②　25 ㉘ 기름기가 있는 그
릇은 휴지로 닦고 설거지를 한다.　26 하늘　27 ②
28 ⑤

풀이

1 뚜껑이 닫혀 있어서 처음에 있던 물이 밖으로 빠져나
　가지 못해 물을 주지 않아도 살 수 있습니다.

2 용기 내에서만 식물이 자라기 때문에 성장 속도가 비
　교적 느린 식물을 선택하는 것이 좋고, 투명한 용기
　를 이용하여 실내 정원을 만듭니다.

3 뿌리에서 빨아올린 물이 식물의 기공을 통해 배출되
　면 플라스틱 컵 안쪽 벽에 물방울로 맺혀 있다가 떨
　어져 다시 뿌리로 흡수됩니다.

5 방울이가 바다에서 물 상태로 있다가 공기 중에서 수
　증기로 바뀝니다.

6 물방울이 구름이 되었고, 다시 비가 되어 땅으로 내
　린 모습이 나타나 있습니다.

더 알아볼까요!

물의 순환

• 물의 상태가 변하면서 육지, 바다, 공기 중, 생명체 등 여러 곳을
　끊임없이 돌고 도는 과정입니다.
• 물의 상태가 변하면서 끊임없이 순환하지만, 지구 전체 물의 양
　은 변하지 않습니다.

9 공기 중의 수증기는 하늘 높이 올라가 응결(기체가
　차가운 물체 위에서 액체로 변하는 것)되면 구름이
　됩니다.

12 지퍼 백은 햇볕이 잘 들어오는 창문에 고정해 매달아
　놓아야 합니다.

13 햇볕이 잘 들어오는 창문에 지퍼 백을 매달아 놓으면
　얼음이 녹기 시작합니다.

14 컵 안의 얼음이 녹으면 지퍼 백 위쪽에는 물방울이
　맺히고, 지퍼 백 안쪽에 맺힌 물방울이 흘러내려 바
　닥에 모이기 때문에 컵 안의 물의 양은 줄어들고, 컵
　밖의 물의 양은 늘어납니다.

16 물은 흐르는 물이 만든 다양한 지형을 관광 자원으로
　이용하고, 생선이 상하지 않도록 얼음을 이용하며,
　농작물을 키우는 데 이용됩니다.

17 한 번 이용한 물은 없어지는 것이 아니라 돌고 돌아
　다시 만나게 됩니다. 공기 중에 모인 물은 날씨 변화
　도 일으킵니다.

더 알아볼까요!

물의 중요성

• 빗물이 땅속에 스며들어 나무와 풀을 자라게 합니다.
• 물은 끊임없이 이동하면서 생명체에게 필요한 영양분을 공급해
　주고, 생태계의 건강을 지켜 줍니다.
• 물이 떨어지는 높이 차이를 이용해 전기를 만듭니다.
• 끊임없이 바다로 흘러 들어가는 물은 지표면의 모양을 변화시킵
　니다.

18 중국, 인도, 아프리카, 우리나라 등은 물 부족 국가
　입니다.

20 ㉠은 비가 적게 내리고 날씨가 너무 더워서 물이 빨
　리 증발하여 물이 부족한 경우입니다.

24 빗물을 효과적으로 관리하고 재활용할 수 있게 만든
　장치입니다.

25 빨래는 모아서 한꺼번에 하거나 씻을 때 물을 계속
　틀어놓지 않습니다.

26 물 모으는 장치는 물이 부족한 나라의 사람들을 위해
　만드는 장치입니다.

27 와카워터는 낮과 밤의 기온 차이로 풀잎에 이슬이 맺
　히는 원리를 이용한 장치입니다.

28 어떤 장소에 어떤 재료와 모양으로 만들 것인지, 어
　떤 물의 순환 과정을 이용하여 물을 모을 수 있을 것
　인지 등을 생각하여야 합니다.

정답과 풀이

> 1 ①   2 물방울   3 예 분무기를 이용해 주었던 물
> 이 증발하여 밖으로 나가지 못하기 때문에   4 ④
> 5 (1) ○ (2) ×   6 물   7 물의 순환   8 변하지 않
> 는다.   9 ⓒ   10 ②   11 ⓔ   12 전기   13 ③,
> ⑤   14 뿌리   15 부족   16 예 공장들이 많아지면
> 서 이용할 수 있는 깨끗한 물이 줄었다.   17 ④   18
> 물   19 ④   20 ①

풀이

1 투명한 컵에 흙을 넣은 후 식물을 넣고 흙을 덮고 나서, 거름흙과 식물에 물을 뿌린 후 다른 플라스틱 컵으로 덮어 줍니다.

2 실내 정원은 처음 만들 때 분무기를 이용해 주었던 물이 증발하여 밖으로 나가지도 못하기 때문에 물을 주지 않아도 살 수 있습니다.

3 플라스틱 컵 위에 다른 플라스틱 컵을 올려놓아 증발한 물이 플라스틱 컵 안에 머물기 때문입니다.

> **더 알아볼까요!**
>
> **실내 정원에 물을 계속 주지 않아도 식물이 자라는 까닭**
>
> 처음 만들 때 분무기를 이용해 주었던 물이 증발하여 밖으로 나가지 못하고 플라스틱 컵 안에 머물기 때문에 물을 계속 주지 않아도 살 수 있습니다.

4 잎을 통해 나온 후 하늘 높이 올라가 구름이 되어 돌아다니다가 다시 비가 되어 내립니다.

5 강, 바다, 구름, 비, 사람의 몸속, 땅속, 나무의 몸속에는 액체 상태의 물이 있고, 공기 중에는 기체 상태의 수증기가 있습니다.

6 물은 머무르는 장소에 따라 모습과 상태가 달라집니다.

7 물의 상태가 변하며 끊임없이 돌고 도는 과정을 물의 순환이라고 합니다.

▲ 물의 순환 과정

8 물의 순환 과정을 통해 물의 상태는 끊임없이 변하지만, 지구 전체 물의 양은 변하지 않습니다.

9 컵 안의 물의 양은 줄어들고, 컵 밖의 물의 양은 늘어납니다.

> **더 알아볼까요!**
>
> **3일 동안 물의 순환 실험 장치에서의 변화**
> - 햇볕이 잘 들어오는 창문에 매달아 놓으면 얼음이 녹기 시작합니다.
> - 플라스틱 컵 안의 얼음은 녹고 지퍼 백 위쪽에는 물방울이 맺힙니다.
> - 지퍼 백 안쪽에 맺힌 물방울이 흘러내려 바닥에 모입니다.
> - 플라스틱 컵 안의 물의 양은 줄어들고 컵 밖의 물의 양은 늘어납니다.
> - 물의 순환 실험 장치의 처음 무게와 3일이 지난 뒤의 무게는 같습니다.

10 물이 증발하면 수증기가 되고, 수증기가 응결하면 물이 됩니다.

11 농작물을 재배할 때 물을 이용합니다. 물이 충분하지 않으면 식물이 잘 자라지 못하기 때문에 충분히 물을 제공해 주어야 합니다.

12 수력 발전소는 물의 힘으로 전기를 만드는 곳입니다.

13 한번 이용한 물은 사라지는 것이 아니라 순환 과정을 통해 다양한 변화를 일으키고, 우리 생활에 이로움을 줍니다.

14 식물의 몸속에 있는 물이 순환하며서 생명을 유지할 수 있게 해 줍니다.

15 우리나라도 물이 부족한 나라 중 하나입니다.

16 산업 발달로 인해 자연적으로 물이 깨끗해지는 속도보다 사람들이 이용한 오염된 물이 더 많이 나와서 물이 부족해지고 있습니다.

17 빨래는 모아서 한꺼번에 하고, 양치질할 때 컵을 사용하며 세제와 샴푸는 적게 사용하고 기름기가 있는 그릇은 휴지로 닦고 설거지를 합니다.

18 이용한 물을 모아 두었다가 다른 용도로 물을 사용하게 만든 것입니다.

19 물 모으는 장치는 물이 부족한 곳에 필요한 장치입니다.

20 흙에서 증발한 수증기가 응결되어 만들어진 물이 물통에 모이게 되는 장치입니다. 흙에서 증발한 수증기가 응결되어 투명한 비닐에 맺힌 물이 아래로 떨어져 물통에 모입니다.

2회 단원 평가 도전

1 물방울   2 물이 증발하여 밖으로 나가지 못하게 해 물을 계속 주지 않도록 하기 위해서   3 액체   4 하늘   5 ③   6 ⓜ   7 ②   8 구름, 수증기   9 물의 순환   10 (1) ○ (2) × (3) ×   11 ⑤   12 ②   13 ④   14 ⑤   15 ①   16 물이 떨어지는 높이 차이를 이용해 전기를 만든다.   17 ③   18 ③   19 ⑤   20 물

풀이

1 실내 정원을 만들 때 분무기를 이용해 주었던 물이 증발하여 밖으로 나가지 못하고 플라스틱 컵 안에 머뭅니다.

2 물이 증발하여 밖으로 나가지 못하기 때문에 물을 6개월 정도 주지 않아도 실내 정원의 식물은 살 수 있습니다.

3 땅속에서 방울이는 액체 상태인 물입니다. 그러나 공기 중으로 이동하게 되면 기체 상태의 수증기가 됩니다.

4 방울이는 잎을 통해 나온 다음 하늘 높이 올라가 구름이 되어 이곳저곳을 여행하다가 비가 되어 강으로 내려오고 바다로 갑니다.

5 물방울은 공기 중으로 이동하게 되면 기체 상태의 수증기로 존재합니다.

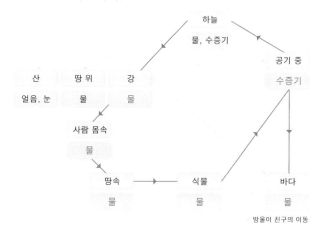

▲ 방울이가 이동한 장소와 방울이의 상태

6 ㉠은 수증기가 응결하여 구름이 되는 과정, ㉡은 구름이 비나 눈이 되어 땅으로 떨어지는 과정, ㉢은 물이 강으로 모여서 흘러가는 과정, ㉣은 뿌리가 땅속의 물을 빨아들이는 과정, ㉤은 식물의 잎에서 물이 수증기가 되어 공기 중으로 나오는 과정입니다.

7 응결은 기체인 수증기가 액체인 물이 되는 것입니다.

8 하늘 높이 올라간 수증기는 응결하여 구름이 되고 구름은 비나 눈이 되어 땅으로 떨어집니다. 땅에 내린 비가 증발하면 수증기가 되고 이러한 과정이 끊임없이 돌고 도는 현상을 물의 순환이라고 합니다.

9 물은 증발, 흡수, 응결 과정을 통해 상태가 변하면서 이동합니다.

10 (2) 물은 상태가 변하며 이동하고 머무르는 곳에 따라 강, 바다, 구름, 비, 지하수 등 이름이 달라집니다.
(3) 물은 순환하지만 지구 전체 물의 양은 변하지 않습니다.

11 플라스틱 컵 안에 있던 얼음은 녹아서 물이 되고, 이 물은 증발하여 수증기가 되어 지퍼 백 안에 머무릅니다.

더 알아볼까요!

물의 순환 실험 장치 변화
• 플라스틱 컵 안에 있던 얼음은 녹아서 물이 됩니다.
• 이 물은 증발하여 수증기가 되어 지퍼 백 안에 머무릅니다.
• 지퍼 백 안의 수증기는 지퍼 백 밖의 차가운 공기 때문에 응결하여 지퍼 백의 안쪽 면을 타고 아래로 떨어지는데, 이런 현상이 반복해서 일어납니다.

12 지퍼 백 안에서 물의 순환은 일어나지만 물의 전체 양은 변하지 않기 때문에 무게는 변하지 않습니다.

더 알아볼까요!

물의 순환 실험을 통해 지구에서의 물의 순환 과정 추리하기
• 얼음, 물, 수증기 등 물의 상태가 변하면서 끊임없이 돌고 돌지만, 실험 전후의 무게가 같다는 것을 통해 물의 전체 양은 변하지 않는다는 것을 알 수 있습니다.
• 이처럼 지구에서도 물은 순환하지만 지구 전체 물의 양은 변하지 않습니다.

14 끊임없이 흐르는 물은 땅의 모양을 바꾸어 관광 자원으로 활용되기도 합니다.

15 식물이나 동물의 몸속에 있는 물은 돌고 돌면서 생명을 유지할 수 있도록 합니다.

16 물은 우리 생활에서 다양하게 이용되어 중요합니다.

17 중국, 인도, 아프리카 등은 물이 부족해질 가능성이 있거나 물이 부족한 나라입니다. 우리나라도 물이 부족한 나라 중 하나입니다.

18 환경이 오염되면서 자연적으로 물이 깨끗해지는 속도보다 사람들이 이용한 오염된 물이 더 빨리 나오기

때문에 물이 부족합니다.

19 목욕을 할 때는 샤워기로 하는 것이 물이 절약되며, 물은 계속 틀어 놓지 않도록 합니다.

더 알아볼까요!

물 부족 현상을 해결할 다양한 방법

• 기름기가 있는 그릇은 휴지로 닦고 설거지를 합니다.

• 빨래는 모아서 한꺼번에 합니다.

• 물이 심각하게 부족할 경우 인공 강우처럼 구름에 화학 약품을 뿌려 비를 내리도록 하면 일시적으로 가뭄을 해 소할 수 있고, 스 모그를 없애 하늘을 맑게 할 수 있습니다.

• 바닷물이 녹아 있는 소금기를 제거할 수 있는 기술을 개발하여 식수와 공업 용수로 이용할 수 있게 합니다.

• 단독 주택이나 공용 시설에는 빗물 저장소를 설치해서 청소할 때 이용합니다.

20 흙에서 증발한 수증기가 응결되어 만들어진 물을 모 으는 장치입니다.

탐구 서술형 평가

144~145쪽

1 ⓐ 물은 상태가 변하면서 여러 곳을 끊임없이 이동 한다. **2** 플라스틱 컵 안의 얼음이 녹아서 물이 되고 이 물은 증발하여 수증기가 된다. 지퍼 백 안의 수증 기는 지퍼 백 밖의 차가운 공기 때문에 응결하여 지퍼 백 안쪽 면을 타고 떨어지는 현상이 반복되어 물이 바 닥에 모인다. **3** ⓐ 산업 발달로 이용할 수 있는 깨 끗한 물이 줄어들기 때문이다. **4** 공기 중의 수증기 가 그물망에 응결하면 그물망에 맺힌 물방울을 아래 에 놓인 그릇에 모은다.

풀이

1 방울이의 이동 과정을 통해 물은 이동하면서 상태가 달라지고, 여러 곳에서 볼 수 있습니다.

상	물의 이동에서 물의 상태가 변하는 것을 정확하게 서술하 였습니다.
중	물의 이동에서 물의 상태가 변하는 것에 대한 서술이 부 족합니다.
하	물의 이동에서 물의 상태가 변하는 것을 서술하지 못했습 니다.

2 플라스틱 컵 안의 물의 양은 줄어들고, 플라스틱 컵 밖의 물의 양은 늘어납니다.

상	지퍼 백 안에서의 물의 순환을 정확하게 서술하였습니다.
중	지퍼 백 안에서의 물의 순환에 대한 서술이 충분하지 못 합니다.
하	지퍼 백 안에서의 물의 순환을 서술하지 못했습니다.

3 그림은 비가 적게 내리고 너무 더워서 물이 부족한 모습과 사람들이 물을 아껴 쓰지 않아 물이 부족해지 는 모습입니다. 물 부족 현상을 해결할 다양한 방법 이 있습니다. 물이 새는 곳은 즉시 수리할 수 있도록 자동 경보기를 붙이거나 빗물을 모아 화단을 가꾸거 나 청소할 때 이용할 수 있도록 빗물 저장 장치를 만 듭니다.

상	물이 부족해지는 까닭에 대해 정확하게 서술하였습니다.
중	물이 부족해지는 까닭에 대한 서술이 충분하지 못합니다.
하	물이 부족해지는 까닭에 대해 서술하지 못했습니다.

4 공기 중의 수증기를 응결시켜 물을 모으는 장치입니 다. 와카워터가 공기 중에서 물을 만들어 내는 원리 는 사막의 큰 일교차로 인해 밤새 맺힌 이슬이 그물 을 타고 흘러내려가 바닥에 있는 그릇으로 물이 모이 는 것입니다.

▲ 와카워터

상	설계한 장치로 물을 모으는 방법을 정확하게 서술하였습 니다.
중	설계한 장치로 물을 모으는 방법에 대한 서술이 충분하지 못합니다.
하	설계한 장치로 물을 모으는 방법을 정확하게 서술하지 못 했습니다.

1 단풍나무　　2 ①　　3 풀은 대부분 한해살이 식물이고, 나무는 모두 여러해살이 식물이다.　　4 ③　　5 ⑤
6 공기주머니　　7 ①　　8 ④　　9 ②　　10 ③　　11 ㉡
12 ②　　13 (1) ×　(2) ○　(3) ×　(4) ○　　14 ㉡　　15 ①, ④, ⑤　　16 ①　　17 ⑩ 증발은 물 표면에서 물이 수증기로 천천히 변하는 것이고, 끓음은 물 표면과 물속에서 물이 수증기로 빠르게 상태가 변하는 것이다.
18 ⑤　　19 응결　　20 ⑩ 가습기를 이용한다. 음식을 찐다. 스팀다리미로 옷의 주름을 편다.

풀이

2 잎이 크고 작은 것은 사람마다 기준이 다르므로, 분류 기준이 될 수 없습니다.

3 그 외에 풀은 나무보다 줄기가 가늘고 키가 작고, 나무는 풀보다 키가 크고 줄기가 굵습니다.

4 잎이 물에 떠 있는 식물은 마름, 수련, 가래 등이 있습니다. 연꽃, 부들은 잎이 물 위로 높이 자라는 식물이고, 물수세미와 나사말은 물속에 잠겨서 사는 식물입니다.

5 검정말은 물속에 잠겨 살고 잎이 좁고 길며 줄기도 가늡니다.

7 사막은 햇볕이 강하고, 물이 부족하며, 낮과 밤의 온도 차가 큽니다. 비가 적게 오고 모래 폭풍이 붑니다.

8 선인장은 굵은 줄기와 두꺼운 껍질에 물을 저장하고 있어서 건조한 사막 환경에서 살 수 있습니다.

9 도꼬마리 열매의 가시 끝 부분이 휘어져 동물의 털이나 옷 등에 쉽게 붙는 성질을 이용해 찍찍이 테이프를 만들 수 있습니다.

13 손에 잡히지 않고, 담는 그릇에 따라 모양이 변합니다. (1)은 고체 상태인 얼음이고, (3)은 기체 상태인 수증기의 특징입니다.

14 플라스틱 시험관의 물이 얼면 부피가 늘어나서 물 기둥의 높이가 높아집니다.

16 증발은 액체인 물이 기체인 수증기로 상태가 변하는 현상입니다.

18 공기 중의 수증기가 응결하여 컵 표면에 달라붙었기 때문에 플라스틱 컵의 무게는 늘어납니다.

19 응결이란 기체인 수증기가 액체인 물로 상태가 변하는 것을 말합니다.

1 ⑩ 가지에서 필요한 만큼만 잎을 채집한다. 땅에 떨어진 잎을 채집한다.　　2 ③　　3 ③　　4 ④　　5 ㉢
6 ②, ③　　7 적응　　8 ①, ④　　9 ④　　10 물이 스며들지 않는 옷　　11 얼음　　12 ③　　13 ②　　14 ⑩ 한겨울에 수도관에 설치된 계량기가 터진다. 겨울에 바위틈에 있던 물이 얼면서 바위가 쪼개진다.　　15 13 g
16 ⑩ 과일 표면에서부터 물이 수증기로 변해 공기 중으로 흩어졌기 때문이다.　　17 ㉢　　18 ⑤　　19 ③
20 ㉡, ㉢, ㉣

풀이

1 식물을 채집할 때에는 다른 가지나 잎이 다치지 않도록 하고, 위험한 행동을 하지 않습니다.

3 풀은 나무보다 줄기가 가늘고, 키가 작습니다. ①, ④, ⑤는 나무의 특징입니다.

4 ④은 풀의 특징입니다. 풀은 대부분 한해살이 식물이며, 나무는 모두 여러해살이 식물입니다.

5 부레옥잠, 생이가래는 물에 떠서 사는 식물이고, 나사말은 물속에 잠겨서 사는 식물입니다.

6 부레옥잠은 잎이 둥글고, 잎자루가 통통하며 물 위에 떠서 삽니다.

9 물이 부족한 지역에서는 느릅나무 잎의 생김새를 활용해 빗물을 모으는 장치를 만듭니다.

10 연꽃잎에 작고 둥근 돌기가 많이 나 있는 특징을 이용해 물이 스며들지 않는 옷이나 자동차 유리 코팅제 등을 만들었습니다.

11 모양이 일정하고, 차갑고 단단한 것은 물의 고체 상태인 얼음에 대한 설명입니다.

12 고드름은 고체인 얼음이고, 고드름이 녹으면 액체인 물이, 액체인 물이 마르면 기체인 수증기가 됩니다.

14 페트병에 물을 가득 넣어 얼리면 페트병이 커지는 현상도 물이 얼 때 부피가 늘어나는 예입니다.

15 얼음이 녹으면 부피는 줄어들지만 무게는 변하지 않습니다.

16 액체인 물이 표면에서 기체인 수증기로 상태가 변하는 현상은 증발입니다.

19 ③은 증발과 관련된 예입니다.

20 ㉡, ㉢, ㉣은 물이 얼음으로 상태가 변한 예이고, ㉠, ㉤, ㉥은 물이 수증기로 상태가 변한 예입니다.

정답과 풀이

1 ①, ③   2 유리컵   3 연한, 진한   4 ㉠   5 쿼ㅁ코   6 거울을 사용하면 빛의 방향을 바꿔 뒤에 있는 승객을 볼 수 있기 때문이다.   7 ⑤   8 마그마   9 ④   10 ④   11 화강암   12 예 호흡기 질병이 생긴다. 항공기 운항에 차질이 생긴다.   13 ⑤   14 용태   15 뚜껑이 닫혀 있어서 분무기로 주었던 물이 밖으로 빠져나가지 못하기 때문이다.   16 ②   17 97 g   18 ④   19 ①   20 ㉢

풀이 ▶

1 그림자가 생기기 위해서는 빛과 물체가 있어야 하며, 물체에 빛을 비춰야 합니다. 흰 종이와 같은 스크린을 사용하면 그림자를 잘 볼 수 있습니다.

3 빛이 나아가다가 투명한 물체를 만나면 빛이 대부분 통과하여 연한 그림자가 생기고, 불투명한 물체를 만나면 빛이 대부분 통과하지 못해 진한 그림자가 생깁니다.

4 손전등을 물체에 가깝게 하면 그림자의 크기가 커집니다.

5 거울에 비친 글자는 좌우가 바뀌어 보입니다.

9 세계 여러 화산은 마그마가 분출한 흔적이 있고, 용암이나 화산재가 쌓여 주변 지형보다 높다는 공통점이 있습니다.

10 화강암은 밝고 여러 가지 색이며, 알갱이의 크기가 큽니다.

12 화산 분출물이 마을을 뒤덮거나 산불을 발생시켜 피해를 주기도 하고, 농작물이 피해를 입기도 하며, 날씨의 변화가 생기기도 합니다.

15 식물이 자라려면 물이 필요한데, 뚜껑이 닫혀 있는 공간에서는 물이 순환하기 때문에 물을 계속 주지 않아도 살 수 있습니다.

16 강, 바다, 구름, 나무의 몸속에는 액체 상태의 물, 공기 중에는 기체 상태의 수증기입니다.

17 물의 순환 장치의 처음 무게와 3일이 지난 뒤의 무게는 같습니다.

19 물 부족 현상은 환경이 오염되고, 도시가 발달하고 사람이 많아져 물 이용량이 늘어나서 생기게 되었습니다.

20 아프리카 사막 지대는 비가 적게 내리고 너무 더워서 물이 빨리 증발하여 물 모으는 장치가 필요합니다.

1 햇빛이 물체를 비춰야 그림자가 생긴다.   2 ⑤   3 ②   4 ㉡   5 ㉠   6 빛의 반사   7 만화경   8 ①   9 (1) 화산 가스 (2) 화산 암석 조각 (3) 용암   10 화강암   11 ④   12 지진   13 2018년   14 ③   15 ㉠ → ㉢ → ㉣ → ㉡   16 ㉠ 바다, ㉡ 구름   17 물의 순환   18 지퍼 백 안에서 물의 순환이 일어나기 때문이다.   19 예 생물에게 필요한 영양분을 공급하기 때문이다.   20 ⑤

풀이 ▶

1 햇빛이 비출 때는 그림자가 생기고, 구름이 햇빛을 가렸을 때는 그림자가 생기지 않는 것을 보아 그림자가 생기려면 햇빛이 있어야 합니다.

3 빛은 곧게 나아가기 때문에 직진하는 빛이 물체를 통과하지 못하면 물체의 모양대로 그림자가 물체 뒤쪽에 생기게 됩니다.

4 손전등과 물체 사이의 거리가 가까울수록 그림자의 크기가 커집니다.

5 거울에 비친 물체는 상하는 바뀌지 않지만 좌우가 바뀌어 보입니다.

6 빛이 거울에 부딪치면 빛의 방향이 바뀌는 성질을 이용해서 빛을 과녁판의 가운데에 비출 수 있습니다.

7 만화경은 거울이 빛을 반사시키는 성질을 이용한 장난감으로 여러 가지 모양의 무늬를 볼 수 있습니다.

8 용암은 액체, 화산재, 화산 암석 조각은 고체, 화산가스는 기체입니다.

10 화강암은 색깔이 밝으며 마그마가 땅속 깊은 곳에서 서서히 식으며 만들어져 알갱이의 크기가 큽니다.

12 우드록이 끊어질 때 손의 떨림은 지진을 의미합니다.

13 규모의 숫자가 작을수록 약한 지진입니다. 표에서는 2018년 규모 4.6 지진이 가장 약한 지진이고, 2016년 규모 5.8의 지진이 가장 강한 지진입니다.

14 지진 발생 시 승강기가 멈출 수 있기 때문에 계단을 이용해서 건물 밖으로 나와야 합니다.

18 플라스틱 컵 안에 있던 얼음은 녹아서 물이 되고, 이물은 증발하여 수증기가 되어 지퍼 백 안에 머무릅니다.

19 물은 나무와 풀을 자라게 하고, 생태계의 건강을 지켜 줍니다.

5회 100점 예상문제
162쪽~164쪽

1 ① 2 ③ 3 ②, ④ 4 현주 5 얼음이 녹아 물이 되고, 손에 묻은 물은 사라진다. 6 ⓒ 7 ⑤ 8 ⓒ 9 ㉠, ㉣ 10 ⑤ 11 빛의 직진 12 그림자의 크기가 작아진다. 13 ① 14 ④ 15 한라산의 꼭대기에는 분화구가 있지만, 북한산의 꼭대기에는 분화구가 없다. 16 ⓒ, ⓒ 17 용수철 18 순환 19 ㉮ 빨래를 모아서 한꺼번에 한다. 샴푸나 세제를 많이 사용하지 않는다. 20 와카워터

풀이 ▶

2 물속에 잠겨서 사는 식물에는 검정말, 나사말, 물수세미 등이 있습니다. 창포, 부들은 잎이 물 위로 높이 자라는 식물, 물상추, 개구리밥은 물에 떠서 사는 식물입니다.

4 햇빛이 강하고 물이 부족한 사막 환경에 사는 바오바브나무는 키가 크고 줄기가 굵어서 물을 많이 저장할 수 있습니다.

6 물이 끓으면 물이 수증기로 상태가 변하여 공기 중으로 흩어졌기 때문에 물의 높이가 낮아집니다.

7 공기 중의 수증기가 물이 되어 차가운 컵 표면에 맺혔기 때문에 처음 무게보다 나중 무게가 더 무겁습니다.

10 모자, 그늘막, 양산, 색안경, 암막 커튼, 자동차의 햇빛 가리개 등은 그림자가 생기는 것을 이용해 생활을 편리하게 한 예입니다.

11 빛이 직진하기 때문에 물체 모양과 그림자 모양이 비슷합니다.

14 화산은 마그마가 분출하여 생긴 지형으로 분화구가 있는 것도 있습니다. 분화구에 물이 고여 있는 것도 있고 없는 것도 있습니다.

15 한라산은 마그마가 분출한 흔적이 있지만 북한산은 마그마가 분출하지 않았기 때문에 분화구가 없습니다.

17 용수철을 기둥에 균형 있게 설치해 충격을 흡수할 수 있게 만듭니다.

19 물을 계속 틀어놓지 않는 방법도 물 부족 현상을 해결할 수 있는 방법입니다.

20 와카워터는 낮과 밤의 기온 차이로 공기 중의 수증기가 응결하면 물방울이 된다는 것을 이용하여 그물망에 맺힌 물방울을 아래 그릇에 모읍니다.

6회 100점 예상문제
165쪽~167쪽

1 ④ 2 ㉮ 뿌리, 줄기, 잎이 있다. 잎이 초록색이다. 줄기와 잎이 잘 발달되어 있다. 3 ④ 4 ③ 5 ㉠, ㉢ 6 ① 7 ㉮ 기체인 수증기가 액체인 물로 상태가 변했기 때문이다. 8 ⑤ 9 ③ 10 자동차를 운전하는 사람이 자동차의 뒷거울로 구급차를 보았을 때 좌우로 바꾸어 쓴 글자의 좌우가 다시 바뀌어 똑바로 보이기 때문이다. 11 풀이 참조 12 거울 13 용암 14 ② 15 규모 16 네팔 17 ㉮ 책상 아래로 들어가 머리와 몸을 보호한다. 18 ④ 19 ① 20 ⑤

풀이 ▶

2 들이나 산에서 사는 식물은 스스로 양분을 만들고, 땅에 뿌리를 내리고 자란다는 특징도 있습니다.

3 물에 떠서 사는 식물은 수염처럼 생긴 뿌리가 있고, 물 위에 대부분 잎이 떠 있습니다.

5 액체 상태인 물은 눈에 보이지만, 일정한 모양이 없고 흐릅니다. ㉡, ㉢, ㉣은 물의 고체 상태인 얼음의 특징입니다.

6 한겨울 수도관에 설치된 계량기가 얼어서 터지는 것은 물이 얼어 부피가 늘어나는 현상과 관련된 예입니다.

7 기체인 수증기가 액체인 물로 상태가 변하는 것은 응결 현상입니다.

8 ⑤ 물이 수증기로 상태가 변화된 예이고, ①, ②, ③, ④는 물이 얼음으로 상태가 변화된 예입니다.

11 손전등에서 나온 빛이 거울에 반사되어 종이 과녁판의 가운데에 들어가도록 그립니다.
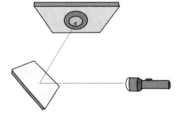

13 화산이 분출하면서 나오는 물질을 화산 분출물이라고 합니다. 기체인 화산 가스, 액체인 용암, 고체인 화산재와 화산 암석 조각 등이 있습니다.

14 지진이 발생하면 땅이 흔들리거나 갈라져 도로가 끊어지고, 건물이 무너지며, 쓰나미나 산사태가 발생하기도 합니다.

20 이슬이 맺히려면 낮과 밤의 기온 차이가 커야 합니다.

메모 Memo

변형 국배판 / 1~6학년 / 학기별

★ **디자인을 참신하게** 하여 학습 효율성을 높였습니다.

★ 단원 평가에 완벽하게 대비할 수 있도록 전 범위를 수록하였습니다.

★ 교과 내용과 관련된 사진 자료 등을 풍부하게 실어 학습에 흥미를 느낄 수 있도록 하였습니다.

★ **수준 높은 서술형 문제를** 실었습니다.

정답과 풀이

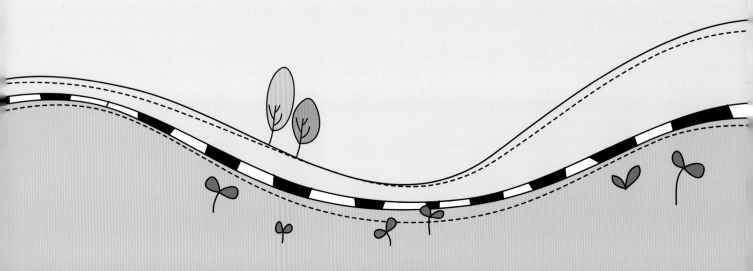